김태연의
이지 잉글리시
최고의 대화문 150

EBS 영어학습 시리즈

김태연의 이지 잉글리시, 최고의 대화문 150 - 목적 편

1판 1쇄 발행 2021년 7월 15일
1판 2쇄 발행 2024년 7월 22일

지은이 김태연
펴낸이 김유열
디지털학교교육본부장 유규오 | **출판국장** 이상호 | **교재기획부장** 박혜숙
교재기획부 장효순 | **북매니저** 박성근

편집대행 티와이콘텐츠 | **책임편집** 여효숙 | **디자인** 고희선 | **삽화**(UNIT illustrations) 추재연
인쇄 재능인쇄

펴낸곳 한국교육방송공사(EBS)
출판신고 2001년 1월 8일 제2017-000193호
주소 경기도 고양시 일산동구 한류월드로 281
대표전화 1588-1580 | **이메일** ebsbooks@ebs.co.kr
홈페이지 www.ebs.co.kr

ISBN 978-89-547-5908-3(14740)
978-89-547-5387-6(세트)

EBS
영어 학습
시 리 즈

김태연의
이지 잉글리시 최고의 대화문 150
목적 편

김태연 지음

EBS BOOKS

초급 영어회화 초밀리언셀러

EBS FM 어학 방송 대표 초급 영어회화 프로그램

10년간 출간된 〈이지 잉글리시〉 120권의 핵심 중의 핵심!

수백 만 명의 애청자들이 인정하고 손꼽은 최고의 대화문 150개가 한 권에!
시리즈 4권에 최고의 대화문이 600개, 영어회화 패턴이 600개,
그리고 핵심 표현이 1,800개!
EBS FM 초급 영어회화 진행자 김태연의 10년 진행과 집필의 결정판!

왜 〈이지 잉글리시〉 단행본을 꼭 소장해야 할까?

EBS FM의 간판 프로그램인 초급 영어회화 〈이지 잉글리시〉의 교재는 2011년부터 현재까지 **120만 부 이상 판매된 최고의 영어회화 베스트셀러**입니다. 저자 김태연이 〈이지 잉글리시〉 진행 및 집필을 맡은 2011년부터 〈이지 잉글리시〉 교재의 판매 부수가 엄청나게 증가했습니다. 이전 판매 부수의 거의 두 배 이상 판매되었죠. 그 이유 중의 하나는, 영어회화 대화문을 듣고 설명을 들으며 내용을 이해하던 기존의 틀에서 벗어나, 일단 '이런 상황에서 우리말로 이렇게 대화하고 싶을 때 영어로는 어떻게 하면 될까?'를 먼저 생각해볼 수 있도록 구성을 확 바꾼 건데요. **'많은 영어 학습자들이, 그렇게 많은 영어 방송을 들었는데 왜 내 머릿속과 입에는 하나도 안 남는 걸까?'**를 의아해하는 걸 보고 오랜 고민 끝에 찾아낸 구성입니다.

먼저 우리말 대화를 보고 영어로 내가 얼마나 말할 수 있는지 해본 다음에 영어 대화문을 보고 듣는 거죠. 이 획기적인 구성에 대한 반응은 엄청났습니다. 왜일까요? **영어? 내가 궁금해한 것만 남는다**는 거죠. 먼저, **'이럴 때 이런 말은 영어로 뭐라고 하지?'라고 고민을 해보고 생각을 해본 다음에 그것에 대한 영어 표현과 문장을 알게 되었**

을 때 효과가 엄청나게 크다는 겁니다. 수많은 영어 콘텐츠가 생겼다 사라지고 또 나타나고 하는 동안 꾸준히 〈이지 잉글리시〉가 최고의 청취율과 높은 판매 부수를 지켜내는 데는 또 다른 이유가 있습니다. 바로, **대화문의 내용이 다양하다**는 것과 **영어회화가 필요한 수많은 상황에서 꼭 필요한 필수적이고 생생한 영어 표현이 가득하다**는 겁니다.

〈이지 잉글리시〉 교재의 대화문은 어떻게 만들어질까?

저자 김태연은 〈이지 잉글리시〉 교재의 대화문과 영어 문장들을 집필하기 위해 영화, 미드, 시트콤 등을 수없이 보고 메모하고 대화문을 만들어냅니다. 그리고 매년 이 나라 저 나라로 여행을 가서 영어를 쓰는 많은 **여행자들과 다양한 상황에서 나누는 대화와 에피소드들을 모으고 정리하여 〈이지 잉글리시〉의 대화문에 활용합니다.**

그간 저자 김태연이 여행을 다니며 집필한 나라는 60개국이 넘습니다. 컴퓨터 앞에 앉아 머릿속에 떠오르는 영어를 가지고 집필한 게 아니라 스위스, 체코, 헝가리, 보스니아, 크로아티아, 슬로바니아, 오스트리아, 네덜란드, 영국, 아일랜드, 독일, 프랑스, 스페인, 포르투갈, 리히텐슈타인, 핀란드, 덴마크, 스웨덴, 터키, 그리스, 이집트, 뉴질랜드, 호주, 미국, 싱가포르, 홍콩, 말레이시아, 발리, 베트남, 라오스, 캄보디아, 일본, 중국 등으로 가서 **발로 뛰고 수많은 상황과 일상 생활 속에서 꼭 필요한 내용들을 대화문에 담아 완성하죠.**

〈이지 잉글리시〉 단행본 시리즈는, 지난 10년간 청취자들에게 가장 도움이 되고 꼭 필요하다고 뽑힌 주제와 상황별 대화문을 공들여 다시 집필한 최고의 대화문과 표현들로 이루어져 있습니다.

영어회화를 잘 할 수 있는 모든 조건을 충족시켜주는 영어회화 시리즈

영어회화를 잘 할 수 있는 조건 세 가지! 첫째, 최고로 좋은 영어회화 책이 있어야 한다는 것! 둘째, 책에서 배운 표현과 대화문을 연습할 상대가 있어야 한다는 것! 그리고 셋째, 공부하다가 모르는 것, 내가 틀리게 알고 있는 것들을 고쳐주고 알려주는 플랫폼이 있어야 한다는 것! 그것에 대한 답을 모두 다 드리겠습니다.

첫째, 좋은 영어회화 책은 이제 〈김태연의 이지 잉글리시 최고의 대화문 150〉 시리즈 네 권을 여러분의 것으로 만드시고요. 둘째, 책에서 알게 된 영어 대화문을 연습할 방법으로는 몇 명이 되었든 스터디그룹을 만드시라는 겁니다. 그룹이 아니어도 연습할 대상이 한 사람만 있어도 됩니다. 현재 〈김태연의 이지 잉글리시 최고의 대화문 150〉 시리즈로 대화연습을 하시는 팀, 그룹이 엄청 많다는 것을 알고 있는데요, 그분들을 티와이얼즈(TYers)라고 부르고 **티와이얼즈들을 위한 영상과 강의**를 계속 만들어 나가겠습니다. 그리고 셋째, **태연쌤의 영어 플랫폼, 유튜브 태연쌤TV와 팟캐스트**에서 영어에 대해 모르는 것, 궁금한 것을 해결할 수 있습니다. 그리고 지금은 찐팬분들만 초대해서 운영하고 있는 카카오톡의 태연쌤TV방에 들어오고 싶으신 분들은 인스타그램 happyreginakim으로 DM을 주시거나 유튜브 태연쌤TV에서 댓글로 남겨주세요.

유튜브 태연쌤TV의 영상강의로 완벽한 통합적 학습을!

태연쌤이 〈김태연의 이지 잉글리시 최고의 대화문 150〉에 대한 여러분의 궁금증을 속 시원하게 풀어드립니다. **유튜브에서 태연쌤TV**에 가셔서 최고의 대화문 150에 있는 내용에 대한 궁금증이나 영어에 대한 다른 질문을 하시면 태연쌤이 적극 도와드릴 겁니다. **태연쌤TV의 '알려주마'**에서는 여러분이 영어 표현, 어휘, 콩글리시, 발음, 문법, 학습법, 그 외 다양한 것들을 알려드리고, **태연쌤TV의 '고쳐주마'**에서는 지금까지 잘못 알고 계셨던 표현들, 잘못된 발음 등을 싹 다 명쾌하게 고쳐드립니다. 그리고 **태연쌤TV의 '들려주마'**에서는, 대한민국 최고의 영어 전문가 태연쌤의 영어 학습에 대한 노하우와 외국 여행, 수많은 경험들과 에피소드를 더한 다채롭고 생생한 이야기와 영어 이야기를 들려드려요. 〈김태연의 이지 잉글리시 최고의 대화문 150〉 시리즈와 유튜브 태연쌤TV로 완벽한 영어환경을 만들어보세요.

인스타그램: happyreginakim
페이스북: happyreginakim
유튜브: 태연쌤TV (https://bre.is/kgpajMTk)
팟캐스트: 태연쌤 라디오

원어민처럼 유창한 영어회화를 지금 바로 할 수 있는 방법

영어회화를 잘 한다는 건, 어떤 특정 상황에서 필요한 어휘와 표현, 문장을 알고 있고 그것을 입 밖으로 소리 내어 말할 수 있다는 것입니다. 그래서 영어회화는 책 한 권으로는 안 됩니다. 하지만 다양한 목적별 상황에서 쓸 수 있는 대화문과 표현이 풍부하게 들어 있는 책 한 권이라면 얘기는 달라집니다. 외국에서 몇 십 년을 살아도, 어학연수를 몇 년을 해도 접하거나 배울 수 없는 다양한 목적별 상황의 대화문이 자그만치 150개나 들어 있는 **〈김태연의 이지 잉글리시, 최고의 대화문 150〉** 시리즈가 있으면, 엄청난 시간과 돈, 시행착오를 피하고 바로 유창한 영어회화 실력자가 될 수 있습니다.

〈김태연의 이지 잉글리시, 최고의 대화문 150-목적 편〉은 다섯 개의 챕터로 이루어져 있습니다. '내가 하고 싶은 얘기하기, 상대방의 의견이나 생각이 필요할 때, 상대방에게 도움을 주거나 주의, 조언, 경고 등을 줄 때, 상대방과 같이, 함께 무언가를 하고자 할 때'의 목적별 다섯 개의 챕터입니다. 각각의 챕터에는 주제별로 10개씩의 Unit이 있고, 각 목적별 상황에서 가장 빈번하게 많이 대화할 수 있는 세 개씩의 대화문이 들어 있습니다. 먼저 우리말로 어떤 상황에서의 대화인지 보면서 영어로 얼마나 되는지를 스스로 테스트해봅니다. 그리고 영어 대화문을 보고 읽고, QR 코드를 찍어 원어민의 목소리로 대화문을 듣고 따라할 수 있습니다. 그리고 저자인 김태연 선생님의 음성 강의도 들을 수 있습니다.

50개의 다양한 목적별 상황에서 쓸 수 있는 150개의 대화문과, 각각의 상황에서 대화할 때 꼭 알아야 할 필수 어휘와 표현을 익히고, 영문법을 포함하여 영어 실력의 기초가 되어줄 패턴을 외웁니다. 패턴이 들어간 문장들을 보며 연습한 다음에, 정말 궁금한 영문법이나 발음의 요령 등을 자세하게 설명한 코너를 읽어보세요. 그리고 마지막으로, 원어민들이 눈만 뜨면 듣고 말하는 영어회화 문장 하나를 외워보세요. 여러분은 이 책 한 권으로 지금 바로 원어민처럼 영어회화를 할 수 있게 될 겁니다.

Try It in English

먼저 교재에 있는 삽화와 우리말 대화를 보고, 영어로 내가 얼마나 표현할 수 있는지 스스로 테스트해보세요.

Q: 영어회화를 하는데 왜 우리말 대화를 먼저 봐야 하나요?
A: 영어회화를 잘 하고 싶다 하시는 많은 분들이 사실 영어를 처음 배우시는 건 아닐 겁니다. 학교 다닐 때 영어는 필수 과목이었으니까 아무리 영어에 관심이 없었다고 해도 어느 정도는 배운 기억이 남아 있겠죠. 그리고 우리가 어떤 상황에서 영어로 말을 하려고 할 때, 먼저 하고 싶은 그 말이 우리말로 떠오르고, '이 말을 영어로 뭐라고 하면 되지?'라고 영작의 과정을 거치게 됩니다. 그래서 영어회화를 학습할 때는 어떤 상황에서의 우리말 대화를 보고 먼저 내가 아는 영어로 말을 해보는 준비 단계가 필요해요. 그리고 나서, 이럴 때 이렇게 말하고 싶을 때 쓸 수 있는 영어 문장을 보고 듣고 따라하면서 외우는 거죠.

Situation 1, 2, 3

영어 대화문을 보면서 교재에 있는 QR 코드를 찍어 대화문을 듣고 따라하세요. 가급적 여러 번 듣고 따라하면서 대화문을 외우시는 게 좋습니다. 각 Unit에 있는 세 개의 대화문에 대한 저자의 명쾌한 음성 강의도 들을 수 있습니다.

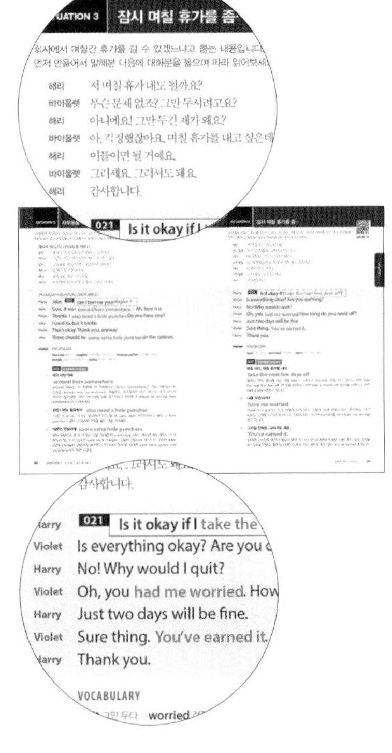

Vocabulary

영어회화 실력의 바탕은 어휘력입니다. 대화문에 나오는 단어들의 뜻을 확실하게 이해하고 넘어가세요. 영어회화를 할 때 영어 단어를 많이 알고 있으면 당연히 큰 도움이 됩니다. 영어로 의사소통을 한다는 건, 문장이 정확하지 않거나 좀 틀린 어순으로 말을 하더라도, 적절한 단어, 어휘를 쓰면 서로 알아들을 수가 있거든요.

Key Expressions

〈이지 잉글리시〉 교재에는 수많은 다양한 상황 속에서의 대화문이 나오는데요, 영어회화를 잘 하는 비결이 바로 그 대화문 안에 나오는 핵심 표현들을 외우는 겁니다. 이런 상황에서 다른 말도 넣어서 할 수 있겠지만, '이런 표현만큼은 꼭 알아야 대화가 된다!'라는 기준으로 뽑은 핵심 표현을 대화문별로 세 개씩 뽑아 자세하게 설명해드렸습니다.

어떤 상황에서의 영어회화든, 그 상황에서 쓰는 필수적이고 사용 빈도가 높은 표현들을 알고 있어야 유창하게 영어회화를 할 수 있습니다. 각 대화문에 나오는 세 개씩의 필수 표현(Key Expressions)을 꼭 입으로 소리 내어 여러 번 읽으면서 확실하게 외워두세요.

언제 어디서나 누구와 함께 있어도 영어회화를 잘 할 수 있으려면 다양한 상황에서 쓸 수 있는 영어 대화문을 많이 보고 듣고 익혀둬야 하는데요, 〈이지 잉글리시〉 교재에 나오는 대화문들은 늘 다양한 상황으로 이루어져 있습니다. 각각의 상황에서 쓸 수 있는 영어 대화문의 핵심은, 그 대화문에 나오는 필수 표현들입니다. 주유를 하러 가면, '얼마치 넣어드릴까요?'라든가, '5만원어치 넣어주세요.' '포인트 카드 있으세요?'와 같은 말을 하게 될 거고, 카페에 가면 '뭐 드릴까요?' '아메리카노 하나 주세요, 아이스로요.' '여기서 드실 건가요?' '테이크아웃이요.'와 같은 말을 쓰게 되잖아요. 이렇게 어떤 상황에서 가장 많이 쓰는 필수 표현들, 거의 매번 쓸 것 같은 필수 표현들을 확실하게 알아두면 여러분은 영어회화를 원어민처럼 하실 수 있는 겁니다.

Big 3 Speaking Patterns

Big 3 SPEAKING PATTERNS

019 ~인지 ~ 좀 봐줄래?
Can you look at ~ to see if ...?

Can you look at my work **to see if** I am missing anything?
Can you look at this report **to see if** there's a mistake?
Can you look at this file **to see if** anything should be changed?

020 ~ 좀 빌릴 수 있을까?
Can I borrow your ~?

Can I borrow your stapler?
Can I borrow your bike?
Can I borrow your laptop?

021 저 ~해도 돼요?
Is it okay if I ~?

Is it okay if I take the next few days off?
Is it okay if I come in to work a little later?
Is it okay if I leave a little earlier today?

영어회화 패턴이라는 것은, 패턴에 들어 있는 비어 있는 곳에 적당한 단어들을 채워 넣으면 문장이 완성되는 틀을 말합니다. 영어회화 패턴을 많이 알고 있을수록 영어로 말하고 듣기가 수월해집니다. 그리고 영문법 실력에 좀 자신이 없더라도 영어회화 패턴을 이용해서 회화를 하면 전혀 어렵지 않게 됩니다. 〈김태연의 이지 잉글리시, 최고의 대화문 150-목적 편〉의 각각의 Unit에 나오는 패턴들은 해당 상황만이 아니라 어떤 상황에서도 쓸 수 있는 것들이기 때문에 내가 하고 싶은 말, 어떤 것이라도 이 책에 나오는 패턴을 이용해서 만들어 말할 수 있습니다.

영어회화를 잘 하려면, 상황에 맞는 필수 표현들을 많이 알고 있어야 하고, 또 영어 문장을 바로바로 만들어 말할 수 있는 스피킹 패턴들도 많이 알고 있어야 해요. 〈이지 잉글리시〉 교재의 구성은 지난 10년 동안 주기적으로 바뀌어 왔는데요, 대화문에서 꼭 기억해둘 만한 패턴을 가지고 문장들을 응용해서 만들어보는 코너는 〈이지 잉글리시〉 교재에 꼭 있었습니다. 패턴 학습이 영어회화에 아주 큰 도움이 되기 때문이예요. 각 대화문마다 하나씩 뽑은 패턴들은 어떤 특정 상황에서만 쓸 수 있는 것이 아니라, 어떤 상황에서든 다 쓸 수 있는 문장의 틀입니다. 어떤 상황이나 주제에 관해서 말하더라도 다양하게 응용해서 쓸 수 있는 영어 문장의 틀, 〈이지 잉글리시〉 120권에서 가장 사용 빈도수가 높고 쓰임새가 많다고 인정받은 150개를 선정하여 넣었습니다.

Speaking Grammar/ Pronunciation

영문법이나 발음에 대해 아주 많은 학습자들이 궁금해 하실 만한 내용을 속 시원하게 해결해드리는 코너입니다. 어떤 Unit에서는 영문법에 대한, 또 어떤 Unit에서는 발음에 대한 설명이 들어 있습니다. 대충 알고 넘어가지 마시고, 이제 확실하게 이해하고 자신 있게 영어회화를 해보세요.

〈이지 잉글리시〉 애청자분들이 방송에 나온 대화문과 관련한 영문법이나 발음에 대해서 질문하신 것들 중에서, 가장 많은 분들이 궁금해 하시고 알고 싶어 하셨던 것에 대해 매 Unit마다 하나씩 속 시원하게 설명해드리고 있습니다. 책 한 권에 50가지의 영문법이나 발음 요령이 들어 있습니다.

Level Up Expressions

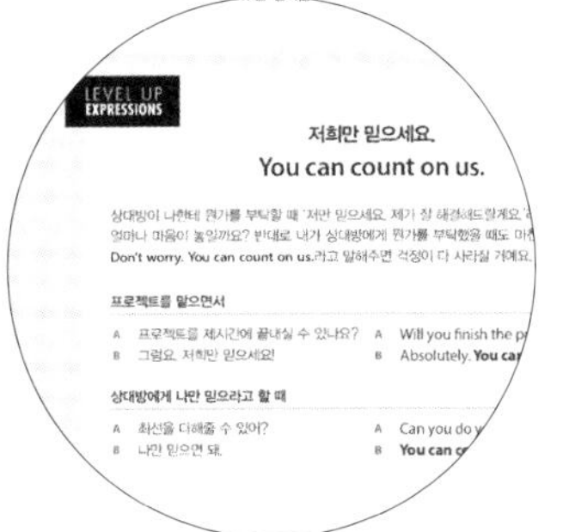

개편이 되어도 늘 다양한 이름으로 사랑받았던 〈이지 잉글리시〉 최고의 코너, '이럴 땐 딱 한 줄, 이렇게 말해요!' 응용할 필요 없이 그냥 이 한 문장을 언제 쓰는지 이해하고 문장을 통째로 외워서 말하면 됩니다. 영어회화를 할 때는 어휘와 표현, 패턴으로 다양하게 응용해서 말할 수도 있지만, 어떤 상황에서 이런 의도로 말하고 싶을 때 응용하지 않고 그대로 쓸 수 있는 딱 한 문장들도 있습니다. 매 Unit 끝에 나오는 이 하나의 문장을 언제 쓰면 되는지 잘 읽고 이해한 다음에 완전히 외워지고 자연스럽게 말할 수 있을 때까지 소리 내어 연습해 보세요. 여러분은 지금 당장, 영어회화의 달인이 되실 겁니다.

Speaking Patterns 150

영어가 툭 튀어나오는 핵심 패턴 모음. 본문의 핵심 패턴 150개와 이 패턴을 활용한 문장 450개를 책 뒤에 모아두었습니다. 한글을 보고 영어로 바로 말하는, 순간 말하기 훈련에 활용하세요.

지금까지 〈이지 잉글리시〉 교재를 가지고 방송을 들으셨던 분들을 위한 단행본 활용 팁!

이 단행본은 〈이지 잉글리시〉 교재 백 권 이상의 결정체입니다. 단행본 4권을 합하면 누구나 꼭 알아야 할 영어회화의 상황이 자그마치 600개나 들어 있고, 문장을 쉽게 만들어 술술 말할 수 있는 스피킹 패턴이 600개, 그리고 상황별로 꼭 알아야 할 필수 표현은 무려 1,800개나 들어 있습니다. 매달 〈이지 잉글리시〉 교재로는 새롭고 재미있고 유익한 상황 속의 대화문으로 방송을 듣고 공부하시고, 단행본으로는 확실하고 탄탄한 영어회화의 기본기를 다져보세요. 어떤 상황에서도 영어회화가 유창해진 여러분, 이제 영어가 여러분을 더 넓고 넓은 세상으로 안내할 겁니다.

1

1단계 사진을 보고 어떤 상황에서의 대화인지 상상한다. 그리고 우리말 대화를 보면서 영어로는 얼마나 말할 수 있는지 스스로 테스트해본다.

2

2단계 QR 코드를 찍어, 영어 대화문을 들어본다.

3

3단계 강의 QR 코드를 찍어, 저자 김태연 선생님의 생생한 직강을 듣는다.

4

4단계 대화문에 나오는 필수 표현 세 개를 계속 소리 내어 말하면서 설명을 읽는다.

5

5단계 각 대화문에서 하나씩 뽑은 Big 3 패턴을 소리 내어 말하면서 외운다. 그리고 각 패턴을 가지고 내가 말하고 싶은 문장을 만들어 말해본다.

6

6단계 잘 모르고 헷갈렸던 영문법이나 발음에 대한 설명을 읽고 이해한다.

7

7단계 '이럴 때는 이렇게 말하는구나!'를 알려주는 딱 한 문장 영어, Level Up Expressions를 실감나게 연기하며 외운다.

그리고 나만의 마지막 단계!

대화문을 외워 거울을 보고 연기를 하거나, 휴대 전화로 녹음한다.

또 하나의 보너스 단계!

저자 김태연 선생님의 팟캐스트나 유튜브에 가서 훨씬 더 많은 재미있는 강의를 듣는다.

〈김태연의 이지 잉글리시, 최고의 대화문 150〉을 먼저 경험한 각계 전문가들의 추천의 글을 소개합니다.

센스 있고 쿨하게 사용할 수 있는, 유용하고 세련된 컴팩트한 표현들…

"스텝 백 플리이즈 ~" 굵은 저음의 버스 기사님의 이 말을 못 알아들어 제 정거장에 못 내릴까 봐 잔뜩 긴장해 앞에 보이는 기다란 봉을 더 힘주어 끌어안으며 앞쪽으로 더 나아갔던, 뉴욕 맨해튼에서 시작된 나의 좌충우돌 유학생활을 떠올려본다. 유학시절 내내에도 귀국 후에도 가장 아쉬웠던 점은 내가 좀 더 자연스럽게 영어를 할 수 있었다면 더 많은 외국친구들도 더 좋은 기회들도 얻을 수 있지 않았을까 하는 부분이다.

그리 오래되지 않은 최근에 〈김태연의 이지 잉글리시 최고의 대화문 150〉을 알게 되었다. 처음에는 그저 그런 비슷비슷한 수많은 다른 영어회화책이지 않을까 하는 마음에 큰 기대를 하지 않았다. 그리고 책을 펼쳤다. 몇 페이지를 읽어 넘기며 나의 입가에는 미소가 번지기 시작했다. 내가 그 동안 무수히 봐왔던 기초 · 중급 · 상급 이런 뻔한 순서도 아니었고 그냥 대박이었다. "너무 재미있는데?" 오늘 바로 내가 일상과 사회생활 속으로 들어가서 센스 있고 쿨하게 사용할 수 있는, 너무나 유용하고 세련된 컴팩트한 표현들. 도대체 20여 년 전에는 왜 이런 책이 존재하지 않았던 것일까… 그랬다면 나도 어깨 쫙 펴고 좀 더 당당하게 유학생활을 즐길 수 있었을 텐데… 하는 아쉬움을 가져본다. 하지만, 아직 기회는 있다.

내용구성도 상황마다 다양한 표현으로 잘 정리되어 있어서 이렇게 저렇게 믹싱해서 연습하면 그야말로 금상첨화. 앗 그리고 이 책이 너무 좋은 또 한 가지! QR코드를 이용해서 들려오는 저자 태연쌤의 목소리는 웬만한 전문 성우 못지않은 청량하고 매력적인 음색이다. 나는 오늘 밤에도 자기 전에 이 책을 벗 삼아 마음껏 역할극을 해보며 머지 않아 자연스러운 제스츄어를 곁들여 원어민처럼 말하는 날이 오지 않을까 꿈꿔본다.

피아니스트 이영은

원어민들이 쓰는 생생한 현지 영어를 익히고 배우는 데 가장 완벽한 책!

저는 학업과 직장관계로 미국에서 오랜 기간 동안 거주한 경험이 있습니다. 미국 유학 당시 별다른 어학코스 없이 미국 대학원에 입학한 후 생각보다 높은 언어의 장벽을 절감하고, 영어 때문에 스트레스도 받고 많은 고생을 했던 기억이 새롭습니다. 그런데 〈김태연의 이지 잉글리시 최고의 대화문 150〉을 우연한 기회에 접하고 나서 제가 유학할 때 이러한 책이 곁에 있었으면 얼마나 좋았었을까? 하는 탄식이 절로 나왔습니다. 외국에서 생활할 때 가장 어렵게 느꼈던 것은 문법책에는 나오지 않는 원어민들이 쓰는 낯선 영어 표현들에 적응하는 것이었는데, 〈김태연의 이지 잉글리시 최고의 대화문 150〉에는 원어민들이 쓰는 생생한 현지 영어를 다양한 상황 설정을 통한 대화문 형식으로 알기 쉽게 구성하여 소개하고 있어서 현지 영어를 익히고 배우는 데 가장 완벽한 책이라는 생각이 들었습니다.

오랜 미국 생활 때문에 지금은 비록 영어로 대화하거나 강의를 하는 데 어려움이 없지만, 〈김태연의 이지 잉글리시 최고의 대화문 150〉을 읽고 있으면, "아 맞아, 이런 표현들은 이럴 때 쓰는 것이었지!"라고 감탄사가 나오면서 한국에 귀국한 후 차츰 잊혀져 가던 현지 영어 스타일과 문장들에 대해서 다시 한번 기억하고 익힐 수 있는 기회를 제공합니다. 때문에 만약 현지인이 쓰는 영어와 똑같은 영어를 빠르게 배우고 싶으시다면 〈김태연의 이지 잉글리시 최고의 대화문 150〉은 꼭 필요한 교과서와 같은 존재라고 생각합니다. 다시 말해서, 영어를 배우는 학생들이나 일반인들은 꼭 반드시 구입해서 여러 번 정독하고 암기해야 하는 훌륭한 영어 저서라고 생각됩니다. 한국에 있으면서 이렇게 미국에서 쓰던 영어 대화문이나 문장들을 접할 수 있는 귀한 기회를 주신 김태연 선생님께 다시 한번 감사드립니다.

뇌과학자, 성균관대 교수 서민아

실생활에서 꼭 필요한 생생한 표현을 익혀서 외국인 환자와의 대화를 한층 업그레이드할 수 있었습니다.

피부, 비만 전문의 생활을 20년 하다 보니 예전보다 글로벌한 환자들을 진료하게 됩니다. 다행히 짧은 영어로 의학적인 질문이나 진료는 무리 없이 가능했지만 매년 방문하다 보니 라이프 스타일에 관련한 건강습관에 대해 더 조언을 해주거나 여가생활 등 폭넓은 대화를 하고 싶어도 마음과 달리 말이 안 나와 항상 아쉬움이 있었습니다.

우연한 기회에 '최고의 대화문 150–주제 편'을 접하고 실생활에서 꼭 필요한 생생한 표현을 뽑아 명쾌한 설명으로 쉽고 재미나게 설명해주는 태연쌤 덕분에 더 좋은 표현과 문장을 익혀서 외국인 환자와의 대화를 한층 업그레이드할 수 있었습니다. '최고의 대화문 – 상황 편' 또한 너무나 유용한 표현과 주옥같은 문장들이 가득 들어 있어서 외우기만 해도, 영어를 잘하고 싶다는 욕구의 피라미드에서 한 단계 더 위로 갈 수 있다는 믿음을 주었습니다. 특히 태연쌤의 여행 경험과 사람에 대한 관심, 정성을 다하는 태연쌤의 말과 글에는 에너지가 있습니다. 좋은 영어 회화 교재를 골라 꾸준히 한다면 업그레이드된 영어회화뿐 아니라 인생의 또 다른 안내판을 만나게 될 것입니다.

유안정형외과 비만항노화센터 원장 안지현

느낌이 살아 있는 요즘 쓰는 핫한 말들로 나를 표현할 수 있게 만드는 책

어느 날 문득 선물처럼 찾아온 친구, 〈이지 잉글리시〉와 태연쌤!!! 학교에서 배운 문장형식과 기억나는 단어들의 조합으로 만들어낸 영어 문장으로나마 그 동안 일도 하고 여행도 했었는데 항상 뭔가 아쉬움이 있었습니다. 다양한 나라들의 바이어들을 상대로 영어로 메일이나 문자를 주고받고, 또 전화로 일 얘기만이 아니라 일상적인 안부도 묻고 또 고정 거래처가 되어 좀 더 친해지면 사적인 얘기도 나누게 되는데… 회사 대표의 영어 실력을 상대방이 어떻게 생각할까 하는 걱정도 했는데, 이제는 그런 걱정을 할 필요가 없어졌습니다.

〈김태연의 이지 잉글리시 최고의 대화문 150 – 상황 편〉을 만나고부터, 그 안에 들어 있는 생생한 대화문과 표현들, 그리고 QR코드로 듣는 태연쌤의 귀에 쏙쏙 들어오는 강의 덕분에 매일 영어로 말하고 이메일 쓰고 하는 게 즐겁고 자신감이 생겼습니다. "맞아! 내가 바로 이런 말을 하고 싶었어!" 하는 소리가 마구 나오게 만드는 책! 〈이지 잉글리시〉와 〈김태연의 이지 잉글리시 최고의 대화문 150〉 시리즈가 저에게 새로운 기회를 만들어주었거든요. 업무에서 주로 쓰는 메신저로든 이메일이든 짧으면서도 느낌이 살아 있는 요즘 쓰는 핫한 말들로 나를 표현할 수 있어서요. 고마워요 태연쌤~ 이제 젊은 외국 파트너들한테도 '핵인싸'될 감이 팍 왔어요!!!

㈜에스피케이 대표 김권희

어려웠던 영어, 실력이 늘지 않았던 영어가 한층 업그레이드될 것입니다

EBS FM 영어회화 프로그램을 10년 넘게 진행해 오신 김태연 선생님의 세 번째 〈이지 잉글리시〉 단행본 시리즈 출간을 축하 드리며, 이 시리즈야 말로 국내 최고의 영어회화 학습서라고 자신 있게 말씀 드립니다. 우연한 기회로 인연을 맺게 되어 특강을 위해 김태연 선생님을 초청한 적이 있었습니다. 김태연 선생님의 풍부한 경험과 깊은 지식, 그리고 재미있는 입담으로 국내 손꼽히는 영어교육 전문가로서의 명성을 직접 느껴볼 수 있었습니다.

〈김태연의 이지 잉글리시, 최고의 대화문 150 – 목적 편〉은 앞서 출간된 두 개의 시리즈와 더불어 꼭 소장해야 하는 최고의 영어회화 베스트셀러입니다. 영어회화에 반드시 필요한 다양한 주제와 상황별 대화문들을 통해 어떤 '목적'을 위해서라도 바로 입을 열게 만들어주는, 영어교육전문가로서의 열정과 고민이 담겨 있는 책입니다. 뿐만 아니라, 유튜브 채널 〈태연쌤 TV〉를 통해 학습 중에 궁금한 것들을 물어볼 수 있어서, 국내 최고의 영어교육전문가인 김태연 선생님이 여러분의 개인가정교사가 되는 겁니다. 김태연 선생님과 함께 하면 어려웠던 영어, 실력이 늘지 않았던 영어가 재미있고 자신 있는 영어로 한층 업그레이드될 것입니다.

㈜웨스트에듀케이션 대표 최재하

FUCTION-BASED SITUATION MAP 150

Get you
anywhere
at anytime

CHAPTER Saying What You Want to Say

1 내가 하고 싶은 얘기하기

SITUATION

CHAPTER Asking for Someone's Opinions or Thoughts

2 상대방의 의견이나 견해 요청하기

SITUATION

CHAPTER Giving Advice, Warnings, or Help to Someone

3 상대방에게 조언이나 경고를 하거나 도움 주기

SITUATION 

CHAPTER Suggesting Something to Do

4 상대방에게 뭔가를 함께 하자고 하기

SITUATION 

CHAPTER Improving Your Relationship through Cooperation

5 협조와 협업을 통해 더 나은 관계로 나아가기

SITUATION 

CHAPTER 1

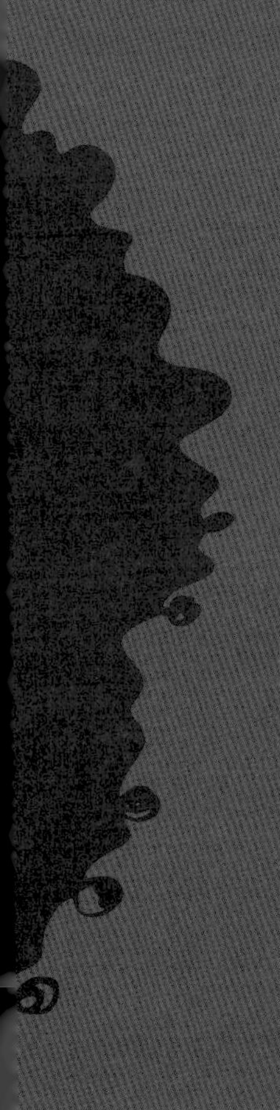

내가 하고 싶은 얘기하기

Saying What You Want to Say

UNIT 01 내 취향 말하기

연휴를 보내는 나만의 방법 / 목표를 세우든 말든 내 마음대로 / 나? 자연이 좋지

TRY IT IN ENGLISH

연휴를 어떻게 보낼지, 새로운 한 해를 맞이할 때 새해 결심은 어떤 것을 하는지, 또 자연이 좋은지 도시가 좋은지에 대한 나만의 취향에 대해 영어로 자신 있게 말해보세요.

강의 01

스티브 이렇게 긴 연휴에 무슨 계획이라도 세웠어?
폴라 아니. 연휴는 내 스타일이 아니야.
스티브 진심이야? 너 일중독자구나.
폴라 난 연휴에 집에서 일하는 게 좋을 것 같아.
스티브 설마!
폴라 나가서 돈만 쓰고 뭐가 좋아?
스티브 인생을 좀 즐기는 법을 배워야겠다, 너.

SITUATION 1 연휴를 보내는 나만의 방법

긴 연휴를 앞두고 연휴에 뭘 할 건지에 대해 묻고 답하는 내용입니다. 우리말 대화에 맞는 영어 문장들을 먼저 만들어서 말해본 다음에 QR코드를 찍어 대화문을 들으며 영어 대화문을 따라 읽어보세요.

음원 01-1

CHAPTER 1

Steve Do you **have plans for this long holiday**?
Paula No. 001 Holidays **are just not my thing.**
Steve Are you serious? You must be a workaholic.
Paula I'd rather **work at home** during the holiday.
Steve I can't believe it!
Paula What's the point of going out and spending money?
Steve You should learn to **enjoy your life**.

VOCABULARY

serious 진심인 **workaholic** 일 중독자 **during ~** ~동안에 **point** 요점, 이유

KEY EXPRESSIONS

1 **이렇게 긴 연휴에 뭐 할지 계획을 세워놓다**

have plans for this long holiday

우리가 보통 '약속, 할 일'이라고 하는 것을 plans라고 해요. 그래서 '오늘 약속 있니? 할 일 있어?'를 Do you have any plans today?라고 하죠. 그리고 노는 날, 공휴일, 우리가 쉽게 빨간 날이라고 부르는 날은 영어로 holiday라고 하시면 돼요.

2 **집에서 일하다**

work at home

집에서 일한다는 건 work at home 혹은 work from home이라고 하는데요, 집이라는 공간에서 일을 한다는 그 자체를 가리키는 게 work at home이고, 재택근무를 한다는 것은 work from home이라고 합니다.

3 **인생을 즐기다, 인생을 즐겁게 살다**

enjoy one's life

인생을 즐기고 재미있게 산다는 건 enjoy라고 표현해요. 재미있게 즐긴다는 걸 have fun, have a lot of fun이라고도 하니까, '삶을 재미있게 즐기며 살아보자'라는 말은 Let's enjoy our lives. 혹은 Let's have a lot of fun in our lives.라고 할 수 있죠.

SITUATION 2 목표를 세우든 말든 내 마음대로

음원 01-2

목표를 세우고 지키려고 하는 편인지 그때마다 최선을 다하며 살아가는 편인지에 대한 견해를 말하는 내용입니다. 우리말 대화에 맞는 영어 문장들을 먼저 만들어서 말해본 다음에 대화문을 들으며 따라 읽어보세요.

미카 새해 계획 세우셨어요?
닉 저는 목표를 세우는 게 체질에 안 맞아요.
미카 그게 무슨 말씀이에요?
닉 뭔가 목표를 세워봐도, 잘 안 되더라고요.
미카 목표 없이 어떻게 살 수가 있죠?
닉 그냥 뭐 좋은 일이 생기기를 기다리는 거죠, 뭐.
미카 자기만의 인생을 만들어보고 싶지는 않아요?

Mika Did you make any New Year's resolutions?
Nick No. I'm not cut out for making goals.
Mika What is that supposed to mean?
Nick It's just that **002** **whenever I set a goal, it never works out.**
Mika How can you live without goals?
Nick I just **wait for good things to happen.**
Mika Don't you want to **create your own life**?

VOCABULARY

resolution 결심 **work out** 운동하다 **create** 만들어내다, 꾸며가다 **own** 스스로의

KEY EXPRESSIONS

1 **목표를 세우다 set a goal**

목표(goal), 알람(alarm) 등은 우리말로 '세우다, 맞추다, 설정하다'라고 하죠? 영어로는 set을 씁니다. set a goal, set an alarm, set a backup alarm(보조 알람을 맞추다)처럼 말해보세요.

2 **좋은 일이 생기기를 기다리다 wait for good things to happen**

〈wait for 무엇 to 동사원형〉이라고 하면 '무엇이 어떻게 되기를 기다리다'라는 말이에요. '빨리 하라고 해주세요, 해도 된다고 해주세요'라는 말은 I'm waiting for you to say yes.가 되겠죠.

3 **자기만의 인생을 만들어가다 create one's own life**

create는 뭔가를 만들어내는 것, 꾸미는 것, 아무 것도 없던 것에서 뭔가를 만들어낸다는 뜻이에요. 우리말로 '자신만의 인생을 개척하다, 꾸며가다, 만들어가다'라는 걸 모두 create one's own life라고 표현할 수 있어요.

SITUATION 3 나? 자연이 좋지

음원 01-3

자연이 좋다는 것에 동감하며 좋은 점, 불편한 점에 대해 각자의 견해, 취향을 얘기하는 내용입니다. 우리말 대화에 맞는 영어 문장들을 먼저 만들어서 말해본 다음에 대화문을 들으며 따라 읽어 보세요.

피오나 밖에 나오니까 정말 좋다.
브래드 진짜! 난 자연이 너무 좋아.
피오나 나도 그래. 여기 밖에 나와 있으니까 참 평화롭네.
브래드 그리고 생각에 잠기기에도 참 좋지.
피오나 근데 난 벌레랑 먼지는 별로야.
브래드 자연을 정말 좋아하면, 그런 것들도 그냥 그런가 보다 해야지.
피오나 그래. 애써볼게. 근데 우리 다른 데로 가면 안 될까?

Fiona It's really **good to be outside.**
Brad It is! I love nature.
Fiona Me, too. It's so **peaceful being out here.**
Brad And it's **a good meditative place to be.**
Fiona But 003 **I'm not fond of** the bugs and dirt.
Brad If you really love nature, you have to accept them.
Fiona All right. I'll try. But can we find another spot?

CHAPTER 1

VOCABULARY

outside 밖에 **peaceful** 평화로운 **meditative** 생각에 잠긴 **bug** 벌레 **dirt** 흙, 먼지 **accept** 받아들이다, 그런가 보다 하다

KEY EXPRESSIONS

1 **밖에 나와 있으니까 좋은 good to be outside**

be outside에서 be는 '어디에 있다'라는 뜻으로, be outside는 '밖에 나와 있다, 밖에 있다'라는 뜻이에요. '밖에 나와 있으니 좋다'라는 걸, good to be outside, great to be outside, relaxing to be outside와 같이 표현할 수 있겠죠.

2 **여기 밖에 있으니까 평화로운 peaceful being out here**

peaceful은 우리가 평화롭다고 느끼는 게 아니라 '어떤 것이 평화롭다'라는 뜻이에요. being out here, '여기 밖에 나와 있는 게 우리에게 평화로움을 준다'는 겁니다. 그래서 내가 평화롭다면 I feel at peace.라고 해요.

3 **진중하게 생각하기 좋은 곳 a good meditative place to be**

meditate는 '명상을 한다'는 뜻이 대표적이죠? 그리고 meditation은 '명상'이라는 뜻이고요. meditative는 '생각에 잠기는, 깊이 생각을 하는'이라는 뜻이에요. 여러분의 집안에도 이렇게 뭔가 생각에 잠기기 좋은 곳이 있겠죠? That is a good meditative place to be.입니다.

SPEAKING PATTERNS

핵심 패턴 001
~는 내 취향이 아니야.
~ is/are just not my thing.

연휴는 내 스타일이 아니야.
Holidays **are just not my thing**.

난 홈트는 별로야.
Home workouts **are just not my thing**.

난 군것질은 별로 안 좋아해.
Snacking **is just not my thing**.

어떤 것 혹은 무엇을 하는 것이 내 취향이 아니라고 할 때 ~is/are not my thing.이라고 해요. 어떤 것을 가리키는 명사나 It, That을 주어로 쓰기도 하고, 동사원형에 -ing를 붙인 형태를 주어 자리에 쓰기도 합니다.

핵심 패턴 002
~할 때마다, …가 안 되더라고.
Whenever S+V ~, S never ...

목표를 세워봐도, 잘 안되더라고요.
Whenever I set a goal, **it never** works out.

그 사람한테 아무리 전화를 해봐도, 전화를 안 받아.
Whenever I call him, **he never** answers my phone calls.

우리가 피크닉을 갈 때마다, 절대 비가 안 와.
Whenever we go on a picnic, **it never** rains.

꼭 내가 이렇게만 하면 뭐뭐가 잘 안 되더라… 그럴 때 있죠? 그럴 때 이 패턴을 써보세요. 주어가 he나 she, it에 해당하는 것일 때는 never 뒤에 동사원형에 -(e)s를 붙여서 쓰세요.

핵심 패턴 003
나는 ~는 별로야.
I'm not fond of ~.

나는 벌레랑 먼지는 별로야.
I'm not fond of the bugs and dirt.

난 단 건 별로야.
I'm not fond of sweets.

난 소문 같은 거 별로 관심 없어.
I'm not fond of rumors.

내가 어떤 것을 별로 안 좋아한다고 할 때 〈I'm not fond of + 무엇〉이라고 해요. 취향에 대해서 말할 때 필요한 필수적인 패턴 중의 하나죠.

It's so peaceful being out here.
peaceful은 우리의 마음이 평화롭다고 할 때는 안 써요?

CHAPTER 1

Q

야외에 나왔으니까 평화롭고 좋다고 할 때, **It's so peaceful being out here.**라고 했잖아요? **peaceful**이 평화롭다는 뜻이면 **I'm peaceful. I'm feeling peaceful.**이라고 해도 되는 거예요?

A

아니에요. 우리말로 해석해보면 **peaceful**을 사람이 평화롭다고 느낄 때도 쓸 수 있을 것 같지만, 우리가 '아… 평화롭다.'라고 할 때는 **I'm at peace.** 혹은 **I'm feeling at peace.**라고 해요. 스트레스 쌓인다는 말도 그렇죠? 어떤 것이 우리로 하여금 스트레스를 쌓이게 하면, **This job is stressful.**이라고 하지만, 우리가 스트레스를 받았을 때는 **I'm stressed.** 혹은 **I'm stressed out.**이라고 하죠.

LEVEL UP
EXPRESSIONS

너라면 어떤 걸 고르겠니?
Which one would you pick?

상대방이 내 입장이라면, 너 같으면 어떤 걸 고르겠어?라고 상대방의 의견을 구할 때, 조언이 필요할 때 쓸 수 있는 말이에요. **If you were me,** '네가 나라면', 혹은 **If you were deciding,** 네가 결정을 하는 거라면, 어떤 걸 고를 것 같아?라는 느낌이죠.

메뉴를 고르라고 할 때

A 스테이크가 더 좋아? 아니면 랍스터가 더 좋아?
B 너 같으면 뭐를 고를 것 같니?
A 나라면 스테이크.

A Would you prefer the steak or the lobster?
B **Which one would you pick?**
A I'd recommend the steak.

여행지를 고를 때

A 하와이랑 필리핀 둘 다 좋을 것 같은데.
B 결정을 못하겠어. 자기 같으면 어디를 고르겠어?

A Hawaii and the Philippines both sound nice.
B I can't decide. **Which one would you pick?**

UNIT 02 의견 말하기

쉽고 간단한 요리법이 좋아 / 누가 그래? 스몰 토크가 시간 낭비라고… / 직접 만들어준 선물이면 감동할 거야

TRY IT IN ENGLISH

여러 가지 요리법에 대한 나의 견해, 대화를 나누는 방식에 대한 생각, 그리고 가까운 사람에게 주는 선물에 대한 생각을 영어로 자신 있게 표현해보세요.

강의 02

(지미와 스텔라가 같이 요리 영상을 보고 있다.)

지미　스텔라, 이 요리 영상 전에 본 적 있어?

스텔라　응, 나 왕팬이야.

지미　이 셰프의 레시피가 아주 빠르고 쉬워.

스텔라　그리고 재료들이 거의 다 우리가 집에 가지고 있는 것들이야.

지미　이 사람 덕분에 부엌에서 자신감이 생긴다니까.

스텔라　이 레시피들 다 적어놔야지.

지미　나도. 그리고 몇 개는 만들어봐야겠어.

SITUATION 1 쉽고 간단한 요리법이 좋아

음원 02-1

요리 동영상을 보면서 이런 동영상이 왜 좋은지 자신의 의견을 말하는 내용입니다. 우리말 대화에 맞는 영어 문장들을 먼저 만들어서 말해본 다음에 QR코드를 찍어 대화문을 들으며 영어 대화문을 따라 읽어보세요.

(Jimmy and Stella are watching a cooking video together.)

Jimmy Stella, have you seen this cooking show before?

Stella Yes, I'm a big fan of it.

Jimmy This chef's recipes are **really quick and easy**.

Stella And almost all of the ingredients are **ones we have at home**.

Jimmy 004 **He makes me feel** confident in the kitchen.

Stella I'll write down all these recipes.

Jimmy Me, too. And I'll **make some of these dishes**.

CHAPTER 1

VOCABULARY

quick 빠른, 신속한 **ingredient** 재료 **recipe** 요리법 **dish** 음식

KEY EXPRESSIONS

1 **아주 빠르고 쉬운 really quick and easy**

요리법이나 셀프 인테리어 방법 중에서 어떤 게 아주 쉽고 간단하다고 할 때 really quick and easy라고 하는데요, 우리말로는 '이거 참 쉽고 간단하다!'라고 하는데, 영어로는 보통 quick을 먼저 쓰고 and easy라고 말해요.

2 **우리가 집에 가지고 있는 것들**
ones we have at home

'어떤 것들'을 가리킬 때 ones라고 하고, ones와 we 사이에는 that을 넣어도 돼요. ones, '어떤 것들'인데, we have at home, '우리가 집에 가지고 있는 그것들'이라는 의미죠.

3 **이 음식들을 몇 개 만들다**
make some of these dishes

'음식을 만든다, 요리를 한다'는 의미로는 make와 cook를 대표적으로 많이 쓰는데요, 보통 make는 일반적으로 다 쓰고, cook을 쓰면 좀 더 고급스러운(?) 음식을 한다는 느낌은 나지만, 빵이나 케이크는 bake를 쓰는 것처럼, 만드는 대상에 따라 cook말고 다른 동사를 써야 하는 경우도 있어요.

SITUATION 2 누가 그래? 스몰 토크가 시간 낭비라고…

본격적인 대화에 들어가기 전에 가볍게 나누는 스몰 토크에 대한 얘기를 나누는 내용입니다. 우리 말 대화에 맞는 영어 문장들을 먼저 만들어서 말해본 다음에 대화문을 들으며 따라 읽어보세요.

음원 02-2

테일러 난 스몰 토크가 무의미하다고 생각하지 않아.
댄 맞아. 그건 의미 있는 관계를 만드는 첫 단계 아닌가?
테일러 그렇지. 스몰 토크를 하면 어색함도 사라지고 사람들이 편안해지잖아.
댄 상대방에게 더 집중하고 우리 자신에게는 집중을 덜 하게 해주지.
테일러 스몰 토크를 할 때는, 문제의 소지가 있는 얘기는 피해야 해.
댄 정치나 종교 같은 거?
테일러 맞아. 아주 사적인 질문도 하지 않는 게 좋지.

Taylor 005 **I don't think** small talk is meaningless.
Dan Right. Isn't it the first step to **building meaningful relationships**?
Taylor Yes. Small talk **breaks the ice and puts people at ease**.
Dan It can help us focus more on the other person and less on ourselves.
Taylor During small talk, we should **avoid controversial issues**.
Dan Like politics and religion?
Taylor Right. It's also not good to ask very personal questions.

VOCABULARY

meaningless 의미 없는, 무의미한 **relationship** 관계 **focus on ~** ~에 집중하다
avoid 피하다 **politics** 정치 **religion** 종교

KEY EXPRESSIONS

1 **의미 있는 관계를 구축하다 build meaningful relationships**
건물을 짓는 것만 build라고 하는 게 아니고, '관계를 만들다, 쌓아가다, 구축하다'라는 말도 build라고 해요.

2 **어색함을 없애고 사람들을 편안하게 만들다**
break the ice and put people at ease
처음 만난 사람들 사이의 어색함을 깬다는 걸 breaking the ice라고 하죠. 처음 만나서 인사하고 스몰 토크를 하면서 breaking the ice 하는 것은 부드러운 대화와 일 얘기, 관계를 이끌어내는 좋은 방법입니다. 사람을 편안하게 한다는 걸 put people at ease라고 해요.

3 **문제의 소지가 있는 얘기는 피하다 avoid controversial issues**
controversial은 뭔가 문제가 될 소지가 있는 것, '이런 걸 물어봐도 될까?' 싶은 것, '이런 얘기를 했다가 나중에 곤란해지는 거 아닌가?' 하는 것들을 가리켜요.

SITUATION 3 직접 만들어준 선물이면 감동할 거야

음원 02-3

어떤 선물을 하는 게 진정성을 전하는 방법일까에 대해 얘기를 나누는 내용입니다. 우리말 대화에 맞는 영어 문장들을 먼저 만들어서 말해본 다음에 대화문을 들으며 따라 읽어보세요.

켈리 발렌타인 데이에 남자친구한테 줄 게 없네.
해리 늘 영원한 사랑을 주면 되지.
켈리 뭐. 근데 뭐 사줄 수가 없어서.
해리 설마 너 땡전 한 푼 없다는 거야?
켈리 내 말은, 뭐 좀 괜찮은 걸 사줄 형편이 안 된다는 거야.
해리 내 생각엔 분명히, 뭐든 주면 고마워할 거야.
뭔가를 만들어주지 그래? 남자들은 그런 거 좋아해!

Kelly I have nothing to give my boyfriend on Valentine's Day.
Harry You could always **give him your undying love**.
Kelly Maybe. I just can't buy him anything.
Harry Are you telling me that you're **completely broke**?
Kelly What I'm saying is I can't afford anything nice.
Harry I'm sure he will **appreciate anything you give him**.
006 **Why not just** make him something? Guys love that!

VOCABULARY

undying 영원한 **completely** 완전히 **broke** 땡전 한 푼 없는, 돈이 없는
appreciate 고마워하다

KEY EXPRESSIONS

1 **누군가에게 영원한 사랑을 주다**
give someone one's undying love
누군가에게 무엇을 준다고 할 때는 〈give 누구 무엇〉의 순서로 쓰시면 돼요. someone은 '누군가에게', one's (your, my, his, her…) undying은 '영원한, 사라지지 않는', love는 '사랑'을 준다는 뜻이죠.

2 **완전 땡전 한 푼 없는**
completely broke
broke는 돈이 없는 상태를 가리켜요. '돈이 한 푼도 없다'라는 좀 강한 의미로 penniless라고도 합니다. completely broke도 역시 '완전히 빈털터리'라는 뜻인데 미국식 영어라기보다는 영국식 표현입니다.

3 **그 사람에게 무엇을 주든 그 사람이 고마워하다**
appreciate anything you give him
appreciate anything은 '무엇이든 고마워하다, 감사해하다'라는 거고, anything you give him은 '네가 그 남자에게 주는 그 어떤 것이든'이라는 뜻이에요.

핵심 패턴 004

이 사람 덕분에 기분이 ~해져.
He/She makes me feel ~.

이 사람 덕분에 부엌에서 자신감이 생긴다니까.
He makes me feel confident in the kitchen.

그 사람이 있으면 마음에 위로가 돼.
She makes me feel relieved.

그녀가 있으면 늘 기분이 너무 좋아.
She makes me feel great all the time.

'어떤 사람 때문에 기분이 어떻게 된다, 내 마음이 어떻게 된다'라고 하는 나의 의견을 말할 때 쓸 수 있는 유용한 패턴이에요. feel 뒤에 형용사를 넣어 말해보세요.

핵심 패턴 005

난 ~라고 생각하지 않아.
I don't think ~.

난 스몰 토크가 무의미하다고 생각하지 않아.
I don't think small talk is meaningless.

난 네가 이번에 실패했다고 생각하지 않아.
I don't think you failed this time.

난 우리가 한 일이 헛된 것이었다고 생각하지 않아.
I don't think what we did was in vain.

'나는 어떻다고 생각하지 않는다, 난 그런 것 같지 않다'라고 나의 의견을 표현할 때 쓰는 패턴입니다. 우리말로는 think 뒷부분을 부정문으로 쓸 것 같지만, I don't think 뒤에 주어 동사를 연결해서 말하면 돼요.

핵심 패턴 006

~하지 그래?
Why not just ~?

뭔가를 만들어주지 그래?
Why not just make him something**?**

그냥 기다려보지 그러니?
Why not just wait and see**?**

한번 해보지 그래?
Why not just give it a try**?**

상대방이 이렇게 하는 게 좋겠는데… 싶은 나의 의견을 표현하는 아주 좋은 패턴이에요. Why don't you ~? 라는 패턴과 비슷한 의미인데요, Why not just 뒤에 동사원형을 써서 말해보세요.

SPEAKING GRAMMAR

Isn't it the first step to building meaningful relationships?

뭔가를 하는 첫 번째 단계라고 할 때 the first step to ~라고 해요? the first step of ~가 아니고?

Q

스몰 토크가, 의미 있는 좋은 관계를 만들어가기 위한 첫 번째 단계라는 말을 **Isn't it the first step to building meaningful relationships?**라고 했는데요, **the first step** 뒤에 **to**를 쓰는 게 맞나요? **of**가 아니고?

A

네. **to**를 쓰는 게 맞습니다. **building meaningful relationships**로 가는 단계, **step**이라고 생각하시면 돼요. 이렇게 **to**를 쓰는 것들로 〈**the secret to** 무엇〉, 〈**the key to** 무엇〉 등이 있는데요, 행복의 비결은 **the secret to happiness**라고 하고, 장수의 비결은 **the secret to longevity,** 그리고 성공의 핵심적인 비결을 가리킬 때는 **the key to success**라고 해요.

CHAPTER 1

LEVEL UP EXPRESSIONS

깜박했네.

I should have realized that.

어떤 사람이 뭔가에 대한 의견을 내거나 몰랐던 것을 알려줬을 때, "어머, 깜박했네. 어머, 내가 그걸 몰랐네."처럼 말할 수 있죠? 영어로는 **I should have realized that.**이라고 해요. 직역하면 '그걸 내가 알았어야 했는데…'가 되겠지만 의미는 '깜박했다, 몰랐다'는 거죠.

가스레인지를 안 켠 것을 알고

A 당신, 가스레인지 안 켰잖아?

B 앗, 깜박했네. 요리하는 데 엄청 오래 걸린다 싶더라!

A You know you forgot to turn on the stove?

B Wow, **I should have realized that.** I thought it was taking forever to cook!

싱글인 줄 알고 데이트 신청을 했을 때

A 당연히 싱글이 아니지. 결혼 반지 좀 봐?

B 데이트 신청을 하기 전에 알아차렸어야 했는데.

A Of course, she's not single. See her wedding ring?

B **I should have realized that** before I asked her out.

UNIT 03

결심, 결정한 것 말하기

세 가지 결심을 했어요 / 가족을 우선시하는 삶을 살 거야 / 미라클 모닝을 만들어보려고

TRY IT IN ENGLISH

어떤 결심을 했을 때, 가족을 위해서 일보다는 가족을 생각하는 선택을 할 때, 그리고 아침을 일찍 시작해서 뭔가 하기로 한 것에 대한 생각을 영어로 자신 있게 표현해보세요.

강의 03

준 엄마, 저 오늘 세 가지 결심을 했어요.

엄마 잘했다. 어떤 결심인지 말해줄래?

준 우선, 미루지 않을 거예요.

엄마 정말? 진짜로 이젠 미루지 않겠다는 말이야?

준 최소한 노력은 해볼게요. 그리고 두 번째는, 일주일에 책을 두 권씩 읽을게요.

엄마 좋은 생각이네. 그리고 세 번째는 뭔데?

준 엄마 아빠한테 더 좋은 아들이 될 거예요.

SITUATION 1 세 가지 결심을 했어요

엄마한테, 자기가 한 결심을 하나하나 말씀드리는 내용입니다. 우리말 대화에 맞는 영어 문장들을 먼저 만들어서 말해본 다음에 QR코드를 찍어 대화문을 들으며 영어 대화문을 따라 읽어보세요.

음원 03-1

Jun Mom, I made three resolutions today.
Mom Nice. Can you tell me what they are?
Jun 007 First, I won't procrastinate.
Mom Really? Are you sure you can stop procrastinating?
Jun At least I'll try. And second, I'll read two books a week.
Mom That sounds great. Then what's the third?
Jun I'll be a better son for you and daddy.

VOCABULARY

procrastinate 미루다 **at least** 적어도, 최소한 **a week** 일주일에

KEY EXPRESSIONS

1 **세 가지 결심을 하다**
make three resolutions
'결심을 하다, 결정을 하다'라고 할 때 모두 make를 쓰죠. make a resolution, make a decision처럼요. 그리고 결심 resolution 중에서도 새해 결심은 New Year's resolution이라고 해요.

2 **이제는 미루지 않다**
stop procrastinating
stop -ing는 직역하면 '무엇 하던 것을 그만두다'인데, 우리말로 자연스럽게 생각하면 '이제는 뭐뭐하지 않다'가 돼요. procrastinate는 할 일을 뒤로 미루는 건데, stop procrastinating이라고 하면 이제는 '할 일을 나중으로 미루지 않는다'가 되죠.

3 **더 좋은 아들이 되다**
be a better son
가끔은 영어 단어가 참 쉬울 때가 있어요. 우리말로 '효자, 효녀'가 뭘까요? a good son, a good daughter예요. 참 쉽죠? a better son, a better daughter는 '더 좋은 효자, 더 좋은 효녀'쯤으로 생각하시면 되겠죠.

SITUATION 2 가족을 우선시하는 삶을 살 거야

음원 03-2

가족과 좀 더 좋은 시간을 많이 보내기 위해서 휴가를 냈다고 말하는 내용입니다. 우리말 대화에 맞는 영어 문장들을 먼저 만들어서 말해본 다음에 대화문을 들으며 따라 읽어보세요.

숀 여보, 나 다음 주에 며칠 휴가 내기로 했어.
리사 회사 일에 너무 지친 거야?
숀 아니, 그런 건 아니고.
리사 부장님이랑 싸웠어?
숀 아니. 우리 부장님이랑은 상관없어.
리사 쉬겠다고 하는 게 당신답지 않아서.
숀 알아. 우리 가족을 더 소중하게 생각하게 된 거야. 그게 다야.

Sean Honey, **008** I decided to take a few days off next week.
Lisa Are you **getting burned out at work**?
Sean No, it's not like that.
Lisa Did you **get into a fight with your boss**?
Sean No. It has nothing to do with my boss.
Lisa It just seems out of character for you to **want time off**.
Sean I know. I have come to value my family more. That's all.

VOCABULARY

burned out 진이 빠지다, 지치다 **at work** 회사에서 **get into a fight** 싸우다
out of character 안 어울리는 **value** 소중하게 여기다

KEY EXPRESSIONS

1 **회사에서 번아웃 상태가 되다**
get burned out at work

get burned out은 '녹초가 되어 버리다'라는 것을 뜻이고, be burned out은 그런 상태를 가리켜요. '회사에서'라고 할 때는 at work를 기억하시면 됩니다. '회사에서 무슨 일 있었어?'는 Did something happen at work?라고 하면 되죠.

2 **상사와 싸우다, 다투다**
get into a fight with one's boss

누구와 다투게 되는 것, 싸우게 되는 걸 get into a fight라고 하는데요, 사전적 정의는 argument는 '논쟁'이고 fight는 '때리면서 싸우는 것'이라고 되어 있지만, 말로 다투는 것도 argument 혹은 fight라고 해요.

3 **쉬고 싶어하다 want time off**

휴가를 내거나 쉰다는 말로 take ~ off, have ~ off를 제일 많이 쓰지만, '좀 쉬고 싶어…'라는 말은 want time off, want some time off, 혹은 need time off, need some time off라고 해요.

SITUATION 3 미라클 모닝을 만들어보려고

요즘 유행하는 미라클 모닝을 만들어보겠다고 말하는 내용입니다. 우리말 대화에 맞는 영어 문장들을 먼저 만들어서 말해본 다음에 대화문을 들으며 따라 읽어보세요.

음원 03-3

엘렌 나 이제 출근 전에 수영을 하러 갈까 해.
밥 그럼 몇 시에 일어나야 하는데?
엘렌 6시쯤에. 근데 쉽진 않지.
밥 난 자주 알람 울리는 것도 못 듣고 자는데.
엘렌 6시 정각에 일어나보려고 해.
밥 그리고 보조 알람을 하나 더 맞춰 놔.
엘렌 알겠어, 그럴게.

Ellen 009 I'm thinking of going swimming before work.
Bob What time do you need to get up then?
Ellen Around 6, I guess. But it's not easy.
Bob I sleep through the alarm quite often.
Ellen I'll try to get up at six o'clock sharp.
Bob And set a backup alarm.
Ellen Okay, I'll do that.

VOCABULARY

get up 일어나다 **sharp** 정각 **set** 맞추다 **backup alarm** 보조 알람

KEY EXPRESSIONS

1 **알람 소리도 못 듣고 자다**
sleep through the alarm
sleep through 뒤에 뭔가를 쓰면 그 소리를 못 듣고 자버린다는 말인데요, 알람 말고도, sleep through the storm, sleep through the noise처럼도 써요.

2 **6시 정각에 일어나다**
get up at six o'clock sharp
잠에서 깨어 일어난다는 건 get up, wake up이라고 하죠? 그리고 '몇 시에'라고 할 때 시간 뒤에 sharp를 쓰면 '그 시간 정각에'라는 말이에요. o'clock은 3시, 4시, 5시, 6시처럼 '몇 시(몇 분은 말고)'에만 쓰는 것도 꼭 기억하세요.

3 **보조 알람을 맞춰 놓다**
set a backup alarm
시계나 알람을 맞춘다고 할 때 set을 쓰는데요, 알람을 맞추는 건 set an alarm이고, 혹시 내가 알람 소리를 못 듣고 자 버릴까 봐 하나 더 맞추는 것을 set a backup alarm이라고 해요.

핵심 패턴 007 우선, ~하지 않을 거예요. First, I won't ~.

우선, 미루지 않을 거예요.
First, I won't procrastinate.

우선, 너한테 거짓말하지 않을게.
First, I won't lie to you.

우선, 널 실망시키지 않을게.
First, I won't let you down.

뭔가를 하지 않겠다고 결심한 것을 표현할 때 I won't 뒤에 동사원형을 넣으면 되고요. 하지 않기로 한 게 두 개 이상일 때 First, I won't ~. Second, I won't ~.라고 할 수 있어요. I will ~.과 섞어서 말해도 됩니다.

핵심 패턴 008 나 ~하기로 했어. I decided to ~.

나 다음 주에 며칠 휴가내기로 했어.
I decided to take a few days off next week.

매일 아침에 스트레칭이랑 운동을 하기로 했어.
I decided to stretch and work out every morning.

하루에 대화문 하나씩 외우기로 했어.
I decided to memorize one dialogue a day.

내가 어떻게 하기로 결심한 것은 입 밖으로 내뱉어 말하면 더 지킬 가능성이 높아진다죠? 어떻게 하기로 결심하셨나요? 그걸 I decided to 뒤에 동사원형을 넣어서 큰 소리로 여러 번 말해보세요.

핵심 패턴 009 ~할까 생각 중이야. I'm thinking of ~.

나 이제 출근 전에 수영을 하러 갈까 해.
I'm thinking of going swimming before work.

일자리를 하나 더 구할까 싶어.
I'm thinking of getting one more job.

안 쓰는 물건들을 기증할까 해.
I'm thinking of donating things I don't use.

뭔가를 하려고 결심을 하기 전에, '이렇게 해볼까? 그렇게 해볼까?'하고 생각 중이라는 말은 I'm thinking of ~.를 가지고 표현할 수 있어요. '이렇게, 그렇게'에 해당하는 말을 동사원형에 -ing를 붙여서 of 뒤에 이어서 말해보세요.

SPEAKING GRAMMAR

I'm thinking of going swimming before work.
go 뒤에 동사원형을 쓰기도 하죠?

Q

출근 전에 수영을 하러 갈까 한다는 말을 **I'm thinking of going swimming before work.**라고 했는데요, 다른 문장에서는 **I'll go get it.**처럼 **go** 뒤에 동사원형을 쓰는데 **go** 뒤에 어떨 때 동사원형을 쓰고 또 어떨 때 **-ing**형을 쓰나요?

A

네, 주로 **go** 뒤에 수영하는 것이나 낚시하기, 등산하기, 스카이다이빙하기처럼 액티비티를 하는 동사를 쓸 때는 **-ing**형으로 쓰고요, 그렇지 않을 때는 동사원형을 쓰는 게 일반적이에요. **go swimming, go fishing, go running, go skydiving**같은 건 많이 보셨죠? 그리고 **go pick up something, go get it, go check it out**처럼, 액티비티가 아닌 것을 가리키는 동사들은 **go** 뒤에 동사원형을 써서 말해요.

LEVEL UP EXPRESSIONS

쟤들은 엄마/아빠 판박이네.
They look just like their mother/father.

부모의 입장에서, 자신을 쏙 빼닮은 아이들을 보면 더욱 더 좋은 결심, 좋은 길로 가게 되죠? '저 애들 좀 봐. 우리를 쏙 빼닮았잖아.'라는 말은 **They look just like us.**라고 하고, 다른 아이들을 보면서도 '어머, 쟤네들은 엄마 판박이네.', '어머나, 쟤네들 좀 봐. 아빠랑 똑같이 생겼어.'라고 할 때 **They look just like their mother/father.**라고 해요.

엄마를 꼭 빼닮은 아이들을 보고

A 우와! 저 아이들 좀 봐!
B 자기네 엄마를 꼭 빼닮았네.

A Wow! Look at those kids!
B **They look just like their mother.**

아빠를 닮아 키가 큰 아이들을 보고

A 쟤네들, 정말 키가 크지?
B 정말이지, 쟤네들은 아빠를 꼭 닮았어.

A Can you believe how tall they are?
B **They really look just like their father.**

CHAPTER 1

UNIT 04 바라는 것, 원하는 것 말하기

왜 청혼을 안 하는 거냐고 / 이 식당 음식… 평생 먹고 싶어 / 커피 한 잔이면 모든 시름이 싹

TRY IT IN ENGLISH

만나는 남자가 청혼하기를 기다릴 때, 어떤 식당의 음식이 너무 맛있어서 평생 먹고 싶을 때, 그리고 커피 한 잔이 너무나 감사하고 좋을 때에 대한 생각을 영어로 자신 있게 표현해보세요.

강의 04

트레이시 팸, 너 아직 브래드랑 사귀니?

팸 응. 사이가 아주 좋아졌어.

트레이시 너네 꽤 오래 만나는 것 같다.

팸 2년 전에 만났는데 뭘.

트레이시 결혼하자고 하든?

팸 해줬으면 좋겠는데, 내가 졸업할 때까지 기다리는 것 같아.

트레이시 아, 그렇구나. 이해가 되네.

SITUATION 1 왜 청혼을 안 하는 거냐고

사귀는 남자가 청혼하기를 기다리고 있는 여자가 친구에게 속을 털어놓는 내용입니다. 우리말 대화에 맞는 영어 문장들을 먼저 만들어서 말해본 다음에 QR코드를 찍어 대화문을 들으며 영어 대화문을 따라 읽어보세요.

음원 04-1

Tracy Pam, are you still going out with Brad?
Pam Yes, I am. Our relationship is better than ever.
Tracy It seems like you guys **have been dating for years**.
Pam I only met him two years ago.
Tracy Did he **pop the question**?
Pam 010 I want him to, but I think he's **waiting until I graduate**.
Tracy Ah, I see. That makes sense.

CHAPTER 1

VOCABULARY

go out with ~ ~와 사귀다 **graduate** 졸업하다 **make sense** 말이 되다, 납득이 가다

KEY EXPRESSIONS

1 **몇 년째 사귀는 중이다**

have been dating for years

date는 명사나 동사로 쓰이는데요, 동사로 쓰이는 date는 have been dating for years처럼 date 뒤에 대상을 쓰지 않고도 쓰고, date 뒤에 누구를 써서 '누구와 데이트하다'라고도 씁니다. '너 아직 그 애랑 사귀니?', Are you still dating her? Are you still dating him? 처럼요.

2 **결혼을 하자고 하다, 청혼하다**

pop the question

청혼한다고 할 때는 propose 말고도 pop the question이라는 표현도 써요. 갑자기 불쑥 Will you marry me?라고 해서 그럴까요? '불쑥 청혼을 한다'는 pop the question도 꼭 기억해두세요.

3 **내가 졸업할 때까지 기다리다**

wait until I graduate

wait until 뒤에는 어떤 시점을 써서 wait until Monday, wait until Christmas처럼 쓰기도 하고, 주어 동사를 쓰기도 해요. 그리고 '어느 학교를 졸업했다'고 할 때는 〈I graduated from 학교.〉라고 말합니다.

SITUATION 2 이 식당 음식… 평생 먹고 싶어

음원 04-2

단골인 식당의 음식이 너무 맛있어서 친구를 데리고 와서 폭풍 칭찬을 하는 내용입니다. 우리말 대화에 맞는 영어 문장들을 먼저 만들어서 말해본 다음에 대화문을 들으며 따라 읽어보세요.

(식당에 앉아서 메뉴판을 보고 있다.)

주디 여기 나초가 엄청 맛있어.
닉 아, 나한테 딱 필요한 거네. 여기 와봤어?
주디 그럼. 나 여기 단골이야.
대기하는 건 이렇게 맛있는 음식을 먹으려면 아무 것도 아니지.
닉 여기는 유기농 재료만 쓴다는 게 사실이야?
주디 응, 그래서 여기 음식이 그렇게 맛있는 거야.

(Sitting down in a restaurant at the bar looking at a menu.)

Judy 011 The nachos here will blow your mind.
Nick Oh, that's just what the doctor ordered.
Have you been here before?
Judy Sure. I'm **one of the regulars here**.
Waiting is **a small price to pay** for such delicious food.
Nick Is it true that they only use organic ingredients?
Judy Yes, that's **one of the reasons their food tastes so good**.

VOCABULARY

regular 단골손님, 단골 **delicious** 맛있는 **organic** 유기농 **ingredient** 재료 **taste** 맛

KEY EXPRESSIONS

1 **여기 단골 손님 중의 하나**
one of the regulars here
식당이나 카페, 미용실 등의 단골 손님은 a regular라고 하고, '내가 여기 단골 손님이야.'라는 말은 I'm a regular here. I'm one of the regulars here.라고도 해요. 비슷하게, 'Mike는 내 친구야.'라고 할 때 Mike is my friend.라고도 하지만, Mike is one of my friends.라고 말할 수도 있어요.

2 **치러야 할 작은 대가 a small price to pay**
price는 '가격'이라는 뜻도 있지만, '대가'라는 뜻도 있어요. 그래서 내가 어떤 것을 하기 위해 '치러야 할 대가'라는 말을 a small price to pay라고 할 수 있죠.

3 **여기 음식이 그렇게 맛이 있는 이유 중의 하나**
one of the reasons their food tastes so good
taste는 '맛'이라는 뜻의 명사로도 쓰이고 '어떤 맛이 나다'라는 뜻의 동사로도 쓰이죠. their food는 '그 집 음식, 그 식당의 음식'을 가리켜요.

커피 한 잔이면 모든 시름이 싹

음원 04-3

오늘도 힘든 하루가 이어지겠지만, 그래도 모닝커피 한 잔을 기분 좋게 마시는 동료들의 이야기입니다. 우리말 대화에 맞는 영어 문장들을 먼저 만들어서 말해본 다음에 대화문을 들으며 따라 읽어보세요.

피오나 좋은 아침이에요. 커피 드실래요?
짐 고마워요. 흐음~ 향이 좋네요. 설탕 넣었어요?
피오나 아니요, 안 넣었어요. 설탕 넣으실래요?
짐 아뇨, 괜찮아요. 블랙이 더 좋아요.
근데, 더위가 참 견디기가 힘드네요, 그죠?
피오나 그러게요. 어젯밤에는 너무 더워서 잠을 잘 수가 없더라고요.

Fiona Good morning. Care for some coffee?
Jim Thank you. Mmm… It smells good.
Did you add sugar?
Fiona No, I didn't. 012 Do you want some sugar in it?
Jim No thanks. I prefer my coffee black.
By the way, it's so hard to deal with this heat, right?
Fiona I know.
It was too hot to even fall asleep last night.

VOCABULARY

add 넣다, 추가하다 **prefer ~** ~를 더 좋아하다 **deal with ~** ~를 감당하다 **heat** 더위
fall asleep 잠들다

KEY EXPRESSIONS

1 **커피 좀 드실래요?**
Care for some coffee?
'뭔가를 먹을래?, 마실래?'라고 할 때 〈care for 무엇〉이라고 하는데요, 이 앞에는 Do you가 있었던 게 생략된 것으로 Would you care for some coffee?라고 해도 돼요.

2 **커피를 블랙으로 마시는 게 더 좋다**
prefer my coffee black
prefer는 '그 뒤에 있는 것을 더 좋아한다'라는 뜻이에요. 다른 어떤 비교 대상을 쓸 때는 I prefer my coffee black to having sugar in it.처럼 prefer 무엇 뒤에 to 다른 무엇을 씁니다.

3 **너무 더워서 잠을 잘 수가 없는**
too hot to even fall asleep
even은 뒤에 명사도 쓸 수 있고 fall과 같은 동사를 쓸 수도 있는데요, '~도'라는 뜻이에요. too hot은 '너무 더워서', to even fall asleep은 '잠도 안 온다'라는 뜻이죠.

SPEAKING PATTERNS

핵심 패턴 010 그랬으면 좋겠는데, ~ I want him/her/them to, but ~.

해줬으면 좋겠는데, 내가 졸업할 때까지 기다리는 것 같아.
I want him to, but I think he's waiting until I graduate.

그래줬으면 좋겠는데, 머뭇거리는 것 같아.
I want her to, but she seems to be hesitating.

그래줬으면 좋겠어, 근데 내 말을 안 들어.
I want them to, but they don't listen to me.

누가 나한테 어떻게 해줬으면 좋겠는데 도통 그럴 기미가 안 보일 때가 있죠. '왜 걔는 나한테 이러저러하게 안 하지?'라고 할 때 이 패턴을 쓰시면 돼요. I want him/her/them to 다음에는 그 사람이 나한테 해줬으면 하는 그 행동을 나타내는 동사가 생략된 거예요.

핵심 패턴 011 ~가 끝내줘. ~ will blow your mind.

여기 나초가 엄청 맛있어.
The nachos here **will blow your mind**.

일몰이 끝내줘.
The sunset **will blow your mind**.

오션 뷰를 보면 기절할 거야.
The ocean view **will blow your mind**.

음식이나 분위기, 풍경 등이 너무너무 좋을 때가 있죠? 그 최고의 만족감을 표현할 때, 여러분의 기분을 최고로 만들어주는 그 어떤 것이든 주어 자리에 쓰고, will blow your mind.라고 해보세요.

핵심 패턴 012 ~넣으실래요? Do you want some ~ in it?

설탕 넣으실래요?
Do you want some sugar **in it?**

후추 넣으실래요?
Do you want some pepper **in it?**

참기름 넣으실래요?
Do you want some sesame oil **in it?**

커피나 국, 찌개와 같은 음식에 뭔가를 넣기를 바라는지 물을 때 이렇게 말할 수 있는데요, '카푸치노에 시나몬을 뿌려드릴까요?'라고 할 때는 시나몬을 위에 뿌리니까 on을 써서 Do you want some cinnamon on it?이라고 하죠.

That's just what the doctor ordered. VS. It's just what the doctor ordered.
두 문장의 뜻이 같나요? 같은 상황에서 쓰는 건가요?

CHAPTER 1

Q

"그게 바로 딱 나한테 필요한 거야"라는 뜻으로 말하는 이 문장에서요. **That's**나 **It's**를 써도 같은 뜻인가요?

A

네, 같은 뜻입니다. **It's just what the doctor ordered.**는 광범위하게 어떤 것이 나한테 꼭 필요한 음식이나 내게 필요한 것이라고 말하는 거고, **That's just what the doctor ordered.**처럼 **That**을 쓰면 '바로 그거, 딱 그거'라고 구체적인 어떤 것이 내게 필요하다는 의미가 됩니다. '지금 내게 꼭 필요한 건 다른 어떤 것도 아니고 바로 이거다'라는 거죠.

LEVEL UP
EXPRESSIONS

절대 잊지 못할 그런 거 있지.
It's something I'll never forget.

여행 갔던 곳에 대한 기억이 너무 좋아서 또 가고 싶은 그런 곳 있죠? 그리고 먹었던 음식이나 뭔가를 해봤던 기억이 아주 강렬할 때도요. '그건 정말 못 잊을 거야…'라는 생각이 들 때 이 문장을 써보세요. **It's something I'll never forget.** 그래서 또 가고 싶고, 또 먹어보고 싶고 그렇다고요.

인생 최고의 국수를 먹고 나서

A 우리 그 최강의 매운 맛 국수 먹었을 때 기억 나?
B 절대 잊을 수 없는 맛이지.

A Do you remember when we ate those extra spicy noodles?
B **It's something I'll never forget.**

친구들과 최고의 여행을 하고 와서

A 우리 헝가리 여행 갔을 때 기억 나?
B 최고의 여행이었지.

A Do you remember when we traveled to Hungary?
B **It's something I'll never forget.**

UNIT 05 권유하기 · 추천하기

몸에 좋은 도시락으로 에너지 충전 / 코골이에 도움 되는 치료법, 아세요? / 싹 다 정리해서 기증하든 팔든

TRY IT IN ENGLISH

몸에 좋은 도시락을 싸와서 같이 먹을 때, 남편의 코골이로 걱정하는 친구에게 도움되는 것을 알려줄 때, 그리고 안 쓰는 물건들은 싹 다 정리해서 기증을 하든 팔든 하자고 하는 상황을 영어로 자신 있게 표현해보세요.

강의 05

브루스 신디, 오늘은 점심 뭐 드실래요?

신디 몸에 좋고 영양가 많은 걸로 하죠.

브루스 늘 잘 챙겨 먹으려고 하시나 보네요.

신디 네. 에너지가 완전히 달라지거든요.

브루스 그럼 뭘 먹으면 좋을까요?

신디 도시락을 싸왔어요.
요거트랑 아스파라거스, 닭고기, 그리고 방울 토마토도 들어 있어요.

SITUATION 1 몸에 좋은 도시락으로 에너지 충전

회사에 건강 도시락을 싸와서 동료와 같이 먹는 내용입니다. 우리말 대화에 맞는 영어 문장들을 먼저 만들어서 말해본 다음에 QR코드를 찍어 대화문을 들으며 영어 대화문을 따라 읽어보세요.

음원 **05-1**

Bruce Cindy, what would you like for lunch today?

Cindy 013 Let's eat something healthy and nutritious.

Bruce You seem to be trying to maintain a good diet.

Cindy Yes. It makes a big difference in my energy level.

Bruce So what's your recommendation?

Cindy I brought bag lunches for us.
They both include yogurt, asparagus, chicken, and cherry tomatoes.

CHAPTER 1

VOCABULARY

healthy 몸에 좋은 **nutritious** 영양가 있는 **maintain** 유지하다, 늘 그것을 고수하다
recommendation 추천, 추천해줄 것 **cherry tomato** 방울 토마토

KEY EXPRESSIONS

1 **늘 좋은 음식만 먹으려고 하다**
try to maintain a good diet

try to는 '가급적 어떻게 하려고 하다, 어떻게 하려고 애쓰다'라는 뜻으로 아주 많이 쓰는 표현입니다. 그리고 maintain은 '무엇을 유지하다, 계속 그 상태를 유지하다'와 같은 뜻으로 쓰여요.

2 **아주 다르게 하다, 완전히 다르게 만들다**
make a big difference

make a difference는 직역하면 '차이를 만들다'가 되지만 의미는 '몸에 좋은 것을 잘 챙겨 먹으면 몸이 달라져', '이거 하나를 바꾸니까 명품이 되네'와 같은 의미입니다. make a big difference라고 하면 '완전히 달라지게 하다, 최고의 명품이 되게 하다'와 같은 뜻인 거죠.

3 **도시락을 싸오다**
bring bag lunches

도시락은 bag lunch라고 표현할 수 있어요. 우리말로 '가져오다, 데려오다, 싸오다'의 의미로는 모두 bring을 쓰면 됩니다.

SITUATION 2 코골이에 도움 되는 치료법, 아세요?

남편이 코골이가 심해서 잠을 설친다는 친구에게 조언을 하는 내용입니다. 우리말 대화에 맞는 영어 문장들을 먼저 만들어서 말해본 다음에 대화문을 들으며 따라 읽어보세요.

음원 **05-2**

놀란	주디, 어젯밤에 잘 못 잤나 봐요.
주디	네. 남편이 코를 너무 심하게 골아서요.
놀란	그럼 옆으로 누워서 자라고 해보세요.
주디	똑바로 눕는 게 아니고요? 그게 도움이 되나요?
놀란	네. 저도 전에는 코를 많이 골았지만, 지금은 아니에요. 옆으로 누워서 자기 시작해서 그런 거거든요.
주디	아하! 좋은 정보 감사해요.

Nolan	Judy, it seems like you didn't sleep well last night.
Judy	Right. Because my husband's snoring was too loud.
Nolan	Then **014** have him sleep on his side.
Judy	Not **lying on his back**? Does it help?
Nolan	Yes. I **used to snore a lot**, but not anymore. That's because I began **sleeping on my side**.
Judy	Aha! Thanks for the information.

VOCABULARY

loud 큰, 시끄러운 **side** 옆 **snore** 코를 골다 **information** 정보, 알려준 것

KEY EXPRESSIONS

1 **똑바로 누워서 자다**

lie on one's back

lie는 '눕다'라는 뜻인데요, on 뒤에 있는 신체 부위가 바닥에 닿게 하고 눕는 것을 말합니다. 똑바로 누우면 lie on my back이고, 옆으로 누우면 lie on my side, 엎드려 누우면 lie on my stomach라고 해요.

2 **전에는 코를 많이 골았다**

used to snore a lot

〈used to 동사원형〉은 전에는 그랬었지만 지금은 그렇지 않은 것을 가리켜요. snore는 '코를 곤다'는 말이고, snore a lot은 '코를 심하게 곤다'는 뜻이죠.

3 **옆으로 누워서 자다**

sleep on my side

sleep은 '자다'라는 뜻이고 이어서 on 뒤에 신체 부위를 쓰면 그 신체 부위를 바닥에 닿게 하고 잔다는 말이에요. 똑바로 누워 자면 sleep on my back이고, 옆으로 누워 자면 sleep on my side, 엎드려서 자면 sleep on my stomach라고 해요.

싹 다 정리해서 기증하든 팔든

안 쓰는 물건은 다 정리해서 기증을 하거나 앱으로 팔자고 말하는 내용입니다. 우리말 대화에 맞는 영어 문장들을 먼저 만들어서 말해본 다음에 대화문을 들으며 따라 읽어보세요.

음원 05-3

테리 이제 안 입는 옷은 다 치워버리고 싶어.
어딘가에 기증을 할까 하는데.

마이크 아니면 이 앱으로 팔아도 돼.
나도 여기서 내꺼 몇 개 팔았거든.

테리 그게 뭔데? 당장 그 앱 다운받아야겠다.

마이크 다운을 받은 다음에, 동네를 두 곳 정해.
그리고 팔려고 하는 물건의 사진들을 올려.

Terry I want to throw away the clothes that I don't wear anymore.
I'm thinking of donating them somewhere.

Mike **015** Or you can sell them on this app.
I've **sold several things of mine** on this.

Terry What's that? I'll download that app right now.

Mike After your download it, **choose two neighborhoods**.
Then **upload pictures of the stuff** you want to sell.

VOCABULARY

throw away ~ ~를 버리다, 치워버리다 **donate** 기증하다, 기부하다 **several** 몇 개의 **neighborhood** 이웃, 동네 **stuff** 물건, 짐

KEY EXPRESSIONS

1 **내 것을 몇 개 팔다**

sell several things of mine

물건들은 thing이라고도 하고 stuff라고도 하는데요, 앞에 있는 several은 '몇 개'라는 수량을 가리키는 거라, 셀 수 없는 명사인 stuff 앞에는 안 쓰고, stuff를 쓸 때는 some stuff라고 하면 됩니다.

2 **동네를 두 군데 정하다**

choose two neighborhoods

'어떤 것을 고르다, 선택하다'라고 할 때 choose 대신 pick을 써도 되고요, neighbor는 '이웃사람, 동네사람', neighborhood는 '이웃, 동네'를 뜻하죠

3 **물건의 사진을 올리다**

upload pictures of the stuff

사진이나 영상, 자료 등을 '올린다'는 말은 upload라고도 하고 put up이라고도 해요. pictures 앞에 the를 써서 upload the pictures of the stuff, put up the pictures of the stuff라고 해도 됩니다.

핵심 패턴 013 ~한 것을 먹읍시다. Let's eat something ~.

몸에 좋고 영양가 많은 걸로 하죠.
Let's eat something healthy and nutritious.

우리 뭐 특별한 것 좀 먹자.
Let's eat something special.

뭐 좀 다른 걸 먹어보자.
Let's eat something different.

어떤 음식을 상대방에게 권유하거나, 같이 어떤 것을 먹자고 할 때 이 패턴은 아주 유용합니다. something 뒤에 어떤 음식인지를 나타내는 형용사를 쓰면 돼요.

핵심 패턴 014 ~하라고 해보세요. Have him/her+동사원형~.

옆으로 누워서 자라고 해보세요.
Have him sleep on his side.

하루 일정표를 짜게 해봐.
Have him make a daily schedule.

매일 일기를 쓰라고 해봐.
Have her write in a journal every day.

Have 뒤에 him, her, them 처럼 대상을 넣고 이어서 동사원형을 쓰면 '그 사람에게 어떻게 하라고 하다'라는 뜻이에요.

핵심 패턴 015 아니면 ~해도 돼. Or you can ~.

아니면 이 앱으로 팔아도 돼.
Or you can sell them on this app.

아니면 문자하든가.
Or you can text me.

아니면 나한테 도와달라고 해도 돼.
Or you can ask me for help.

Or는 이 문장 앞에 한 말에 이어서 쓰는 말로, '아니면, 그렇지 않으면'이라는 뜻이에요. 앞 문장과 붙여서 You can donate things or you can sell them on this app.이라고 한 문장으로 쓸 수도 있고, 이렇게 두 문장으로 따로 떼서 말하기도 하죠.

It makes a big difference in my energy level.

It makes a big difference…는 정확하게 어떤 뜻이에요?

Q

make a big difference는 '차이를 만들다'라는 의미인가요? 차이를 만든다는 게 뭘까요?

A

'차이를 만든다'라는 건 아주 1차원적인 직역이죠. 틀렸다고는 할 수 없어요. 하지만 우리가 자연스럽게 쓰는 말로 해보면, '~하게 해봐, 완전히 달라질 거야. ~를 넣어봐. 최고급 요리가 될 걸. 이런 것만 잘 챙겨 먹으면 몸이 완전히 달라져요.'와 같은 의미에요. 그러니까 대화문에서처럼, 몸에 좋은 것을 이렇게 잘 챙겨 드시면, **It makes a big difference in my energy level.** '몸에서 느끼는 에너지의 정도가 완전 180도 달라진다니까요.' 정도의 뜻이 되겠습니다.

LEVEL UP
EXPRESSIONS

때가 되었을 때 해버려.

Strike while the iron is hot.

옛날에도 영어책에 많이 나왔던 표현이죠? '쇠가 달구어졌을 때 내리쳐라'라는 뜻으로, 뭐든 기회가 왔을 때, 적기라고 생각될 때 바로 어떤 것을, 알맞은 것을, 하고 싶던 것을 해라, 좋은 기회를 놓치지 마라는 말이 **Strike while the iron is hot.**예요.

닭고기 요리를 주 메뉴로 하는 식당을 하려고 할 때

A 지금이 닭고기 식당을 시작할 적기인 것 같아.
B 때가 되었을 때 기회를 잡아야겠어.

A Now seems like a perfect time to start a chicken restaurant.
B **We should strike while the iron is hot.**

온라인 크리에이터가 되려고 할 때

A 요새 보니까 모든 사람들이 온라인 크리에이터가 되고 싶어하는 것 같아.
B 그러게. 너도 해야지. 기회를 놓치지 마!

A It seems everyone wants to be an online creator these days.
B Yeah. You should, too. **Strike while the iron is hot!**

UNIT 06 불평하기 · 불만 표현하기

왜 맨날 벼락치기야? / 내 입맛이 이상한 거야? 음식 맛이 이상한 거야? / 우리가 이 식당 전세 낸 듯?

TRY IT IN ENGLISH

늘 마감일이나 시험기간에 임박해서 벼락치기를 하는 친구에게 불만을 표시할 때, '내 입맛이 이상한 건가, 왜 음식 맛이 이렇지'라고 생각할 때, 그리고 식당에 사람이 너무 없어서 이상하다고 생각할 때 할 수 있는 말을 영어로 자신 있게 표현해보세요.

강의 **06**

(테일러가 존에게 전화를 한다.)

테일러 나 너네 기숙사에 잠깐 들러도 돼?

존 미안, 오늘은 말고.
내가 지금 시험공부 벼락치기를 하고 있거든.

테일러 왜 또 막판에 와서 그러는 거야?

존 내가 무슨 말을 하겠니? 맨날 미루기 대장인 걸.

테일러 너 그 버릇 못 고치면 후회할 거야.

존 알아. 이게 얼마나 스트레스 받는지 모를 거야.

SITUATION 1 왜 맨날 벼락치기야?

친구가 늘 벼락치기를 하는 것을 보고 그 버릇을 고치라고 말하는 내용입니다. 우리말 대화에 맞는 영어 문장들을 먼저 만들어서 말해본 다음에 QR코드를 찍어 대화문을 들으며 영어 대화문을 따라 읽어보세요.

음원 **06-1**

(Taylor calls John.)

Taylor Do you mind if I **drop by your dorm**?

John Sorry, not today.
I'm in the middle of **cramming for tests**.

Taylor How come you **waited until the last minute** again?

John What can I say? I'm a procrastinator.

Taylor **016** You'll be sorry if you don't change that habit.

John I know. You have no idea how stressful it is.

VOCABULARY

drop by ~ ~에 들르다 **cram** 벼락치기하다 **procrastinator** 늘 미루는 사람
habit 습관, 버릇 **stressful** 스트레스 받게 하는, 스트레스 쌓이는

KEY EXPRESSIONS

1 **네 기숙사에 잠깐 들르다**
drop by your dorm

어디에 잠깐 들른다고 할 때 drop by, come by, stop by 어디라고 해요. dorm은 dormitory의 줄임 말이죠.

2 **시험을 앞두고 벼락치기를 하다**
cram for tests

cram은 우리말의 벼락치기에 딱 맞는 말입니다. cram의 기본적인 뜻은 좁은 공간에 뭔가를 마구 쑤셔 넣는 거라서, 짧은 시간 안에 머리 속에 최대한 많은 내용을 집어넣어야 하는 벼락치기와 연결되죠?

3 **막판까지 안 하고 있다, 기다리다**
wait until the last minute

'막판'이라는 걸 the last minute이라고 하는데요, 막판에 약속을 취소하거나 막판에 행사가 취소되거나 한다고 할 때 '막판에'라는 말은 at the last minute라고 해요. 막판에 회의를 취소하면 cancel the meeting at the last minute, 막판에 약속을 취소하면 cancel the plans at the last minute이라고 하죠.

SITUATION 2 내 입맛이 이상한 거야? 음식 맛이 이상한 거야?

이상하게 음식이 너무 짜서, 같이 먹는 사람과 얘기를 나누는 내용입니다. 우리말 대화에 맞는 영어 문장들을 먼저 만들어서 말해본 다음에 대화문을 들으며 따라 읽어보세요.

음원 06-2

릭 직원을 불러야겠어.
돌리 음식이 뭐 잘못 됐어?
릭 국이 너무 짜잖아.
여태 먹어본 중에서 제일 짜.
돌리 이상하네. 내건 괜찮은데.
릭 그래? 왜 내 국만 이렇게 짜지?
돌리 바꿔 먹을래?

Rick **017** I think I need to call the server over.
Dolly Is there something wrong with your food?
Rick This soup is too salty.
This is the saltiest food that I have ever eaten.
Dolly That's strange. Mine tastes alright.
Rick Really?
How come only my soup is this salty?
Dolly Would you like to switch bowls?

VOCABULARY

server 직원, 종업원 **salty** 짠 **saltiest** 제일 짠 **taste** 어떤 맛이 나다 **switch** 바꾸다

KEY EXPRESSIONS

1 **여태 먹어본 것 중에서 제일 짠 음식**
the saltiest food that I have ever eaten
〈the -est 무엇〉, 〈the most 어떠한 무엇〉이라고 하고 that 뒤에 have ever p.p.라고 하면 '여태 먹어본 중에, 본 중에, 해본 중에 제일 어떠한 것이나 사람'이라는 뜻이에요. 누군가가 너무나 다정하고 잘 챙겨준다면 the most caring person that I've ever met이라고 할 수 있죠.

2 **내 국만 이렇게 짜다 only my soup is this salty**
'무엇만'이라고 할 때 그 무엇 앞에 only를 쓰면 됩니다. '오늘 바쁘다고? 넌 왜 맨날 그렇게 바쁘니?'라는 말에, '아니야, 늘 바쁜 게 아니고, 오늘만 바쁜 거야.'라고 하려면 It's not like I'm always busy. I'm busy only today.라고 할 수 있어요.

3 **그릇을 바꾸다 switch bowls**
switch는 뒤에 복수명사를 넣어 '두 개를 맞바꾼다'는 뜻으로 쓰여요. 자리를 바꾸면 switch seats, 포지션을 바꾸면 switch positions이죠. 또 다른 걸로 바꿔 탄다고 할 때도 쓰는데요, 버스나 기차를 갈아탈 때 switch buses, switch trains라고도 합니다.

SITUATION 3 우리가 이 식당 전세 낸 듯?

맛집이라고 해서 찾아왔는데 손님이 우리밖에 없어서 이상해 하는 내용입니다. 우리말 대화에 맞는 영어 문장들을 먼저 만들어서 말해본 다음에 대화문을 들으며 따라 읽어보세요.

음원 06-3

(식당에서)

리사 저기, 점심 먹으러 온 사람이 우리밖에 없어. 여기 이렇게 텅 비어 있는 게 이상하지 않아?
숀 그렇네. 여기 괜찮다는 말 많이 들었는데.
리사 우리가 잘못 들었나보네.
숀 그럼 그냥 가는 게 좋겠는데.
리사 아니야, 음식은 맛을 봐야지.
숀 먹어볼 만은 하겠지?

(At a restaurant)

Lisa Hey, we are **the only ones here for lunch**.
018 Isn't it surprising that this place is empty?
Sean It is. I've heard a lot about this place.
Lisa Maybe we **heard wrong**.
Sean Then perhaps we should leave.
Lisa No, we have to try the food first.
Sean Is it **worth the risk**?

CHAPTER 1

VOCABULARY

empty 빈, 비어 있는, 텅 빈 **perhaps** 아마, 아무래도 **leave** 나가다 **try** 먹어보다, 마셔보다
risk 위험

KEY EXPRESSIONS

1 **여기에 점심을 먹으러 온 유일한 사람들**
the only ones here for lunch

'여기 우리 밖에 없어?'라고 할 때 '~밖에, ~뿐'이라는 걸 뜻하는 게 only예요. the only people here라고 해도 됩니다. 점심 먹으러 온 사람들이니까 for lunch라고 했고, 저녁 먹으러 온 사람들이라고 할 땐 for dinner라고 바꿔서 쓰세요.

2 **잘못 듣다 hear wrong**

누가 한 얘기를 잘못 듣는다는 말은 hear wrong이라고 하고, 반대로 제대로 들었다는 말은 〈hear 무엇 right〉이라고 해요. '내가 그거 제대로 들은 거 맞나?' Did I hear that right? '응, 제대로 들었어.' Yes, you heard that right.처럼 말하는데, 자주 You heard right.이라고도 합니다.

3 **위험을 무릅쓰고 해볼 만하다 worth the risk**

worth 뒤에 '무엇'을 쓰면 '그 무엇을 할 만한 가치가 있다'는 말이에요. '위험을 감수할 만하다'라는 건 worth the risk라고 하고, '가볼 만하다'라는 건 worth the visit, '기다려서, 줄 서서 먹을 만하다'처럼 말할 때는 worth the wait라고 해요.

핵심 패턴 016 너 ~하면 후회할 거야. You'll be sorry if you ~.

너 그 버릇 못 고치면 후회할 거야.
You'll be sorry if you don't change that habit.

부모님께 말씀 드리면 후회하게 될 거다.
You'll be sorry if you say that to your parents.

이번 기회 놓치면 후회할 걸.
You'll be sorry if you miss this opportunity.

상대방이 하는 행동이나 버릇을 보니까 늘 똑같은 실수를 반복하는 게 영 못마땅한 게 아닙니다. 그럴 때, 상대방에게 조언이나 경고의 의미로 You'll be sorry if you ~.라고 말할 수 있어요. 뭐뭐하지 않으면 후회하게 될 거라는 말이죠.

핵심 패턴 017 ~해야겠어. I think I need to ~.

직원을 불러야겠어.
I think I need to call the server.

우리 강아지를 하루에 두 번 산책시켜줘야겠어.
I think I need to walk my dog twice a day.

물을 많이 마셔야겠어.
I think I need to drink lots of water.

뭔가 못마땅하거나 불평 불만이 있을 때, '아무래도 ~해야겠어'라는 말을 많이 하죠? 그럴 때 꼭 필요한 패턴이 I think I need to ~.입니다. 마음에 안 들거나 조치를 취해야 할 일이 있으니 아무래도 뭐뭐해야겠다는 뜻으로 써보세요.

핵심 패턴 018 ~한 게 이상하지 않아? Isn't it surprising that ~?

여기 이렇게 텅 비어 있는 게 이상하지 않아?
Isn't it surprising that this place is empty**?**

걔네들이 오늘 안 온 게 이상하지 않니?
Isn't it surprising that they didn't show up today**?**

우리 아들이 게임을 별로 많이 안 하는 게 이상하지 않아?
Isn't it surprising that our son doesn't play games that much**?**

뭔가가 이상해 보입니다. 어? 왜 이러지? 불안하기도 하고, 마음에 안 드는 상황이기도 하죠. '아무래도 이게 좀 이상하지 않아?'라는 생각이 들 때 Isn't it surprising that 다음에 주어, 동사를 이어서 말해보세요.

SPEAKING PRONUNCIATION

I think I need to call the server over. need to의 발음을 어떻게 하는 게 자연스럽나요?

Q

need to의 발음을 들어보면 /니이드터/가 아니고 /니이터/같아요.

A

네, 아주 잘 들으신 거예요. **need**를 발음해보세요. 끝에 있는 **-d**까지 발음하니까 혀끝이 입천장에 닿아 있죠? 이어서 **to**를 발음해보세요. 어때요? 다시 그 자리, 즉, 혀끝이 입천장에 닿아 있는 상태에서 발음하잖아요. 그러니까 결국 **need to**를 발음할 때는 **-d**를 발음하려고 하는 그 순간에 **to**를 소리내는 거죠. 그래서 /니이터/와 같이 들리는 거예요.

CHAPTER 1

LEVEL UP EXPRESSIONS

다른 방법이 있을 거야. There has to be another way.

어떤 문제가 생겼거나 뭔가가 잘 안될 때, '그래도 다른 방법이 있을 거야'라고 할 때 **There has to be another way.**라고 할 수 있어요. 원래 **has to**는 '뭐뭐해야 한다'는 뜻이지만, 의미상, '다른 방법이 있을 거야, 분명히 있을 거야'라는 의미입니다.

비밀번호를 모를 때

A 비밀번호가 없으면 컴퓨터를 못 여는데.
B 다른 방법이 있겠지.

A I can't turn my computer on without my password.
B **There has to be another way.**

뭔가를 보낼 수 있는 이메일 주소를 모를 때

A 우리 거기 이메일 주소 모르잖아.
B 다른 방법이 있겠지.

A We don't have their email address.
B **There has to be another way.**

UNIT 07 부탁하기

사랑하는 동료야… 나 좀 도와줘 / 사무용품이 많이 필요해 / 잠시 며칠 휴가를 좀…

TRY IT IN ENGLISH

일이 급하고 중요해서 동료에게 도와달라고 부탁할 때, 사무용품이 필요해서 어디 있는지 물어볼 때, 그리고 잠시 며칠 휴가를 가겠다고 말할 때 하고 싶은 말을 영어로 자신 있게 표현해보세요.

강의 07

엘리 무슨 일 하는 거야, 제이크?

제이크 회의 때 얘기했던 그 프로젝트.

엘리 내가 그 프로젝트 꽤 잘 아는데.

제이크 그래? 그럼 나 좀 도와줄래?

엘리 그럼. 뭐든 물어봐.

제이크 내가 뭘 놓친 건 없는지 해 놓은 것 좀 봐줄래? 망치고 싶지 않아서.

SITUATION 1 사랑하는 동료야… 나 좀 도와줘

음원 07-1

중요한 프로젝트를 하는 데 동료의 도움이 필요해서 부탁하는 내용입니다. 우리말 대화에 맞는 영어 문장들을 먼저 만들어서 말해본 다음에 QR코드를 찍어 대화문을 들으며 영어 대화문을 따라 읽어보세요.

Elly What are you working on, Jake?

Jake The project we talked about during the meeting.

Elly I'm pretty familiar with that project.

Jake Are you? Then can you help me out?

Elly Sure. Feel free to ask me anything.

Jake 019 Can you look at my work to see if I am missing anything?
I don't want to screw it up.

CHAPTER 1

VOCABULARY

work on ~ ~를 작업하다, 일하다 **familiar** 익숙한, 잘 아는 **miss** 놓치다 **screw up** 망치다

KEY EXPRESSIONS

1 **그 프로젝트를 꽤 잘 알고 있는**

pretty familiar with that project

familiar는 어떤 것을 잘 알고 있는 것을 말해요. pretty familiar는 꽤 잘 알고 있는 정도의 의미죠. 길을 물었을 때, '저도 여기는 처음이라, 이곳 지리는 잘 몰라요.'라는 뜻의 I'm not familiar with this area.는 아주 많이 쓰는 문장입니다.

2 **나를 도와주다**

help me out

help도 누군가를 도와주는 건데, help out이라고 하면 그 사람을 좀 더 적극적으로 돕는 것, 아니면 구체적으로 어떤 것을 도와주는 것을 말해요.

3 **망치다**

screw it up

screw up, mess up은 둘 다 뭔가를 망쳐버리는 것을 뜻해요. 일을 망치든 상황이 잘못되게 그르치든 다 쓸 수 있습니다. '내가 다 망쳐버렸네…'라는 말은 I screwed it up. I messed it up.이라고 해요.

SITUATION 2 사무용품이 많이 필요해

사무용품이 필요한데 신입이라, 뭐가 어디 있는지 몰라서 동료에게 부탁하는 내용입니다. 우리말 대화에 맞는 영어 문장들을 먼저 만들어서 말해본 다음에 대화문을 들으며 따라 읽어보세요.

음원 07-2

(폴라가 제이크의 사무실로 옮겨왔다.)

폴라 제이크, 스테이플러 좀 빌릴 수 있을까요?

제이크 그럼요. 여기 어디 있었는데… 아, 여기 있다.

폴라 고마워요. 펀칭 기계도 필요한데, 있어요?

제이크 있었는데, 고장났어요.

폴라 괜찮아요. 암튼 고마워요.

제이크 비품함에 보면 펀칭 기계가 더 있을 거예요.

(Paula just moved into Jake's office.)

Paula Jake, **020** can I borrow your stapler?

Jake Sure. It was **around here somewhere**… Ah, here it is.

Paula Thanks. I **also need a hole puncher**. Do you have one?

Jake I used to, but it broke.

Paula That's okay. Thank you, anyway.

Jake There should be **some extra hole punchers** in the cabinet.

VOCABULARY

borrow 빌리다 **stapler** 스테이플러, 호치키스 **hole puncher** 구멍 뚫는 펀칭기
break 고장 나다, 망가지다 **extra** 추가의, 여분의

KEY EXPRESSIONS

1 **여기 어딘가에**
around here somewhere

around here는 '이 주변에, 이 근처에'라는 말이고, somewhere는 '어딘가에'라는 뜻인데요, around here somewhere는 '확실히는 모르겠지만 여기 어딘가, 여기 어딘가에'라는 말이에요. '여기 어딘가에 있을 걸?'이라고 하려면 It should be around here somewhere.라고 해보세요.

2 **펀칭기계도 필요하다 also need a hole puncher**

'다른 것 말고도 이것도 필요하다'라고 할 때 〈also need 무엇〉이라고 해요. a hole puncher는 종이나 비닐에 구멍을 뚫는 것을 가리켜요.

3 **여분의 펀칭기계 some extra hole punchers**

뭔가 여분으로 몇 개 더 있는 것을 가리킬 때 some extra -s라고 하시면 돼요. 충전기가 여분으로 몇 개 더 있으면 some extra chargers, 이불이 여분으로 몇 개 더 있으면 some extra blankets, 여분으로 숟가락과 젓가락이 여러 벌 있으면 some extra spoons and chopsticks라고 하면 되겠죠.

SITUATION 3 잠시 며칠 휴가를 좀…

음원 07-3

회사에서 며칠간 휴가를 갈 수 있겠느냐고 묻는 내용입니다. 우리말 대화에 맞는 영어 문장들을 먼저 만들어서 말해본 다음에 대화문을 들으며 따라 읽어보세요.

해리 저 며칠 휴가 내도 될까요?
바이올렛 무슨 문제 없죠? 그만 두시려고요?
해리 아니에요! 그만 두긴 제가 왜요?
바이올렛 아, 걱정했잖아요. 며칠 휴가를 내고 싶은데요?
해리 이틀이면 될 거예요.
바이올렛 그러세요. 그러셔도 돼요.
해리 감사합니다.

Harry 021 Is it okay if I **take the next few days off?**
Violet Is everything okay? Are you quitting?
Harry No! Why would I quit?
Violet Oh, you **had me worried**. How long do you need off?
Harry Just two days will be fine.
Violet Sure thing. **You've earned it.**
Harry Thank you.

VOCABULARY

quit 그만 두다 **worried** 걱정되는 **earn** 얻다, 받다, 쌓다

KEY EXPRESSIONS

1 **며칠 쉬다, 며칠 휴가를 내다**
take the next few days off
월차나 연차, 휴가를 내는 것을 take ~ off라고 하는데요, 며칠 쉬고 싶다고 하면 take the next few days off, 한 달을 쉬겠다고 하면 take a month off, 일년을 쉬겠다고 하면 take a year off라고 합니다.

2 **나를 걱정시키다**
have me worried
〈have 누구 p.p.〉는 '누가 어떻게 되게 하다, 그렇게 되게 만들다'라는 뜻이에요. 내가 worry, 걱정을 시키는 게 아니고, 걱정이 되는 거니까 worried를 써서 have me worried라고 합니다.

3 **그러실 만해요. 그러셔도 돼요.**
You've earned it.
상대방이 승진을 했거나 월급이 올랐거나 아니면 상대방에게 어떤 다른 좋은 일이 생겼을 때 '그러실 만해요. 충분히 자격이 있어요.'라는 의미로 하는 말이 You've earned it.입니다.

핵심 패턴 019

…인지 ~ 좀 봐줄래?

Can you look at ~ to see if …?

내가 뭘 놓친 건 없는지 해놓은 것 좀 봐줄래?
Can you look at my work **to see if** I am missing anything**?**

실수한 게 없는지 보고서 좀 봐주실래요?
Can you look at this report **to see if** there's a mistake**?**

뭐 바꿀 게 있는지 이 파일 좀 봐줄래?
Can you look at this file **to see if** anything should be changed**?**

일할 때 혹은 다른 상황에서도 상대방에게 뭔가를 좀 봐달라고 부탁할 때 쓰는 아주 유용한 패턴이 Can you look at ~ to see if …?예요. 혹시 잘못된 부분이 없는지, 빠진 부분은 없는지 등을 확인해달라고 부탁하는 겁니다.

핵심 패턴 020

~ 좀 빌릴 수 있을까?

Can I borrow your ~?

스테이플러 좀 빌릴 수 있을까요?
Can I borrow your stapler**?**

자전거 좀 빌릴 수 있을까?
Can I borrow your bike**?**

네 노트북 좀 빌릴 수 있을까?
Can I borrow your laptop**?**

물건을 빌릴 때 꼭 알아야 하는 패턴이 Can I borrow your ~?입니다. borrow는 뭔가를 빌린다는 뜻이죠. 이 말 대신에 Can you lend me your ~?라고 해도 같은 의미인데요, lend는 뭔가를 빌려준다는 뜻입니다.

핵심 패턴 021

저 ~해도 돼요?

Is it okay if I ~?

저 며칠 휴가 내도 될까요?
Is it okay if I take the next few days off**?**

저 좀 늦게 출근해도 될까요?
Is it okay if I come in to work a little later**?**

오늘 좀 일찍 퇴근해도 될까요?
Is it okay if I leave a little earlier today**?**

어떤 것을 해도 되는지 허락을 구할 때, 이렇게 하고 싶으니 하게 해달라고 부탁할 때 쓰는 패턴이 Is it okay if I ~?예요. I 다음에는 동사를 이어서 쓰면 됩니다. Is it okay 말고 Will it be okay라고 할 수도 있어요.

broke VS. broken

broke와 broken의 뜻은 같은가요, 다른가요? 다르다면 어떻게 다른가요?

Q

'나한테 전에 쓰던 기계가 있었는데 고장 났다.'고 할 때 **I used to, but it broke.**라고 했는데요, **It broke.**를 **It's broken.**이라고 해도 되나요?

A

네, 둘 다 됩니다. 그런데 의미는 살짝 달라요. **I used to, but it broke.**는 전에는 그걸 가지고 있었는데 고장 나서 버렸다는 뜻이에요. **It's broken.**은 고장 났다는 의미는 같은데, 고장 났지만 아직 가지고 있다는 의미거든요. 아니면 '있긴 있는데, 고장 났어.'라는 의미도 되죠. 그런데, 우리가 보통 '어떤 거 있어?'라는 질문에 대답할 때 **I used to, but it broke.**라고 말하는 게 훨씬 자연스러워요. '전엔 있었는데, 고장 나서 버렸어.'라는 거죠. 아무튼 어떤 게 고장 났다고 할 때는 **It broke.**라고도 하고, **It's broken.**이라고도 합니다.

CHAPTER 1

LEVEL UP
EXPRESSIONS

저희만 믿으세요.

You can count on us.

상대방이 나한테 뭔가를 부탁할 때 '저만 믿으세요. 제가 잘 해결해드릴게요.'라고 하면 상대방은 얼마나 마음이 놓일까요? 반대로 내가 상대방에게 뭔가를 부탁했을 때도 마찬가지죠. 상대방이 **Don't worry. You can count on us.**라고 말해주면 걱정이 다 사라질 거예요.

프로젝트를 맡으면서

A	프로젝트를 제시간에 끝내실 수 있나요?	A	Will you finish the project on time?
B	그럼요. 저희만 믿으세요!	B	Absolutely. **You can count on us!**

상대방에게 나만 믿으라고 할 때

A	최선을 다해줄 수 있어?	A	Can you do your best?
B	나만 믿으면 돼.	B	**You can count on me.**

UNIT 08 반대하기

딱 봐도 고물인데, 그걸 사겠다고? / 차를 주머니에 넣고 다닐 수도 없고 / 아이들은 혼낼 대상이 아니야, 도와줄 대상이지

TRY IT IN ENGLISH

딱 봐도 고물인 자전거를 사려는 친구를 말릴 때, 주차를 하려는데 주차비가 너무 비싸서 다른 데 세우자고 할 때, 그리고 아이들을 너무 심하게 혼내지 말자고 말할 때 하고 싶은 말을 영어로 자신 있게 표현해보세요.

강의 **08**

(벼룩시장에서)

웬디 그 자전거는 안 사는 게 좋겠다.

짐 정말? 왜?

웬디 아주 불안해보여.

짐 그치만 가격 좀 봐! 너무 싸잖아.

웬디 그걸 안전하게 탈 수 있을 것 같지가 않아.

짐 타보면 아주 괜찮을 수도 있지.

웬디 자전거 체인이랑 타이어부터 사야 할 거다.

SITUATION 1 딱 봐도 고물인데, 그걸 사겠다고?

음원 08-1

부실해 보이는 자전거를 싸다는 이유로 사려고 하는 친구를 말리는 내용입니다. 우리말 대화에 맞는 영어 문장들을 먼저 만들어서 말해본 다음에 QR코드를 찍어 대화문을 들으며 영어 대화문을 따라 읽어보세요.

CHAPTER 1

(At a flea market)

Wendy 022 You might not want to buy that bike.

Jim Really? Why not?

Wendy It looks very unstable.

Jim But look at the price! It's so cheap.

Wendy I can't see someone riding it safely.

Jim It may turn out to be perfectly fine.

Wendy You need to buy a new chain and new tires for that.

VOCABULARY

unstable 불안한, 불안정한 **cheap** 싼, 값이 싼 **safely** 안전하게 **perfectly** 아주, 완전히

KEY EXPRESSIONS

1 **아주 불안해 보이다**

look very unstable

'뭔가가 어떻게 보인다'고 할 때 look 뒤에 형용사를 쓰는데요, stable은 '안정적인'이라는 뜻이고, unstable은 '불안정한'이라는 뜻이에요. 사람의 감정이나 상황, 물건의 견고함에 대해서도 다 쓸 수 있는 말입니다.

2 **안전하게 타다**

ride it safely

'자전거나 말을 탄다'고 할 때 ride를 쓰는데요, 자전거나 말을 안전하게 탄다는 걸 ride a bicycle safely, ride a horse safely, ride it safely라고 해요.

3 **알고 봤더니 아주 괜찮더라**

turn out to be perfectly fine

'처음엔 몰랐는데 알고 보니까 어떻더라…'라는 말을 turn out to be 뒤에 형용사를 써서 표현합니다. '보기에는 허술해 보였는데 알고 보니까 아주 괜찮더라'라는 의미로 turn out to be great, turn out to be fine, turn out to be perfectly fine이라고 해요.

SITUATION 2 차를 주머니에 넣고 다닐 수도 없고

음원 08-2

주차를 하려고 하는데, 주차비가 너무 비싼 걸 알고, 다른 데 세우는 게 좋겠다고 말하는 내용입니다. 우리말 대화에 맞는 영어 문장들을 먼저 만들어서 말해본 다음에 대화문을 들으며 따라 읽어 보세요.

(트레이시와 다니엘은 학생이다.)

트레이시 학교 안에 차 세웠으면 좋겠는데.
다니엘 그래, 근데 주차비가 비싸잖아.
트레이시 한 시간에 얼만데?
다니엘 30분에 3천원이야.
트레이시 그렇구나. 다른 데 세울 데도 없으니, 여기 세우자.
다니엘 그래. 자기야, 저기 학생용 주차장 있다.
트레이시 아, 이런. 빈 자리가 없네.

(Tracy and Daniel are students.)

Tracy I want to **park on campus**.
Daniel **023** Okay, but the parking fee is high.
Tracy How much is it an hour?
Daniel It's 3,000 won for every 30 minutes.
Tracy I see. I **don't have any other choice**, so let's park here.
Daniel All right. Hey, there's a parking lot for students.
Tracy Oh, no. There are **no empty spots**.

VOCABULARY

parking fee 주차비, 주차요금 **choice** 선택 **empty** 빈, 비어 있는 **spot** 자리, 공간

KEY EXPRESSIONS

1 **학교 안에 차를 세우다 park on campus**

'주차를 한다'는 말이 park인데요, park a car, park my car처럼 뒤에 차를 가리키는 말을 써도 되고 안 써도 됩니다. 그리고 '교내에, 캠퍼스에, 학교 안에'라는 말을 on campus라고 해요.

2 **다른 선택의 여지가 없다 don't have any other choice**

'선택의 여지'는 choice라고 하죠. '다른 선택의 여지가 하나도 없다'고 할 때 don't have any other choice라고 하는데요, There's nothing I/we can do.라고도 할 수 있어요.

3 **빈 자리가 없는 no empty spots**

'주차할 자리 하나 하나'를 spot, parking spot이라고 해요. '주차장 전체'는 parking lot, parking area라고 하고요. 주차할 자리가 있느냐고 할 때는 Are there any empty spots?라고 묻고, 주차할 빈 자리가 하나도 없을 때는 There are no empty spots.라고 할 수 있어요.

SITUATION 3 아이들은 혼낼 대상이 아니야, 도와줄 대상이지

아내가 아이를 너무 엄하게 교육시키는 것 같아, 남편이 말려보려는 내용입니다. 우리말 대화에 맞는 영어 문장들을 먼저 만들어서 말해본 다음에 대화문을 들으며 따라 읽어보세요.

음원 08-3

루시 토리가 왜 점점 더 산만해져가는지 모르겠어.
댄 당신이 너무 심하게 키워서 그런 거 아니야?
루시 무슨 소리야?
댄 당신은 늘 그러잖아, 무서운 목소리로 '하나… 둘…' 이러면서 경고를 하잖아.
루시 너무 실수를 많이 하니까 그렇지.
댄 그냥 하고 싶은 거 하라고 하면 안 돼?
루시 알았어… 좀 참아볼게.

Lucy I don't know why Tori is becoming more distracted.
Dan Isn't it because you're disciplining her too much?
Lucy What do you mean?
Dan You always warn her by saying, "One... two...," in a stern voice.
Lucy The reason is that she makes so many mistakes.
Dan 024 Can't you just let her do what she wants to do?
Lucy Okay... I'll try to be patient.

VOCABULARY

distracted 주의가 산만한 **discipline** 가르치다 **stern** 엄한, 무서운 **patient** 참는

KEY EXPRESSIONS

1 **더 산만해지다 become more distracted**

집중을 못하고 정신 산만하게 구는 것을 distracted하다고 해요. '넌 왜 그렇게 산만하니?' How come you're so distracted?, '자꾸만 더 산만해지는 게 게임을 많이 해서인 것 같다.' I think playing lots of games makes you more distracted.와 같이 말할 수 있죠.

2 **너무 심하게 키우다 discipline her too much**

아이를 가르치는 것, 옳고 그른 것을 알려주며 키우는 것을 discipline한다고 해요. 아이한테 너무 무섭게 다그치지 말라고 할 때 Don't discipline her too much. 혹은 Don't discipline him too much.라고 할 수 있습니다.

3 **무서운 목소리로 '하나… 둘…' 하면서 경고를 주다 warn her by saying, "One... two...," in a stern voice**

누구에게 어떤 식으로든 경고를 하는 걸 〈warn 누구〉라고 말해요. 아이들이 잘못하면 엄마나 아빠들이 흔히 무서운 목소리로 그러시죠? "하지 말라고 했다! 하나, 둘~~~!" 이렇게요. 영어로 warn her by saying, "One... two...," in a stern voice라고 표현해요.

핵심 패턴 022 ~를 안 하는 게 좋겠어.
You might not want to ~.

그 자전거는 사지 마라.
You might not want to buy that bike.

이 추운 날, 무슨 수영을 해.
You might not want to swim in this cold weather.

그 그림에 손대지 마라.
You might not want to touch that painting.

상대방이 뭔가를 하려고 할 때 "아니야… 그러지 않는 게 좋겠어"라고 만류할 때 있죠? 이럴 때 You might not want to 뒤에 동사원형을 넣어서 말하면 돼요.

핵심 패턴 023 좋아, 근데 ~야.
Okay, but ~.

그래, 근데 주차비가 비싸잖아.
Okay, but the parking fee is high.

그래, 근데 지금은 내가 시간이 별로 없어.
Okay, but I'm short on time at the moment.

그래, 근데 늦지는 말고!
Okay, but don't be late!

상대방이 하려는 것에 일단 그러라고는 하면서도 뭔가 다른 이유를 대거나 다른 문제가 있다는 것을 알려줄 때 Okay, but ~.이라고 합니다. Okay,라고 말하고 나서 but 뒤에 주어, 동사를 이어서 말하면 돼요.

핵심 패턴 024 그냥 ~하게 두면 안 돼?
Can't you just let her/him/me ~?

그냥 하고 싶은 거 하라고 하면 안 돼?
Can't you just let her do what she wants to do?

나 그냥 내 방에서 아무 것도 안하고 있게 그냥 두면 안 돼?
Can't you just let me do nothing in my room?

그냥 20분만 게임하라고 하면 안 돼?
Can't you just let him play games for 20 minutes?

상대방이 하려고 하는 방향과 반대로, 나는 그냥 그 사람이 그렇게 하게 두었으면 좋겠을 때가 있습니다. '그냥 그렇게 하라고 하면 안 돼?'라는 말을 Can't you just let her/him/me 뒤에 동사원형을 넣어서 말해보세요.

It's so cheap.
cheap은 사람한테도 쓰나요?

Q

cheap을 사람을 주어로 해서 쓴 문장을 봤는데요. 사람이 **cheap**하다는 건 어떤 뜻이죠?

A

네, 〈누구 **is cheap.**〉이라고 하면 '짠돌이, 짠순이'라는 말이에요. 부정적인 의미죠. 반면에, 돈을 아껴 쓰고 검소하게 사는 사람한테는 **frugal**하다고 하는데요, 이건 **cheap**처럼 부정적인 뜻이 아니고, '검소하고 알뜰하다'라는 의미예요. 짠돌이, 짠순이와는 반대로 아주 돈을 후하게 쓰는 사람한테는 **generous**하다고 합니다. **generous**는 마음이 후한 것도 될 수 있지만 보통 돈을 후하게 잘 쓰는 것을 가리켜요.

LEVEL UP
EXPRESSIONS

그건 좀 보류하자.
Let's hold off on that.

상대방은 뭔가를 사자고 하거나 하자고 하는데, 나는 좀 보류했으면 좋겠을 때 있죠? '그건 좀 보류하고, 좀 생각을 더 해본 다음에 결정하자'라고 할 때 **Let's hold off on that.**이라고 말해요.

새로 차를 뽑자고 하는 사람에게

A 우리 차 새로 사자!
B 그건 우리가 돈을 좀 모을 때까지 보류하기로 해.

A We should buy a new car!
B **Let's hold off on that** until we save some money.

마라톤에 참여하는 걸 보류하자고 할 때

A 우리 다음 주에 마라톤 할까?
B 그건 좀 보류하자. 우선 훈련을 해야지.

A Should we do a marathon next week?
B **Let's hold off on that.** We should train first.

UNIT 09 거절하기

바다는 안 돼, 내 피부는 소중하니까 / 나, 과자랑 초콜릿 끊을 수 있을까? / 영 안 당기는데 어쩌지?

TRY IT IN ENGLISH

상할까 봐 바닷가에 가는 것을 꺼려할 때, 과자와 초콜릿 등을 끊어보려고 할 때, 동호회에 가입할까 말까를 망설일 때 할 수 있는 말을 영어로 자신 있게 표현해보세요.

강의 09

마이크 우리 바다로 여행가기로 한 거 좀 걱정되네.
리타 재미있을 텐데 뭘.
마이크 내 피부가 햇볕에 민감해서.
리타 가리고 자외선 차단제 바르면 괜찮을 거야.
마이크 근데… 반바지가 아직 맞는지도 모르겠고.
리타 핑계를 계속 만들어내는 거야?
마이크 난 그냥, 한 번만 더 생각해보자는 거지.

SITUATION 1 바다는 안 돼, 내 피부는 소중하니까

음원 09-1

바닷가로 여행가면 피부가 상할까 봐 걱정하는 내용입니다. 우리말 대화에 맞는 영어 문장들을 먼저 만들어서 말해본 다음에 QR코드를 찍어 대화문을 들으며 영어 대화문을 따라 읽어보세요.

CHAPTER 1

Mike I'm kind of worried about our trip to the beach.

Rita It should be fun.

Mike My skin is **sensitive to sunlight**.

Rita If you **cover up and wear sunscreen**, you should be just fine.

Mike But... I'm not sure if my old shorts still fit.

Rita Are you just **making up excuses**?

Mike 025 I'm just saying we should give it a second thought.

VOCABULARY

sensitive 예민한, 민감한 **wear** 바르다 **shorts** 반바지 **fit** 맞는, 딱 맞는
excuse 변명, 핑계

KEY EXPRESSIONS

1 **햇볕에 민감한**

sensitive to sunlight

소리나 햇볕, 어떤 자극에 민감한 걸 sensitive하다고 하죠. sensitive to 뒤에 소리, 햇볕, 자극 등을 가리키는 단어를 넣어서, 소음에 민감하면 sensitive to noise, 햇볕에 민감하면 sensitive to sunlight, 냄새에 민감하면 sensitive to smells, 카페인에 민감하면 sensitive to caffeine처럼 말해요.

2 **가리고 자외선 차단제를 바르다**

cover up and wear sunscreen

자외선으로부터 얼굴을 가리든 피부, 몸을 뭔가로 감싸서 가리는 걸 cover up이라고 해요. cover, cover up은 파운데이션 광고 문구나 제품 이름에도 많이 쓰이죠. 그리고 옷을 입든 모자를 쓰든 자외선 차단제 같은 화장품을 바르든 모두 wear를 쓸 수 있습니다.

3 **핑계거리를 만들어내다**

make up excuses

뭔가 없던 것을 만들어내는 걸 make up이라고 해요. 얼굴에 화장을 하는 것도 make up이라고 하는데, 뭔가 연관이 있게 느껴지시죠? 이야기를 지어내면 make up stories, 변명을, 핑계거리를 만들어내면 make up excuses라고 해요.

SITUATION 2 나, 과자랑 초콜릿 끊을 수 있을까?

평소에 단 걸 너무 많이 먹는 것 같아서 좀 줄여보겠다고 하는 내용입니다. 우리말 대화에 맞는 영어 문장들을 먼저 만들어서 말해본 다음에 대화문을 들으며 따라 읽어보세요.

음원 09-2

주디 그래 어떻게 살을 뺐어?
비비안 단 걸 끊었어.
주디 난 그거 못 할 것 같은데.
비비안 힘들었어. 내가 단 걸 좋아하잖아.
주디 나도. 난 단 거 앞에서는 정신을 못 차려.
비비안 너도 할 수 있을 거야. 내가 도와줄게.
주디 그러게, 네가 성공한 걸 보니까 의욕이 생긴다.

Judy So how did you lose weight?
Vivian I **gave up sweets.**
Judy 026 **I'm not sure I could** manage that.
Vivian It was difficult. I **have a sweet tooth.**
Judy So do I. I'm **helpless when it comes to sweets.**
Vivian You can do it. I'll support you.
Judy Well, looking at your success inspires me.

VOCABULARY

sweets 단 것 **manage** 감당하다 **helpless** 어쩔 줄을 모르는, 못 참는
support 도와주다, 힘이 되어주다 **inspire** 의욕이 생기게 하다

KEY EXPRESSIONS

1 **단 걸 끊다 give up sweets**

give up은 뭔가를 하려던 것을 포기한다고 할 때 쓰는데요, 먹을 것, 마실 것을 끊는다고 할 때도 써요. 단 것을 안 먹는 것을 give up sweets라고 하고, 탄산음료를 안 마시기로 하는 건 give up sodas라고 할 수 있죠.

2 **단 것을 아주 좋아하다 have a sweet tooth**

원래 단 것을 아주 좋아하는 사람들이 있죠? 그런 사람들에게는, 치아 중의 하나가 a sweet tooth라고 말해요. '내가 원래 단 걸 무지무지 좋아하거든.'이라는 말은 I have a sweet tooth.이라고 합니다.

3 **단 것 앞에서는 어쩔 줄을 모르다**
helpless when it comes to sweets

뭔가를 앞에 두고, 혹은 어떤 상황에서 어쩔 줄을 몰라 하는 것, 맥을 못 추는 것을 helpless라고 해요. 〈when it comes to 무엇〉은 '무엇에 대해서라면, 무엇만 있다고 하면' 정도의 뜻이고 sweets는 '단 것, 과자, 아이스크림, 초콜릿' 등을 가리킵니다.

SITUATION 3 영 안 당기는 데 어쩌지?

회사 내 테니스 동호회에 들어갈까 말까 하고 고민하는 내용입니다. 우리말 대화에 맞는 영어 문장들을 먼저 만들어서 말해본 다음에 대화문을 들으며 따라 읽어보세요.

음원 09-3

댄	제이크, 너 회사 테니스 팀에 들어올 거야?
제이크	음, 아직 결정을 못 하고 있어. 근데 심각하게 고민 중이야.
댄	스트레스를 날릴 수 있는 좋은 방법일 걸.
제이크	그렇겠지, 근데 내가 운동 체질이 아니라.
댄	왜 이러셔. 같이 재밌게 해보자.
제이크	그러고는 싶은데, 테니스는 아닌 것 같다.

Dan	Jake, are you going to **join the office tennis team**?
Jake	Well, I'm **still sitting on the fence.** I'm seriously considering it, though.
Dan	It would be **a great way to let off steam.**
Jake	I know, but I'm not athletic.
Dan	Come on. Let's just do something fun together.
Jake	**027** I'd love to, but maybe not tennis.

VOCABULARY

fence 담장 **seriously** 진지하게 **consider** 고려하다, 생각해보다
let off 화나 스트레스를 식히다 **athletic** 운동 체질인

KEY EXPRESSIONS

1 **회사 테니스 팀에 들어가다 join the office tennis team**

어떤 모임이나 동아리, 동호회, 밴드 등에 가입한다고 할 때 〈join the 무슨 팀〉이라고 해요. 전치사는 쓰지 않습니다. 회사에서 결성한 동호회, 밴드 등은 the office ~ team이라고 표현할 수 있습니다.

2 **아직 결정을 못하고 고민 중이다**
still sit on the fence

이럴까 저럴까 하고 결정을 못하고 있는 상태를 표현할 때 still sit on the fence라고 하는데요, 그림을 그려보세요. 담장 위에 앉아서 이쪽으로 넘어갈까 저쪽으로 넘어갈까 하고 있는 것을요.

3 **열 받은 걸 날려버릴 수 있는 좋은 방법**
a great way to let off steam

스트레스를 날리는 걸 let off steam이라고 하는데요, steam 열 받은 걸, let off 식히다, 열을 가라앉힌다는 느낌이 나죠? get rid of stress, remove stress라고도 합니다.

핵심 패턴 025 내 말은 그냥 ~해보자는 거야. I'm just saying we should ~.

난 그냥, 한 번만 더 생각해보자는 거지.
I'm just saying we should give it a second thought.

이번에는 우리가 한번 해봐야 된다는 말이야.
I'm just saying we should give it a try this time.

긍정적으로 좀 볼 필요가 있다는 말이야, 난.
I'm just saying we should look on the bright side.

나는 뭔가를 하고 싶은데 상대방이 거절할 때 있죠? 그럴 때 한 번이라도 더 설득을 해보고 싶은 마음이 든다면 이 패턴, I'm just saying we should ~.를 써보세요. '그냥 이렇게 한번 해보자는 말이야.'라고요.

핵심 패턴 026 내가 ~할 수 있을지 모르겠네. I'm not sure I could ~.

난 그거 못 할 것 같은데.
I'm not sure I could manage that.

내가 이 역할을 맡을 수 있을지 모르겠어.
I'm not sure I could take this position.

3일 동안 금식을 할 수 있을지 모르겠네.
I'm not sure I could fast for three days.

상대방은 하자고 하지만 나는 영 할 수 있을 것 같지가 않습니다. 그럴 때 I'm not sure I could 뒤에 동사원형을 넣어서 말해보세요. '내가 할 수 있을까? 아닌 것 같아…' 하는 느낌으로요.

핵심 패턴 027 정말 그러고는 싶은데, ~는 아닌 것 같다. I'd love to, but maybe not ~.

그러고는 싶은데, 테니스는 아닌 것 같다.
I'd love to, but maybe not tennis.

그러고는 싶은데, 이 영화는 아닌 것 같네.
I'd love to, but maybe not this movie.

그러고 싶긴 한데, 오늘은 아니다.
I'd love to, but maybe not today.

하고는 싶지만 안 될 것 같다고 거절할 때 꼭 알아두어야 할 패턴이 I'd love to, but maybe not ~.예요. maybe not 뒤에는 이건 아닌 것 같다 싶은 그것을 가리키는 명사를 넣으면 됩니다.

SPEAKING
PRONUNCIATION

kind of VS. kinda
kind of에서 of는 어떻게 발음하죠?

Q

'바닷가로 여행가는 건 내가 좀 걱정이 된다.' 라고 할 때 **I'm kind of worried about our trip to the beach.**라고 했는데요, **kind of**를 아무리 들어도 **of**의 /**v**/ 소리가 안 들려요.

A

네, 잘 들으신 거 맞아요. 미국식 영어에서 **kind of**의 **f**에서 나는 /**v**/ 소리는 거의 들리지 않습니다. 그래서 **kind of**를 비격식으로 **kinda**라고 쓰기도 해요. **sort of**도 마찬가지로 **sorta**라고도 쓰죠. **I'm kind of worried about our trip to the beach.**라는 문장에서 **kind of**의 **-f** 소리는 내지 않는다고 생각하고 여러 번 읽어보세요.

CHAPTER 1

LEVEL UP
EXPRESSIONS

제안해준 건 고마운데, …
I appreciate the offer, but ...

상대방이 뭔가를 해보는 게 어떠냐고 했을 때 제안은 고맙지만 나는 별로 내키지 않는다고 거절할 때 있죠? 이럴 때 '제안해준 건 고맙지만…'이라는 뜻으로 **I appreciate the offer, but ...**이라고 말할 수 있어요.

같이 가자는 제안에

A 우리랑 같이 갈 거야?
B 가자고 말해준 건 고맙지만…

A Are you going to come with us?
B **I appreciate the offer, but ...**

일 제안을 거절할 때

A 이 일, 해주실 건가요?
B 제안은 감사한데요…

A Are you going to do this for us?
B **I appreciate the offer, but ...**

UNIT 10 남의 말 전하기

엘리베이터 점검 중이래요 / 이렇게 복습해봐, 넌 공부의 천재 / 음식도 잘못 먹으면 두통이 생긴대

TRY IT IN ENGLISH

엘리베이터가 점검 중이라고 전할 때, 이렇게 복습하면 효과가 좋다더라고 전할 때, 그리고 음식도 잘못 먹으면 두통이 생긴다고 전해줄 때 영어로 자신 있게 표현해보세요.

강의 10

아들 엄마, 학교 다녀오겠습니다.

엄마 그래, 좋은 하루 보내라. 다녀와.

(일 분 후에)

아들 엘리베이터가 안 돼요.
점검 중이래요.

엄마 아, 그래?
그럼 계단으로 주욱 걸어 내려가야겠다.

아들 네? 엄마, 우리 22층인데요.

SITUATION 1 엘리베이터 점검 중이래요

음원 10-1

학교에 가려고 하는데 엘리베이터 앞에 점검 중이라고 쓰여 있다고 엄마께 말씀 드리는 내용입니다. 우리말 대화에 맞는 영어 문장들을 먼저 만들어서 말해본 다음에 QR코드를 찍어 대화문을 들으며 영어 대화문을 따라 읽어보세요.

CHAPTER 1

Son I'm off to school, Mom.

Mom Okay, have a good day. See you later.

(One minute later)

Son The elevator doesn't work.
It says it's out of service.

Mom Oh, is it?
Then 028 I'm afraid you should take the stairs all the way down.

Son What? Mom, we're on the 22nd floor.

VOCABULARY

out of service 작동이 안 되고 있는, 점검 중인 **stairs** 계단

KEY EXPRESSIONS

1 **학교에 가다**

off to school

아침에 '학교 다녀오겠습니다, 회사 다녀올게'라고 말하는 아주 기본적인 인사말이 I'm off to school. I'm off to work.입니다.

2 **계단으로 주욱 걸어 내려가다**

take the stairs all the way down

계단으로 걸어 내려가거나 올라가는 걸 take the stairs라고 해요. down이니까 계단으로 걸어 내려간다는 말인데, all the way를 앞에 쓰면 아주 한참을 걸어 내려간다는 말이 됩니다.

3 **22층에 있는**

on the 22nd floor

몇 층에 있거나 산다, 몇 층에서 일한다고 할 때 on the 다음에 층 수에 -th를 붙인 말을 써요. '몇 층에 사세요?'는 What floor do you live on?이라고 하고, '너 지금 몇 층에 있어?'는 What floor are you on?이라고 해요. 대답은 1층에 살면 I live on the first floor. 2층에 살면 I live on the second floor.라고 하고 다른 층에 살면 숫자에 -th를 붙여서 I live on the -th floor.라고 해요.

SITUATION 2 이렇게 복습해봐, 넌 공부의 천재

엄마가 아들한테 공부한 걸 복습하는 최고의 학습법을 알려주는 내용입니다. 우리말 대화에 맞는 영어 문장들을 먼저 만들어서 말해본 다음에 대화문을 들으며 따라 읽어보세요.

음원 10-2

밥 엄마, 학교에서 배운 걸 어떡하면 잘 기억할 수 있을까요?
릴리 암기법 같은 게 필요한 거니?
밥 네. 어떻게 하면 잘 외울 수 있는지 알려주세요.
릴리 전문가들이 그러는데, 복습을 네 번 하라고 하더라.
밥 배우고 나서 네 번을요?
릴리 응, 배운 직후에 복습을 하고, 20분 후에 또 한 번 복습을 하는 거야. 8시간 지나서 또 한 번 복습을 한 다음에 24시간 후에 다시 복습을 하는 거지.

Bob Mom, how can I remember the things I learn at school?
Lily Do you need some memorization tips?
Bob Yes. Please tell me what to do to memorize things better.
Lily 029 Experts say that we should review things four times.
Bob Four times after we learn something?
Lily Yes, try to review things right after you learn them, then review them 20 minutes after that. Review them again 8 hours later and 24 hours later.

VOCABULARY

memorization 암기 **tip** 요령, 비법 **expert** 전문가 **review** 복습하다 **later** 후에

KEY EXPRESSIONS

1 **학교에서 배운 것을 기억하다**
remember the things I learn at school
'기억한다' 혹은 '외우고 있다'라는 걸 remember라고 하고, '잊어버리다'는 forget이라고 하죠. '어떤 것을 달달 외우다, 암기하다'라는 의미로는 memorize를 쓸 수도 있어요.

2 **어떻게 하면 잘 외울 수 있을지**
what to do to memorize things better
우리말로는 '어떻게 해야 할지…'라는 말을 영어로 생각하면 '어떻게'에 해당하는 how가 떠오르는데요… how를 쓰면 '뭔가를 하는 데 방법을 어떻게'라는 의미예요. 우리말로 '~하려면 어떻게 해야 할까? 어떻게 하면 좋지?'는 what to do만 기억하세요.

3 **네 번 복습하다** **review things four times**
복습한다는 건 review라고 표현해요. review things, review the things you learned 배운 걸 복습을 하는데, four times, five times, 네 번, 다섯 번 복습을 하라는 거죠. 그냥 '어떤 걸 복습하다'라고 할 때는 review things라고 하는데, '배웠던 그것을 복습하다'라고 할 때는 review the things you learned라고 things 앞에 the를 써요.

SITUATION 3 음식도 잘못 먹으면 두통이 생긴대

스트레스만이 아니라, 음식도 두통을 유발한다는 말을 전해주는 내용입니다. 우리말 대화에 맞는 영어 문장들을 먼저 만들어서 말해본 다음에 대화문을 들으며 따라 읽어보세요.

음원 10-3

비비안 아… 머리 아파 죽겠네.
존 또 머리가 아파?
비비안 응, 스트레스를 받아서 그런가 봐.
존 음식 때문에 머리가 아플 수도 있대.
비비안 단 거나 설탕 같은 거?
존 응. 그리고 당신 커피 너무 많이 마시는 거 아니야? 카페인도 두통을 유발할 수 있다는데.

CHAPTER 1

Vivian Awww… This headache is killing me.
John Do you **have another headache**?
Vivian Yes, I guess it's because I'm stressed out.
John I heard **food can give us a headache**, too.
Vivian Like sweets and sugar?
John Yes. And don't you think you **drink too much coffee**?
030 They say that caffeine can also give us headaches.

VOCABULARY

headache 두통 **another** 또 하나의 **guess** 생각하다, 추측하다
stressed out 스트레스가 엄청 쌓인 **like ~** ~같은

KEY EXPRESSIONS

1 **머리가 또 아프다**
have another headache

〈another 무엇〉이라고 하면 '그 무엇이 하나 더, 또'라는 뜻이에요. '저 커피 한 잔 더 마실 수 있을까요?'라고 할 때 Can I have another coffee?라고 할 수 있고, '귀마개 한 쌍 더 주실래요?'라는 말은 Could you give me another pair of earplugs?라고 할 수 있어요. 두통, 치통, 복통 등이 또 찾아왔다고 할 때도 have another headache처럼 말합니다.

2 **음식 때문에 머리가 아플 수 있다 food can give us a headache**

음식이나 냄새, 소음 등이 어떤 통증이나 증상을 일으킨다고 할 때 food, noise, smell 등을 주어로 해서 can give us a headache, can give us a stomachache처럼 말할 수 있어요. cause a headache, cause a stomachache라고 할 수도 있습니다.

3 **커피를 너무 많이 마시다 drink too much coffee**

뭔가를 마신다는 건 drink나 have를 쓸 수 있고요, too much를 쓰면 뭔가를 너무 많이, 지나치게 많이 마신다는 말입니다.

SPEAKING PATTERNS

핵심 패턴 028 아무래도 너 ~해야겠다.
I'm afraid you should ~.

아무래도 너 계단으로 걸어 내려가야겠다.
I'm afraid you should take the stairs all the way down.

아무래도 너 처음부터 시작해야겠는데.
I'm afraid you should start from the beginning.

아무래도 너 내일 첫 비행기 타야겠어.
I'm afraid you should take the earliest flight tomorrow.

아무리 봐도 상대방이 어떻게 해야 할 것 같아 보이는데, 그게 나도 상대방도 원하지 않는 것일 때가 있죠? 그러기 싫은데… 그럴 때요. 그럴 때 이 패턴을 써보세요.

핵심 패턴 029 전문가들이 그러는데 ~해야 한데.
Experts say that we should ~.

전문가들이 그러는데, 복습을 네 번 하라고 하더라.
Experts say that we should review things four times.

나이 들수록 더 적게 먹으라고 전문가들이 말하던데.
Experts say that we should eat less as we get older.

전문가들이, 똑바로 앉는 게 허리에 좋대.
Experts say that we should sit up straight to keep our back healthy.

다른 어떤 사람들의 말을 인용할 때 ~ say, ~ says, ~ said 등으로 말하는데요, 그 중에서도 전문가들의 말을 인용할 때는 Experts say that ~으로 시작하는 패턴을 써보세요.

핵심 패턴 030 ~도 …할 수 있다고 그러더라.
They say that ~ can also….

카페인도 두통을 유발할 수 있다는데.
They say that caffeine **can also** give us headaches.

너무 많이 자도 피곤해질 수 있다더라.
They say that too much sleep **can also** make us tired.

빨리 걷기도 도움이 된다고 하던데.
They say that walking fast **can also** be helpful.

어떤 사람들이 하는 말을 인용하면서, 먼저 했던 말에 하나를 더 덧붙여 말하고 싶을 때 이 패턴을 써보세요.

Do you have another headache?
another는 '하나 더' 아닌가요?

Q

상대방한테, '너 머리 또 아파?'라고 할 때 **Do you have another headache?**라고 했는데요, **another**는 '하나 더', 즉, '커피 한 잔 더' **another cup of coffee,** '베개 하나 더' **another pillow**처럼 쓰는 것 아닌가요?

A

네, 맞습니다. **another** 뒤에 명사를 쓰면 '그거 하나 더'라는 뜻이에요. **Do you have another headache?**에서도 마찬가지로 **another headache**는 '두통 하나 더'라는 뜻이죠. 머리가 아프다고 했던 상대방이 또 머리가 아프다고 하니까 이렇게 말한 건데요, 같은 의미로, **Do you have a headache again?**이라고 할 수도 있죠.

LEVEL UP
EXPRESSIONS

난 그냥 하라는 거 할 뿐이야.
I just do what I'm told.

어떤 일을, 내가 하고 싶어서 하는 게 아니라, 다른 사람이 시켜서 그대로 하는 것뿐이라고 말할 때가 있죠? 〈누구 **told me to** 동사원형.〉이라고 말하면서, '그 사람이 나한테 이렇게 하라고 했다니까'라고 남의 말을 전하면서, **I just do what I'm told.**(하라고 해서 하는 거야.)라고 말할 수 있어요.

지시에 따라서 했을 때

A 그 젊은 직원을 왜 내보낸 거야?
B 내가 결정한 거 아니야.
하라는 대로 했을 뿐이야.

A Why did you fire the young worker?
B It wasn't my choice.
I just do what I'm told.

사장님 말대로 하는 거라고 할 때

A 한번만 해주시면 안 될까요?
B 저는 아르바이트생이에요.
하라는 대로 해야 해요.

A Why can't you do this for me once?
B I'm just a part-time worker.
I only do what I'm told.

CHAPTER 2

상대방의 의견이나 견해 요청하기

Asking for Someone's Opinions or Thoughts

UNIT 11 의사나 의향 묻기

김치, 안 매워? 맛있게 매워! / 와인 한 잔에 저녁 같이 먹을까? / 식당 차리려면 이것부터 살펴보고

TRY IT IN ENGLISH

외국인 친구가 김치를 먹어보고 맛있게 맵다고 말할 때, 친구와 와인 한 잔에 저녁을 같이 먹고 싶을 때, 그리고 식당을 차리려면 어떤 것을 고려해야 하는지에 대해 영어로 자신 있게 말해보세요.

강의 11

소냐 닉, 한국 음식 어땠어?

릭 너무 맛있었어. 나 한국 음식 엄청 좋아하거든.

소냐 김치가 너무 맵지 않아?

릭 응, 근데 맛있게 매워.

소냐 그리고 김치가 발효음식이라서, 몸에도 좋고 영양가도 높아.

릭 그래서 한국 사람들은 나이보다 젊어 보이는구나.

소냐 하하하. 그럴지도.

SITUATION 1 김치, 안 매워? 맛있게 매워!

외국인 유학생과 한국 음식을 먹고 나서 한국 음식에 대해 어떻게 생각하는지에 대해 얘기를 나누는 내용입니다. 우리말 대화에 맞는 영어 문장들을 먼저 만들어서 말해본 다음에 QR코드를 찍어 대화문을 들으며 영어 대화문을 따라 읽어보세요.

음원 **11-1**

Sonya How did you like the Korean food, Rick?
Rick It was really good. Now I'm a big fan of Korean food.
Sonya Isn't kimchi **too spicy**?
Rick Yes, but **031** it's spicy in a **delicious** way.
Sonya And kimchi is a fermented food, so it's healthy and nutritious.
Rick That's why people **look younger than their age** in Korea.
Sonya Ha-ha-ha. Maybe.

CHAPTER 2

VOCABULARY

spicy 매운 **delicious** 맛있는 **healthy** 몸에 좋은
nutritious 영양분이 풍부한, 영양가가 높은 **fermented** 발효된

KEY EXPRESSIONS

1 **너무 매운**
too spicy

'매운' spicy, '짠' salty, '단' sweet과 같은 형용사 앞에 too를 쓰면 '너무 매워서, 너무 짜서, 너무 달아서 별로다'라는 뜻이 돼요. really나 very는 '아주 어떠하다, 매우 어떠하다'라고 의미만 강조하는 반면 too는 '너무, 지나치게 어떠하다'는 의미입니다.

2 **맛있게**
in a delicious way

어떤 광고에 '맛있게 맵다'라는 카피가 나왔었죠? 맵긴 한데 맛있다, 매워서 좋다, 혹은 맛있는 음식인데 맵다고 할 때 맛을 가리키는 형용사 뒤에 in a delicious way를 붙여서 말할 수 있어요.

3 **나이보다 어려 보이다**
look younger than their age

'나이보다 어려 보인다, 동안이다'라고 할 때 아주 많이 쓰는 표현이 look younger than their (your, his, her) age예요. 상대방에게 말할 때는 You look younger than your age.라고 하거나 강조해서, '어머나, 나이보다 훨씬 더 어려 보이세요.' Wow, you look much younger than your age.라고 하죠.

SITUATION 2 와인 한 잔에 저녁 같이 먹을까?

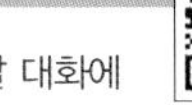

친구를 집으로 불러 가볍게 저녁을 함께 먹는 게 어떤지 의향을 묻는 내용입니다. 우리말 대화에 맞는 영어 문장들을 먼저 만들어서 말해본 다음에 대화문을 들으며 따라 읽어보세요.

음원 11-2

(전화로)

브래드 저녁 먹었어?
엘렌 아니, 아직. 막 먹으려던 참이었어.
브래드 그럼 저녁 먹으러 올래?
엘렌 아, 좋지. 뭐 좀 챙겨갈까?
브래드 아니야, 그냥 와.
엘렌 내가 뭐 좀 가져가게 해주면 고맙겠는데.
브래드 음, 정 그렇다면. 와인 가져올래?

(On the phone)

Brad Did you have dinner?
Ellen No, not yet. I was about to.
Brad Then why don't you come over for dinner?
Ellen Oh, sure. Can I bring anything?
Brad No, just bring yourself.
Ellen 032 I'd appreciate it if you let me bring something.
Brad Well, if you insist. Can you bring a wine?

VOCABULARY

come over 오다, 건너오다 **bring** 가지고 오다 **appreciate** 고마워하다, 감사해하다
insist 주장하다, 우기다

KEY EXPRESSIONS

1 **저녁 먹으러 오다 come over for dinner**

come over는 '어디로 (건너)와' 정도의 의미예요. 그러니까 '어디로 와라'라고 할 때 수평적인 개념으로 '우리 집에 와, 우리 회사로 와'라는 의미로는 come over라고 하고, '여기 위로 올라와'라고 할 때는 come up, '아래로 내려와'라는 말은 come down이라고 해요.

2 **내가 뭐라도 좀 가져가게 해주다 let me bring something**

〈let me 동사원형〉은 '내가 뭐뭐하게 해달라, 뭐뭐하게 내버려둬라'라는 의미예요. 자꾸 빈손으로 오라고 하니까 미안해서, let me '내가 하게 해줘', bring something '뭐라도 좀 가지고 가게…'라는 말입니다.

3 **정 그렇다면 if you insist**

insist는 뭔가를 주장하고 고집을 피우고 계속해서 자신의 의지를 관철하려고 하는 것을 뜻해요. 나는 괜찮다고 하는데 상대방이 계속 어떻게 하자고 혹은 하라고 하면, '정 그렇다면', '네가 계속 그러라고 하면' 정도의 의미로 If you insist.라고 하면 돼요.

SITUATION 3 식당 차리려면 이것부터 살펴보고

음원 11-3

아는 사람이 식당을 차리려고 한다는 말을 듣고, 어떤 것을 고려하면 되는지 몇 가지 조언을 해주는 내용이에요. 우리말 대화에 맞는 영어 문장들을 먼저 만들어서 말해본 다음에 대화문을 들으며 따라 읽어보세요.

프레드 우리 이모가 식당 개업 준비 중이셔.
입지를 고르는 제일 좋은 방법이 뭘까?

써니 목표 층이 어떻게 되는데?
그 지역 주민들인지 아니면 주변 회사 직원들인지?

프레드 아, 그걸 제일 먼저 고려해야 하는구나.

써니 물론이지.
유동인구가 많은 곳을 바라시겠지, 그치?

Fred My aunt is preparing to open a restaurant.
033 What's the best way to pick a location?

Sunny What is her target market?
Like residents of the area or employees of local companies?

Fred Oh, that's the most important thing to consider.

Sunny Of course. She must be hoping for a lot of foot traffic, right?

CHAPTER 2

VOCABULARY

location 입지, 위치 **target market** 타깃으로 삼는 시장 **resident** 주민
local company 주변 회사 **foot traffic** 유동인구 **consider** 고려하다

KEY EXPRESSIONS

1 **식당을 오픈하려고 준비하다 prepare to open a restaurant**

prepare to ~는 뭔가를 하려고 준비 중이라는 뜻이에요. 〈prepare 무엇〉은 '무엇 그 자체를 준비한다, 만든다'라는 뜻으로 prepare food는 '음식을 준비한다'는 말이죠. 〈prepare for 무엇〉은 '무엇에 대비해서 준비를 한다'는 말인데요, '시험 공부한다'는 말로 prepare for the test처럼 쓰이죠.

2 **입지를 고르다 pick a location**

pick a location처럼 입지나 장소, 위치 등을 고른다고 할 때도 pick을 쓸 수 있고, '어떤 사람을 고른다, 뽑는다'라고 할 때도 pick someone이라고 해요. '고른다'는 뜻으로 pick 말고도 choose나 select도 쓸 수 있어요.

3 **많은 유동인구 a lot of foot traffic**

교통량을 가리킬 때 traffic이라고 하잖아요? 사람들이 오고 가는 것, 걸어 다니는 것은 foot traffic이라고 해요. 사람들은 발로 걸어다니니까요. 장사할 때 입지를 고르는 요인으로 '유동인구가 많은 곳'을 고른다고 할 때 a lot of foot traffic을 써요.

핵심 패턴 031 …하게 ~해.
It's[누구 is] ~ in a … way.

맛있게 매워.
It's spicy **in a** delicious **way**.

좋은 의미로 난이도가 좀 있어.
It's challenging **in a** good **way**.

우리 아빠는 긍정적인 쪽으로 나한테 바라는 게 많으셔.
My father is demanding **in a** positive **way**.

어떤 것, 혹은 누군가가 어떤 성향을 보이는데 그게 나쁘다는 게 아니라 좋은 의미로 그렇다고 할 때 이 패턴을 써보세요.

핵심 패턴 032 ~해주면 고맙겠는데.
I'd appreciate it if you ~.

내가 뭐 좀 가져가게 해주면 고맙겠는데.
I'd appreciate it if you let me bring something.

TV 소리 좀 줄여주면 좋겠는데.
I'd appreciate it if you turned the TV down.

조금만 일찍 도착해주시면 감사하겠습니다.
I'd appreciate it if you arrived a little early.

상대방이 이미 어떻게 해준 건 아니고, '그렇게 해준다면 고맙겠다'라고 말할 때 쓰는 패턴이에요. 그렇게 해주면 고마울 것 같은 내용을 if you 뒤에 이어서 쓰면 돼요.

핵심 패턴 033 ~하는 제일 좋은 방법이 뭘까?
What's the best way to~?

입지를 고르는 제일 좋은 방법이 뭘까?
What's the best way to pick a location**?**

글루텐을 삼가는 제일 좋은 방법이 뭘까?
What's the best way to stay away from gluten**?**

영향력 있는 에이전시를 찾으려면 어떻게 하는 게 제일 좋을까?
What's the best way to find an influential agency**?**

어떤 것을 하려고 하는데 그렇게 할 수 있는 제일 좋은 방법이 뭔지 물을 때 쓰는 패턴이에요. to 뒤에 동사원형을 넣어서 말해보세요.

I'd appreciate it. VS. I appreciate it.
둘이 같은 뜻인가요?

Q

내가 뭐라도 가져가게 해주면 고맙겠다고 할 때 **I'd appreciate it if you let me bring something.**이라고 했는데요, 이 말 대신에 **I appreciate it.**이라고 해도 되나요?

A

두 문장의 의미는 살짝 다릅니다. 고맙다는 것을 표현한다는 점에서는 같지만, **I'd appreciate it if you let me bring something.**은 내가 뭔가를 가지고 가게 해주면, 그렇게 해주면, 고맙겠다. 즉, 아직 그렇게 해준 게 아니니, 지금 고마운 건 아니죠? 근데, **I appreciate it. I appreciate that.**은 이미 상대방이 뭔가 고마운 일을 해준 상황에서, '고마워.' '감사해요.'라고 인사하는 거거든요.

LEVEL UP
EXPRESSIONS

이건 별로 제 스타일이 아니에요.
It's not really my style.

어떤 것이든 내 스타일이나 취향이 아니라고 할 때 자주 쓰는 유용한 표현이 **It's not really my style.**이에요. 그리고 우리가 흔히 "저 남자는 내 스타일 아니야." "저 여자? 흐음… 내 스타일인데?"라고 할 때는 영어로 **style**이 아니라 **type**을 써야 해요. **He's not my type. She's my type.** 이렇게요.

좋아하는 스타일의 옷이 아닐 때

A 이 원피스 마음에 드세요?
B 이건 별로 제 스타일이 아니네요.

A Do you like this dress?
B **It's not really my style.**

자기기 원하는 자동차 색깔이 아닐 때

A 저 빨간 색 어때?
B 빨간 색 차? 별로 내 스타일이 아니야.

A How about that red car?
B A red car? **That's not really my style.**

UNIT 12 도움 요청하기

저희, 엘리베이터에 갇혔어요 / 회의 때 무슨 얘기했어요? / 나, 머리 어떻게 하면 좋겠어?

TRY IT IN ENGLISH

엘리베이터에 갇혀서 도움 청할 때, 참석하지 못한 회의 때 무슨 얘기가 나왔는지 알려 달라고 할 때, 그리고 머리 모양을 어떻게 하면 좋을지 물을 때 영어로 자신 있게 말해보세요.

강의 12

(갑자기 엘리베이터가 멈춰 섰다.)

제이크 앗, 이런! 왜 이러지?

이웃 어머, 엘리베이터가 멈춰버렸어요! 무서워요. 어떡하죠?

제이크 침착하세요. 통화버튼이 어딨죠?

이웃 거기요, 아래 거기 거기.

제이크 (통화버튼을 누르고)

여보세요? 여보세요? 저희가 엘리베이터에 갇혔어요. 여기서 좀 빼내주세요.

SITUATION 1 저희, 엘리베이터에 갇혔어요

엘리베이터가 갑자기 멈춰서자 비상벨을 누르고 도움을 요청하는 내용이에요. 우리말 대화에 맞는 영어 문장들을 먼저 만들어서 말해본 다음에 QR코드를 찍어 대화문을 들으며 영어 대화문을 따라 읽어보세요.

음원 12-1

(The elevator stops suddenly.)

Jake Oh, my! What's happening?

Neighbor Oh, the elevator stopped! I'm scared. What should we do?

Jake Be patient. Where's the call button?

Neighbor There, right there at the bottom.

Jake *(Pushing the call button)*
Excuse me? Hello? We're stuck in the elevator.
034 Please help us get out of here.

CHAPTER 2

VOCABULARY

suddenly 갑자기 **scared** 무서운, 겁이 나는 **patient** 침착한, 참을성 있는
call button 통화버튼 **stuck** 갇힌 **get out of ~** ~에서 나가다

KEY EXPRESSIONS

1 **엘리베이터가 멈췄다**

the elevator stopped

엘리베이터가 운행 중에 갑자기 멈춰 섰다면 The elevator stopped.라고 하죠. 그런데 만약에 차를 몰고 가다가 차를 세웠다고 할 때는 stop보다는 pull over를 써요. I stopped the car.라고 하면 운전하다가 길 한가운데에 갑자기 차를 세운다는 말이고, I pulled over my car.라고 하면 차를 갓길에 세웠다는 말이에요.

2 **아래 쪽에 바로 거기**

right there at the bottom

right은 강조할 때 많이 쓰는 말이에요. 거기를 가리킬 때 there라고 하는데, '바로 거기'라고 하려면 right there라고 해요. 그리고 '아래쪽에'는 at the bottom, '위쪽에'는 at the top이라고 해요.

3 **엘리베이터에 갇히다**

be stuck in the elevator

'어디에 갇혀 있다'는 말은 be stuck 또는 get stuck이라고 해요. 엘리베이터에 갇혔으면 I'm stuck in the elevator.라고 하고, 운전 중인데 차가 꼼짝을 안하고 있으면 I'm stuck in traffic.라고 해요.

SITUATION 2 회의 때 무슨 얘기했어요?

음원 12-2

일이 있어서 회의에 불참하고 나서, 그 회의 때 무슨 얘기가 나왔는지 알려 달라고 동료에게 부탁하는 내용이에요. 우리말 대화에 맞는 영어 문장들을 먼저 만들어서 말해본 다음에 대화문을 들으며 따라 읽어보세요.

해리 누구 화상 회의에 참석하셨던 분 계세요?
피오나 저요! 제가 참석했어요.
해리 잘됐네요, 어떻게 됐어요?
피오나 아주 잘됐다고 할 수 있죠.
해리 자세한 내용 좀 알려주실래요?
피오나 그럼요.
해리 정말 감사해요.

Harry **035** Is there anyone who **attended the video conference**?
Fiona Me! I participated in that.
Harry Great, how did it go?
Fiona I'd say it **went pretty well**.
Harry Can you please **fill me in on the details**?
Fiona I'd be more than happy to.
Harry I'd really appreciate it.

VOCABULARY

video conference 화상 회의 (**conference call** 전화 회의)
participate in ~ ~에 참석하다 (**participant** 참석자)
fill somebody in on something 누구에게 정보를 주다, 무엇에 대해 알려주다

KEY EXPRESSIONS

1 **화상 회의에 참석하다 attend a/the video conference**

만나서 하는 '대면 회의'는 meeting 혹은 conference라고 하는데요, 비대면 회의 즉, '화상 회의'는 video meeting 혹은 video conference라고 해요. video conference를 더 많이 씁니다. '화상 회의에 참석한다'는 건 attend a/the video conference라고 해요.

2 **꽤 잘 되어가다, 진행이 잘 되다 go pretty well**

어떤 일이나 회의, 사업, 프로젝트 등의 진행상황이 순조로울 때 ~ goes pretty well. ~ is going pretty well.이라고 합니다. '일이 잘 되어가고 있느냐'고 할 때는 Is it going well?이라고 묻고, '어떤 일이나 회의가 꽤 잘 되었다'라는 말은 It went pretty well.이라고 하죠.

3 **누구에게 자세한 내용을 알려주다, 설명해주다 fill 누구 in on the details**

자세한 내용을 잘 모르고 있는 사람에게 그 내용을 알려주는 것을 〈fill 누구 in on the details〉라고 해요. fill이 들어간 다른 표현으로 〈fill in for 누구〉라는 게 있는데요, '내가 오늘 일을 못하는데 내 대신 해줄 수 있어?'라는 말을 Can you fill in for me?라고 합니다.

SITUATION 3 나, 머리 어떻게 하면 좋겠어?

음원 12-3

헤어스타일을 바꾸고 싶은데 도통 어떤 모양이 어울릴지 결정장애가 온 상태. 친구에게 물어보는 내용입니다. 우리말 대화에 맞는 영어 문장들을 먼저 만들어서 말해본 다음에 대화문을 들으며 따라 읽어보세요.

웬디 어떤 스타일로 머리를 해야 할지 결정을 못하고 있어.
지미 지난번에 머리 잘랐던 거 마음에 들던데.
웬디 흐음, 어떤 모양이었는지 완전히 까먹었어.
내가 어떤 모습이었는지 기억 나?
지미 정말 잊어버렸어?
웬디 응, 잊어버렸다니까.
지미 알았어. 이게 너 한 달 전 모습이야. 도움이 될 걸.

Wendy I'm having a hard time **deciding what style I want.**
Jimmy **036** I like the way you got it cut last time.
Wendy Hmm, I totally **forgot what it looked like.**
Do you remember how I looked?
Jimmy You really forgot?
Wendy Yes, I sure did.
Jimmy Okay. Here is **a picture of you a month ago.**
This might help.

CHAPTER 2

VOCABULARY

decide 결정하다, 정하다 **last time** 지난번에 **totally** 완전히
remember 기억하다, 기억하고 있다 **help** 도움이 되다

KEY EXPRESSIONS

1 **내가 어떤 스타일로 할지 결정하다, 정하다 decide what style I want**
내가 어떤 스타일로 하고 싶은지 고민하다가, '아, 그래, 이런 머리 모양으로 하겠어.'라든가 '그래, 이런 옷을 입어보자.'라고 결정하는 걸 decide what style I want라고 할 수 있어요. '어떻게 하고 나갈지 정했어?'라는 말은 Did you decide what style you want today?라고 할 수 있죠.

2 **내가 어떻게 생겼었는지 잊어버리다 forget what it looked like**
내 머리 모양이 그때 어땠더라? 어떻게 생겼었더라? 가끔 이럴 때가 있죠. 이렇게 기억이 안 난다는 게 forget what it looked like예요. 내 모습이 어땠는지 기억이 안 나면 I forgot what I looked like.라고 할 수도 있죠.

3 **한 달 전의 네 사진 a picture of you a month ago**
어떤 사람의 사진은 a picture, pictures of ~라고 표현해요. '이거 너희 부모님 사진이야?'라는 말은 Are these pictures of your parents?라고 하죠.

핵심 패턴 034 저희가 ~하게 도와주세요. Please help us~.

여기서 좀 빼내주세요.
Please help us get out of here.

컨퍼런스 콜에 좀 집중하게 해주세요.
Please help us focus on the conference call.

해결 방안 좀 찾게 해주세요.
Please help us find a solution.

내가 혹은 우리가 뭐뭐할 수 있게 도와달라고 할 때 Please help me ~. 혹은 Please help us ~.라는 패턴을 써보세요. Please help me, Please help us 뒤에 동사원형을 쓰면 됩니다.

핵심 패턴 035 ~한 사람 있나요? Is there anyone who ~?

누구 화상 회의에 참석하셨던 분 계세요?
Is there anyone who attended the video conference**?**

누구 톰 행방 아는 사람 있습니까?
Is there anyone who knows Tom's whereabouts**?**

누구 주말 근무 자원할 사람 있나요?
Is there anyone who can volunteer to work on the weekend**?**

내가 도움을 청하고자 할 때, 이러저러한 사람이 있는지 물을 수 있겠죠? 바로 이 패턴, Is there anyone who ~?를 써보세요. Is there anyone who 뒤에는 '~했던 사람'이라고 할 때는 과거시제의 동사를, '~하는 사람'이라고 할 때는 동사에 -s나 -es를 붙인 형태를 쓰시면 돼요.

핵심 패턴 036 난 네가 ~한 게 마음에 들어. I like the way you ~.

지난번에 머리 잘랐던 거 마음에 들던데.
I like the way you got it cut last time.

난 네가 그런 식으로 남들 얘기를 들어주는 게 좋아.
I like the way you listen to others.

네가 네 남편 다루는 방법이 마음에 들어.
I like the way you manage your husband.

상대방이 도움을 청합니다. 이거 어떻게 하면 좋을까 하고요. 이때 난 네가 그렇게 하는 게 좋던데… 하면서 도움을 줄 수가 있겠죠? 그때 쓸 수 있는 패턴이 I like the way you ~.예요. '난 네가 그렇게 하는 게 마음에 들더라'라는 뜻이죠.

I totally forgot what it looked like.
VS. Do you remember how I looked?

어떤 때 what을 쓰고 또 어떤 때 how를 쓰나요?

Q

'내가 전에 어떤 모습이었는지 잊어버렸다'라는 말은 **I totally forgot what it looked like.**라고 하고, '내가 어떤 모습이었는지, 내가 머리를 어떻게 했었는지 넌 기억 나니?'라는 말은 **Do you remember how I looked?**라고 했는데요, 어떤 때 **what**을 쓰고 또 어떤 때는 **how**를 쓰나요?

A

주목해야 할 부분은 동사가 **look like**냐, 아니면 **look**이냐입니다. **look like** 뒤에는 명사를 써서 어떻게 생긴 것을 표현하고, **look** 뒤에는 형용사를 써서 어떻게 생겼다는 것을 표현하거든요. 그래서 **look like**를 동사로 쓸 때는 명사를 대신하는 의문사 **what**을 써서 **I totally forgot what it looked like.**라고 하고, **look**를 동사로 쓸 때는 형용사를 대신하는 의문사 **how**를 써서 **Do you remember how I looked?**라고 해요.

CHAPTER 2

LEVEL UP
EXPRESSIONS

그냥 누군가 얘기할 사람이 필요했어.
I just needed someone to talk to.

누군가가 필요한 여러 가지 이유 중에서… 그냥 누구랑 얘기를 좀 하고 싶을 때가 있죠? 이렇게 '내가 누군가와 얘기를 하고 싶었다, 누군가 얘기할 상대가 필요했었다'라고 할 때 **I just needed someone to talk to.**라고 해요.

늦은 시간에 전화를 한 이유를 말하면서

A 이 시간에 왠 전화야?
B 그냥 좀 얘기할 사람이 필요해서.

A Why are you calling at this hour?
B I just needed someone to talk to.

왜 만나자고 했느냐고 할 때

A 왜 만나자고 했어?
B 그냥 누구랑 얘기를 좀 하고 싶어서. 요즘 기분이 우울해.

A Why did you want to meet up?
B I just needed someone to talk to. I feel depressed these days.

UNIT 13 확인하기

특별 할인가라 취소하면 돈을 다 날린다고요? / 차 탈 때 그랬지? 주유하라고! / 전기차? 배터리는 오래 가나?

TRY IT IN ENGLISH

특별 할인가로 티켓을 샀는데 예약할 때 뭔가를 잘못 입력해서 취소하려고 하니까 돈을 다 날리게 생겼을 때, 기름이 이렇게 바닥인 줄도 모르고 차를 몰다가 당황했을 때, 그리고 전기차의 배터리가 오래 가는지를 확인할 때 영어로 자신 있게 말해보세요.

강의 13

데이브 이 티켓을 취소하고 새로 사면 어떻게 되죠? 환불받을 수 있나요?

직원 특별할인가라 환불이 안 되는데요.

데이브 뭐라고요? 그럼 티켓 산 돈을 다 날리게 될 거라는 건가요?

직원 세금 약간만 빼고는요. 죄송합니다.

데이브 아, 어떻게 좀 해주실 수 있을까요?

직원 확인해볼게요. 어떻게 도와드릴 수 있는지 잘 알아보겠습니다.

SITUATION 1 특별 할인가라 취소하면 돈을 다 날린다고요?

음원 13-1

내가 산 티켓이 특별 할인가라서 취소할 경우 정말 돈을 다 날리는 건지 확인하는 내용입니다. 우리말 대화에 맞는 영어 문장들을 먼저 만들어서 말해본 다음에 QR코드를 찍어 대화문을 들으며 영어 대화문을 따라 읽어보세요.

Dave 037 What if I cancel this ticket and get a new one? Can I get a refund?

Clerk I'm afraid you can't since it's a special deal.

Dave What? You mean I'll lose all the money I spent on the ticket?

Clerk Except some money for tax, yes. Sorry about that.

Dave Oh, is there anything you can do to help?

Clerk Let me check. I'll do my best to find some way to help.

CHAPTER 2

VOCABULARY

cancel 취소하다 **refund** 환불 **tax** 세금 **except ~** ~를 빼고, ~를 제외하고 **check** 확인하다

KEY EXPRESSIONS

1 **이 티켓을 취소하고 다른 티켓을 사다**

cancel this ticket and get a new one

샀던 티켓, 혹은 예매했던 티켓을 취소하는 건 cancel한다고 하고 새로운 걸 다시 산다는 건 get a new one이라고 해요. 만약에 샀거나 예매했던 티켓을 다른 것으로 바꿀 때는 exchange this ticket with a new one 혹은 exchange this ticket with another one이라고 할 수 있어요.

2 **이게 특별 할인가라서**

since it's a special deal

우리말로, '~라서, ~이니까'라고 할 때 since를 쓸 수 있어요. 그리고 우리가 엄청 할인해서 뭔가를 잘 샀을 때나 어떤 것을 지금 특별 할인가로 팔고 있을 때 그걸 a deal, a great deal, a special deal이라고 해요.

3 **들어간 돈을 다 날리다**

lose all the money I spent

돈을 잃는 건 lose money, 돈을 전부 다 까먹는 것, 다 날리는 건 lose all the money라고 해요. 항공권을 환불할 때 up to ~ percent를 차감하고 나머지를 환급해준다고 되어 있는 게 있는데요, 이건 최대 얼마, 최대 몇 퍼센트라는 뜻이에요. up to 100 percent이면 최대 100퍼센트를 차감한다, 즉 한 푼도 돌려주지 않는다는 말이죠.

SITUATION 2 차 탈 때 그랬지? 주유하라고!

음원 13-2

기름이 어느 정도 있겠지 했는데, 기름이 바닥 난 상황입니다. 우리말 대화에 맞는 영어 문장들을 먼저 만들어서 말해본 다음에 대화문을 들으며 따라 읽어보세요.

제이크 흐음, 왜 차가 이렇게 기어가지?
바바라 설마 기름이 없는 건 아니겠지.
제이크 기름? 아… 저 노란불은 뭐지?
바바라 으이그! 출발하기 전에 주유 안 했어?
제이크 네가 했는 줄 알았지.
바바라 왜 내가 주유를 해? 네 차잖아.
못살아! 내가 너랑 어디만 가려고 하면 꼭 이러더라.

Jake Hmm, why is the car slowing down?
Barbara Please tell me that we **have enough gas**.
Jake Gas? Um… What's that yellow light?
Barbara O.M.G.!
You didn't **fill the gas tank** before we left?
Jake I thought you did.
Barbara Why would I? It's not my car. Man!
038 This always happens when I **go places with you**.

VOCABULARY

slow down 속도를 늦추다 **gas** 기름(gasoline)
O.M.G. 세상에(Oh, my God; Oh, my gosh의 줄임말) **fill** 채우다 **man** 세상에, 이런

KEY EXPRESSIONS

1 **기름이 충분히 남아 있다 have enough gas**

잘 아시다시피 차에 넣는 '휘발유'는 gasoline이라고 하고 줄여서 gas라고 하는 거죠. 기름이 많이 남아 있는 건 정확하게는 차에 있는 거지만, 그냥 사람을 줄여서, '우리, 기름 많아?' Do we have enough gas? '기름 충분해.' We have enough gas.처럼 말해요.

2 **기름을 채우다, 주유를 하다**
fill the gas tank

'기름을 채운다'는 말은 fill을 쓰고, '기름통'은 gas tank라고 해요. 그리고 '꽉 채워달라'고 할 때는 Fill it up, please.라고 합니다.

3 **너랑 어딘가에 가다 go places with you**

'어딘가에 간다'는 말은 go places라고 해요. '여기저기 간다'는 의미로는 go here and there라고 하고요. '상대방이랑 같이 간다'고 할 때는 go places with you, go here and there with you라고 하죠.

SITUATION 3 전기차? 배터리는 오래 가나?

전기차를 한 대 살까 하면서 배터리는 오래 가는지 등을 확인하는 내용입니다. 우리말 대화에 맞는 영어 문장들을 먼저 만들어서 말해본 다음에 대화문을 들으며 따라 읽어보세요.

음원 13-3

(전기차를 둘러보며)

잭	전기차가 훨씬 더 쌌으면 좋을 텐데.
주디	그러게. 비싸도 너무 비싸지. 배터리는 오래 가나?
잭	그건 별로 걱정은 안 되는데.
주디	진짜로 한 대 사려고 그래?
잭	심각하게 고민 중이야.
주디	지금은 아니야, 잭. 지금은 그럴 형편이 안 된다고!

(While looking at some electric cars)

Jack	I wish electric cars were cheaper.
Judy	Right. They cost an arm and a leg. Do the batteries **last long**?
Jack	I'm not too worried about that.
Judy	039 Are you really thinking of buying one?
Jack	I'm **giving it some serious thought**.
Judy	Not now, Jack. We **can't afford it yet**!

CHAPTER 2

VOCABULARY

electric car 전기차 **cheap** 싼 **cheaper** 더 싼
cost an arm and a leg 값이 터무니없이 비싼 **last** 지속되다 **serious** 심각한, 진지한

KEY EXPRESSIONS

1 **오래 가다, 오래 지속되다 last long**

last는 어떤 상태가 얼마 동안 유지된다는 뜻이에요. 그래서 배터리나 전기 충전한 게 '오래 간다, 오래 지속된다'라는 말을 last long이라고 해요. '그거 오래 가니?'라는 말은 Does it last long?이라고 하고, '이거 두 시간밖에 안 가.'라는 말은 It lasts only for 2 hours.라고 하죠.

2 **심각하게 고민해보다, 진지하게 생각해보다**
give it some serious thought

give it a thought는 어떤 것에 대해 '고민을 해보다, 생각을 해보다'라는 말이에요. '다시 한번 생각해본다'는 말은 give it a second thought라고 하고 그 문제에 대해 '심각하게, 진지하게 생각해본다'는 말은 give it some serious thought라고 합니다.

3 **아직은 그럴 형편이 안 되다 can't afford it yet**

〈afford 무엇〉은 그 무언가를 감당할 형편이 된다는 말이에요. 경제적인 형편도 그렇고 시간적인 여유나 심정적으로 감당이 되는지 안 되는지를 표현할 때 다 쓰죠.

핵심 패턴 037 ~하면 어떻게 되나요? What if I ~?

이 티켓을 취소하고 새로 사면 어떻게 되죠?
What if I cancel this ticket and get a new one**?**

콜럼비아 대학이 아니라 콜럼비아 레코드에 취직하면 어떻게 될까?
What if I join Columbia Records instead of Columbia University**?**

나 내일 회의 빠지면 어떨까?
What if I just skip the meeting tomorrow**?**

어떤 내용을 확인하고 싶을 때 쓰는 패턴으로 What if I ~?도 빼놓을 수 없습니다. '만약에 이러저러하면 어떻게 되죠? 이러면요?'라고 확인하고 싶을 때 자주 써보세요.

핵심 패턴 038 내가 ~할 때는 꼭 이러더라. This always happens when I ~.

내가 너랑 어디만 가려고 하면 꼭 이러더라.
This always happens when I go places with you.

그 사람이랑 뭘 하려고만 하면 꼭 이러더라.
This always happens when I make plans with him.

한 잔 하려고 하면 꼭 이러네.
This always happens when I try to have one drink.

'내가 어떻게 하려고만 하면, 어떻게만 하면 꼭 이러더라'라는 뜻인데요. 이건 보통, 내가 바라지 않는 일이 일어날 때 하는 말이죠. '도대체 왜 이러는 거야? 매번 이러네.'라고 스스로의 운을 확인하듯 말하는 패턴입니다.

핵심 패턴 039 정말 ~하려고 그러는 거야? Are you really thinking of -ing?

진짜로 한 대 사려고 그래?
Are you really thinking of buy**ing** one**?**

진짜 그 여자랑 결혼하려고 그래?
Are you really thinking of marry**ing** her**?**

진짜 회사 관두려고 그래?
Are you really thinking of quitt**ing** your company**?**

상대방이 정말로 뭔가를 하려고 하는 건지 확인할 때 쓸 수 있는 패턴이에요. '진짜로 그렇게 하려고? 정말 그럴까 하는 거야? 농담 아니고?'와 같은 느낌으로 이 패턴을 써보세요.

I'm giving it some serious thought.

신중하게 고민을 하고 있다는 뜻인가요?

Q

그럴까 말까 지금 신중하게 고민 중이라고 할 때 **I'm giving it some serious thought.**라고 했는데요, 또 다른 표현으로는 뭐가 있나요?

A

진지하게, 신중하게 고민 중이라고 할 때 **I'm giving it some serious thought.**라고도 하고, **I'm going to sleep on it.**이라고 하기도 해요. 〈**sleep on** 무엇〉은 무엇을 두고 한숨 자면서 고민해본 다음에 결정을 내린다는 의미로 생각하시면 돼요. 그리고 **give it a second thought**라는 표현도 있는데요, 한번 생각은 해봤겠지만 **a second thought,** 두 번째로 다시 한번 생각을 해본다는 거죠. 그래서, **Let me give it a second thought.**라고 할 수 있어요.

CHAPTER 2

LEVEL UP
EXPRESSIONS

이제 어떡해요?

Now what?

어떤 상황에서든, 당황스럽고 답이 없어 보일 때, 해결책이 안 보이거나, 답답할 때, '이제 어떡하죠? 이제 어떻게 해요?'라고 묻는, 방법이 있는지 확인하는 간단한 말이 **Now what?**이에요. 길게 말하면, **What should we do now? What are we going to do now? What are we supposed to do now?**라고도 할 수 있죠.

공들여 만든 작품을 망가뜨렸을 때

A 아, 이런…
B 이제 어떻게 해요?

A Oh, no...
B Now what?

노트북으로 한참 작업한 게 날아갔을 때

A 어머나, 세상에! 다 날아갔어.
B 이제 어떡해?

A Oh, my! It's all gone.
B Now what?

UNIT 14 도움 청하기

나 놀러갔다 올게, 집 좀 봐주라 / 돈 관리 누구한테 맡기시게요? / 뭐니뭐니 해도 입소문이 최고?

TRY IT IN ENGLISH

며칠 간 여행을 다녀올 테니 집 좀 봐달라고 도움을 청할 때, 돈 관리를 스스로 해보려고 하는데 어떻게 하면 좋을지 도와달라고 할 때, 새로 연 카페 홍보를 어떻게 하는 게 제일 좋을지 도와달라고 할 때 영어로 자신 있게 말해보세요.

강의 14

제이크 우리 집 좀 봐줄래?

바바라 그래. 어디 가는데요?

제이크 주말에 동해안에 가.

바바라 진짜 부럽다.

제이크 물고기 밥 꼭 줘야 해.
그리고 화초에 물도 좀 주고.

바바라 얼마나 자주 해야 하는데?

SITUATION 1 나 놀러갔다 올게, 집 좀 봐주라

며칠간 집을 비우게 되어서, 친구나 아는 사람에게 집을 좀 봐달라고 도움을 청하는 내용입니다. 우리말 대화에 맞는 영어 문장들을 먼저 만들어서 말해본 다음에 QR코드를 찍어 대화문을 들으며 영어 대화문을 따라 읽어보세요.

음원 14-1

Jake 040 Will you keep an eye on my apartment for me?

Barbara Sure. Where are you going?

Jake I'm heading to the east coast for the weekend.

Barbara I'm totally jealous.

Jake Please make sure you feed the fish.
And also water the plants, too.

Barbara How often should I do that?

CHAPTER 2

VOCABULARY

head to ~ ~로 가다 **east coast** 동해안 **jealous** 부러워하는 **feed** 먹이를 주다
water 물을 주다

KEY EXPRESSIONS

1 **우리 아파트를 봐주다**
keep an eye on my apartment
내가 없는 동안에 우리 집을 봐달라, 우리 아이들을 봐달라, 고양이, 강아지를 봐달라고 할 때 〈keep an eye on 무엇〉이라고 하면 돼요. 뭔가를 봐달라고 할 때 〈watch 무엇〉이라고 하기도 합니다.

2 **동해안으로 가다**
head to the east coast
'어딘가로 향해 가다'라고 할 때 〈go to 어디〉 말고도 〈head to 어디〉, 〈head out to 어디〉라고도 해요. '동해안'은 the east coast, '서해안'은 the west coast라고 합니다.

3 **물고기 밥을 주다, 물고기한테 먹이를 주다**
feed the fish
물고기, 강아지, 고양이, 아기 등에게 먹이를 준다고 할 때 feed the fish, feed the dog, feed the cat, feed the baby라고 말할 수 있어요. 스스로 먹을 수 없어서 밥을 챙겨 준다, 먹여준다는 의미입니다.

SITUATION 2 돈 관리 누구한테 맡기시게요?

음원 14-2

지금까지는 자산관리인에게 맡기던 돈 관리를 이제는 혼자 해보려고 한다면서 딸에게 도움을 청하는 내용입니다. 우리말 대화에 맞는 영어 문장들을 먼저 만들어서 말해본 다음에 대화문을 들으며 따라 읽어보세요.

로이 투자 강의를 좀 들어볼까?
딸 나쁠 건 없죠. 지금은 아빠 돈을 누가 관리해주시는데요?
로이 설계사가 해주지.
딸 왜 바꾸려고 하시는데요?
로이 투자를 잘 못하고 있더라고. 그래서…
딸 아. 그게, 직접 투자를 하시려면 스트레스 받으실 텐데요.
로이 한번 해볼까 하고 있어.

Roy **041** Do you think I should take a class on investment?
Daughter It can't hurt. Who invests your money now?
Roy I use a broker.
Daughter Why are you thinking of changing?
Roy He's been making bad decisions with my money, so…
Daughter I see. Well, investing money yourself can be stressful.
Roy I think I'm up to the challenge.

VOCABULARY

investment 투자 **stressful** 스트레스를 일으키는 **challenge** 모험

KEY EXPRESSIONS

1 **투자에 대한 강의를 듣다 take a class on investment**

수업이나 강의, 강좌를 듣는다는 말은 take a class라고 해요. 어떤 것에 대한 수업, 강의인지는 〈on 무엇〉이라고 씁니다. 그리고 '수업 신청, 수강 신청을 하다'라는 의미로 sign up for ~라고도 할 수 있어요.

2 **내 돈 투자를 잘 못 하다 make bad decisions with my money**

어떤 것에 대한 결정을 한다는 표현은 make a decision, make decisions예요. 그리고 결정을 잘했는지 잘못했는지에 따라 make good decisions, make bad decisions라고 해요. 무엇에 대한 결정인지는 〈with 무엇〉이라고 이어서 씁니다.

3 **모험을 해볼 준비가 되어 있다 be up to the challenge**

어떤 것을 할 준비가 되어 있다고 할 때 be동사를 쓰고 up to 무엇이라고 하는데요, 〈I'm feeling up to 무엇.〉이라고도 할 수 있어요. I'm up to the challenge. I'm feeling up to the challenge. 둘 다 쓸 수 있습니다.

SITUATION 3 뭐니뭐니 해도 입소문이 최고?

카페를 새로 열고 홍보에 박차를 가하려고 하면서 어떤 방법이 제일 좋을지 친구의 도움을 청하는 내용입니다. 우리말 대화에 맞는 영어 문장들을 먼저 만들어서 말해본 다음에 대화문을 들으며 따라 읽어보세요.

음원 14-3

피터 어떻게, 준비는 잘 돼가고 있어?
샐리 카페 오픈하는 거? 내가 목 좋은 데를 찾았어.
피터 잘됐네. 장사가 잘 됐으면 좋겠어.
샐리 고마워. 나, 마케팅에 대한 조언 좀 해줄 수 있어?
피터 사실, 입소문이 광고로는 제일 좋은 방법이지 뭐.
샐리 그리고 소셜미디어에 사진 올리고?
피터 그것도 필요하지.

Peter So, how's your preparation going?
Sally For opening a cafe? I found the perfect place.
Peter Sounds good. I hope your business goes well.
Sally Thank you. 042 Can you give me some advice on marketing?
Peter Actually, word-of-mouth is the best way to advertise.
Sally And putting up pictures on social media?
Peter That's also necessary.

VOCABULARY

preparation 준비 **advice** 조언 **advertise** 광고하다, 홍보하다 **necessary** 필요한

KEY EXPRESSIONS

1 **아주 좋은 곳을 고르다 find the perfect place**

어떤 곳을 찾아다니는 과정은 look for를 쓰고, 찾았다는 결과는 find를 써서 말해요. 뭔가를 하기 좋은 곳을 지금 찾고 있으면 I'm looking for the perfect place.라고 하고, 드디어 찾았다는 말은 I found the perfect place.라고 하죠.

2 **입소문 word-of-mouth**

창업을 했거나 가게를 오픈하고 입소문을 내려고 한다고 할 때 입소문을 word-of-mouth라고 해요. 비슷한 의미로, '이 집 맛있다, 이 책 좋다, 이 영어 프로그램 좋다'라고 퍼뜨리는 것을 spread the word라고 합니다.

3 **SNS에 사진들을 올리다**
put up pictures on social media

사진이나 영상 등을 SNS나 사이트에 올리는 것을 put up 혹은 upload한다고 하죠. 그리고 우리가 SNS라고 하는 것은 영어로는 social media라고 해요.

핵심 패턴 040 내 ~ 좀 봐줄래? Will you keep an eye on my ~?

우리 집 좀 봐줄래?
Will you keep an eye on my apartment for me**?**

내 짐 좀 봐줄래?
Will you keep an eye on my luggage**?**

나 없을 때 아이 좀 봐줄래?
Will you keep an eye on her while I'm gone**?**

집을 봐달라, 아이들을 봐달라, 고양이나 강아지를 봐달라처럼 뭔가 혹은 누구를 봐달라고 할 때 쓸 수 있는 유용한 패턴입니다. Will you keep an eye on my ~? 뒤에 봐주었으면 하는 대상을 넣어서 말해보세요.

핵심 패턴 041 나, ~해볼까? Do you think I should ~?

투자 강의를 좀 들어볼까?
Do you think I should take a class on investment**?**

그 여자, 만나볼까?
Do you think I should meet her**?**

남미시장을 좀 들여다볼까?
Do you think I should study the South American market**?**

뭔가를 해보려고 하는데, 상대방의 도움이 필요할 때 이 패턴을 써보세요. '내가 이렇게 하려고 하는데 어때?'라고 상대방의 의견을 들으려고 묻는 겁니다.

핵심 패턴 042 ~하는 것에 대해서 조언을 좀 해줄 수 있어? Can you give me some advice on -ing/N?

나, 마케팅에 대한 조언 좀 해줄 수 있어?
Can you give me some advice on market**ing?**

나, 정원 가꾸기에 대해 조언 좀 해줄래?
Can you give me some advice on garden**ing?**

나, 스쿼트 자세에 관해서 도움 되는 말 좀 해줄래?
Can you give me some advice on squat form**?**

상대방에게 어떤 도움을 받고 싶을 때, 상대방의 조언이 필요할 때 쓸 수 있는 패턴이에요. Can you give me some advice on 뒤에 도움이 필요한 것을 명사 혹은 -ing 형태로 붙여서 말하면 됩니다.

Should we ~? VS. Shall we ~?

둘의 의미는 어떻게 다르죠?

Q

친구가 여행을 가면서 며칠간 집을 봐달라고 합니다. 물고기 밥 주고… '그런 거 얼마 만에 한 번씩 하면 되는데?'라는 말을 **How often should I do that?**이라고 했는데요, **Should we** ~?와 **Shall we** ~?는 같은 뜻인가요?

A

그렇기도 하고 아니기도 해요. 먼저 **Shall we** ~?는 '우리 ~할까?'라고 말하면서 내심 '그렇게 하자, 응?'이라는 의미가 깔려 있어요. 그렇게 하자는 게 이 말을 하는 목적이죠. 반면, **Should we** ~?는 그렇게 했으면 좋겠어서 말을 하는 경우도 있고, 할까 말까 싶어서 물어보는 경우도 있어요. 또 마지막으로는, '꼭 그렇게 해야 하나?'라는 생각으로 묻는 뜻도 돼요.

CHAPTER 2

LEVEL UP
EXPRESSIONS

아무리 해도 모르겠는데.
I can't figure this out.

뭔가를 해보려고 아무리 애를 써도 안 될 때, 남의 도움을 빌리게 되죠? 애를 써서 뭔가 해결하려고 하는 것, 답을 찾으려고 할 때 **figure out**이라는 표현을 써요. 그래서, '아무리 해도 모르겠다, 난 아무리 해도 답을 못 찾겠다'라고 할 때 **I can't figure this out.**이라고 합니다.

수학 문제를 못 풀 때

A 이 수학 문제 도와줄까?
B 네, 아무리 해도 모르겠어요.

A You need help with this math problem?
B Yeah, I can't figure this out.

문제를 해결할 수 없을 때

A 어디가 잘못된 건지 알겠어?
B 아니, 아무리 봐도 모르겠어.

A Do you know what's wrong with it?
B No, I can't figure this out.

UNIT 15 상대방이 내게 원하는 것 확인하기

빨래 개서 어디다 두라고요? / 욕실 청소? 다림질? 내가 전문이지! / 재활용품 배출, 오늘도 안 하면 잘 데도 없음

TRY IT IN ENGLISH

빨래 개서 어디다 두면 좋겠는지, 욕실 청소를 하라는 건지, 다림질을 하라는 건지 물을 때, 그리고 재활용품 배출을 내가 하라는 건가 싶을 때의 영어, 자신 있게 해보세요.

강의 **15**

루시 라이언, 이거 좀 도와줄래?

라이언 네, 엄마. 뭐 해드릴까요?

루시 이 빨래하고 수건 좀 개어줘.

라이언 네, 물론이죠.
빨래하고 수건 갠 거 어디다 놓을까요?

루시 그냥 거기에 둬라. 엄마가 제자리에 놓을게.

라이언 알겠어요, 엄마.

SITUATION 1 빨래 개서 어디다 두라고요?

음원 15-1

엄마가 빨래를 개라고 하시는 데 개서 어디다 둬야 할지 엄마께 여쭤보는 내용이에요. 우리말 대화에 맞는 영어 문장들을 먼저 만들어서 말해본 다음에 QR코드를 찍어 대화문을 들으며 영어 대화문을 따라 읽어보세요.

Lucy Ryan, can you help me with this?
Ryan Yes, Mom. What do you want me to do?
Lucy Please **fold these clothes and towels.**
Ryan Okay. No problem.
043 Where should I put these **folded clothes and towels?**
Lucy Just leave them there. I'll **put them where they belong.**
Ryan All right, Mom.

CHAPTER 2

VOCABULARY

fold 개다 **clothes** 옷 **leave** 어디에 두다 **put** 두다 **belong** 속하다

KEY EXPRESSIONS

1 **이 옷이랑 수건을 개다**
fold these clothes and towels
옷이나 수건, 우리는 빨래를 갠다고 하죠? 이렇게 갠다는 것을 fold라고 해요. 종이를 접거나 서류를 반으로 접는다고 할 때도 〈fold 무엇〉, 〈fold 무엇 in half〉라고 하죠.

2 **개어 놓은 옷과 수건**
folded clothes and towels
빨래를 개어 놓은 것을 가리킬 때 〈folded 무엇〉이라고 해요. fold는 개는 것, 접는 것을 뜻하고, 그렇게 개어 놓은 것, 접어 놓은 것은 〈folded 무엇〉이라고 하는 거죠.

3 **그것들을 제자리에 두다**
put them where they belong
뭔가를 어디에 둔다는 건 put이라고 하는데요, 흔히 leave와 많이 혼동을 하시는 것 같습니다. 〈put 무엇〉은 무엇을 어디에 두는 그 자체를 뜻하고, 〈leave 무엇〉은 무엇을 어디에 두고 가버리는 것을 말합니다. 좀 다르죠?

SITUATION 2 욕실 청소? 다림질? 내가 전문이지!

음원 15-2

집안에서 늘 하는 대화죠? 내가 욕실 청소할까? 아니면 내가 다림질을 할까 하고, 내가 뭘 하면 좋을지 묻는 내용입니다. 우리말 대화에 맞는 영어 문장들을 먼저 만들어서 말해본 다음에 대화문을 들으며 따라 읽어보세요.

잭	릴리, 내가 빨래할까, 설거지할까?
릴리	내가 벌써 다 했어.
잭	그럼 다림질하면 되겠네. 나 다림질 잘 하는 거 알지?
릴리	좋아. 그리고 욕실도 다 청소해주면 좋겠어.
잭	욕실 둘 다? 오케이. 옷 다리고 할게.

Jack	Lily, should I do the laundry or **wash the dishes**?
Lily	I already **did them both**.
Jack	Then I think I can iron some clothes. You know that I'**m good at ironing**.
Lily	Cool. And **044** I want you to clean the bathrooms.
Jack	Both of the bathrooms? Okay. I'll do that after ironing these clothes.

VOCABULARY

laundry 빨래 **already** 벌써, 이미 **iron** 다림질하다

KEY EXPRESSIONS

1 **설거지를 하다 wash the dishes**

설거지를 한다는 말은 wash the dishes 혹은 do the dishes라고 해요. 그리고 세탁기와 식기세척기를 각각 a washing machine, a dish washer라고 하는데요, 둘 다 a washer라고 할 수도 있고, 문맥에 따라서 세탁기가 될 수도 있고 식기세척기가 될 수도 있어요.

2 **둘 다 하다 do them both**

어떤 일을 한다는 게 do it, do them인데요, 그것을 둘 다 한다고 할 때 do them both라고 both를 넣어서 말할 수 있어요. 즉, '그거 다 내가 할게.'라는 말을 I can do them. 혹은 I can do them both.라고 하는 거죠.

3 **다림질을 잘 하다 be good at ironing**

어떤 것을 잘 한다는 말을 be good at -ing라고 해요. '요리 잘하니?'라는 말은 Are you good at cooking? '난 그림을 잘 그려.'라는 말은 I'm good at drawing.라고 하죠. 그리고 My brother is great at fixing things. My sister is terrible at singing.처럼 다양한 형용사로 바꾸어 말할 수도 있어요.

SITUATION 3 재활용품 배출, 오늘도 안 하면 잘 데도 없음

맞벌이를 하는 부부. 재활용 쓰레기 버리는 걸 몇 주째 안 하고 있으니 집이 엉망이어서, 내가 버리고 올까라고 묻는 내용이에요. 우리말 대화에 맞는 영어 문장들을 먼저 만들어서 말해본 다음에 대화문을 들으며 따라 읽어보세요.

음원 15-3

주디 닉, 오늘 리사이클링 해야 돼.
닉 그래, 하고 싶을 때 말해줘.
주디 지난 몇 주 동안 쌓였어.
닉 지난주에 해야 했는데.
주디 둘 다 최근 몇 주 바빴잖아.
닉 하지만 잊지 마, 내가 쓰레기 못 버릴 정도로 바빠진 않으니까!
주디 안 잊고 있을게. 이 박스들이 눈에 거슬리네.

Judy Nick, we should **take out the recycling** today.
Nick Okay, 045 **tell me when you want to do it.**
Judy It's been **piling up** for the last few weeks.
Nick We should've done it last week.
Judy Both of us were busy for the last couple of weeks.
Nick But remember this: I'm never too busy to take out the trash!
Judy I won't forget it. These boxes are **an eyesore**.

CHAPTER 2

VOCABULARY

recycling 재활용 **pile up** 쌓이다 **a couple of ~** 한 두 ~ **trash** 쓰레기

KEY EXPRESSIONS

1 **재활용품 배출을 하다 take out the recycling**

재활용품을 종이, 플라스틱, 비닐 등으로 나누어 배출하는 것을 take out the recycling이라고 해요. 쓰레기를 내놓는다는 말로 take out the trash, take out the garbage라고 할 수도 있죠.

2 **쌓이다, 쌓여가다 pile up**

뭔가가 쌓여 있다고 할 때, 혹은 쌓여간다는 것을 pile up이라고 해요. 아무리 열심히 일을 해도 '늘 일이 쌓여 있어.'라는 말은 Work always piles up.이라고 할 수 있어요.

3 **눈에 자꾸 거슬리는 것 an eyesore**

집안 구석구석에 쌓여 있는 안 쓰는 잡동사니들, 버려야 하는데 아직 치우지 못한 쓰레기들, 버리기는 아깝고 내가 쓰지는 않는 물건들, 이렇게 눈엣가시 같은 것들, 보기 싫은 것들을 an eyesore라고 해요.

핵심 패턴 043 어디에 ~할까요?
Where should I ~?

옷하고 수건 갠 거 어디다 놓을까요?
Where should I put these folded clothes and towels**?**

논문은 어디에 제출하면 되나요?
Where should I present my paper**?**

수하물 분실 신고는 어디에 하나요?
Where should I report the lost baggage**?**

뭔가를 어디에, 혹은 어디에서 어떻게 하면 좋을지 상대방은 내가 어떻게 하기를 바라는 건지 물을 때 이 패턴을 쓰면 됩니다. Where should I 뒤에 동사원형을 넣어서 말해보세요.

핵심 패턴 044 네가 ~를 해줬으면 좋겠어.
I want you to ~.

욕실도 다 청소해주면 좋겠어.
I want you to clean the bathrooms.

서재 정리 좀 해주면 좋겠어.
I want you to tidy up the study.

발표에 쓸 포인터도 준비해주면 좋겠네요.
I want you to get pointer for the presentation, too.

'이렇게 좀 해줘'라고, 상대방이 해줬으면 하는 것을 표현할 때 쓰는 아주 기본 중의 기본적인 패턴입니다. I want you to 뒤에 동사원형을 넣어 말해보세요.

핵심 패턴 045 ~할 때 말해줘.
Tell me when you ~.

하고 싶을 때 말해줘.
Tell me when you want to do it.

배 고플 때 말해.
Tell me when you are hungry.

도착하면 말해줘.
Tell me when you arrive.

내가 언제 무언가를 하면 좋겠는지 상대방의 생각이나 원하는 것을 물을 때 쓰는 아주 유용한 패턴입니다. Tell me when you 뒤에 동사를 이어서 말해보세요.

I'll put them where they belong.

belong은 belong to라고 쓰는 거 아닌가요?

Q

빨래 개어 놓은 것을 엄마가 제자리에 두겠다고 하실 때 **I'll put them where they belong.** 이라고 했는데요, **belong**을 쓸 때는 〈**belong to** 누구〉 혹은 〈**belong to** 어디〉라고 해야 하는 것 아닌가요?

A

맞습니다. '누구의 것이다'라는 말은 〈**belong to** 누구〉라고 하고, '어디에 있어야 하는 것이다'라는 말은 〈**belong to** 어디〉라고 하죠. 그런데, **I'll put them where they belong.**에서 **where they belong**을 보시면 **belong** 뒤에 **where**가 있는 셈이잖아요? '어디에 있어야 하는지, 있을 자리에'라는 의미로요. **Where**는 '어디에, 그곳에'라는 뜻의 부사로서, **belong to**의 **to**를 포함하고 있다고 보시면 돼요.

CHAPTER 2

LEVEL UP
EXPRESSIONS

금방 내려갈게.
I'll be down in a minute.

누군가가 나를 만나러 왔습니다. 도착했는지 어디냐고 전화가 왔어요. 그럴 때, '금방 내려갈게.'라는 의미로 **I'll be down in a minute.**라고 할 수 있는데요, **I'll be down.**은 '내려가겠다'는 말이고, **in a minute**은 '금방, 바로'라는 뜻이에요. **I'll be down.** 대신에 **I'll be right down.**이라고 하셔도 돼요.

준비 다 됐으니까 내려가겠다고 할 때

A	에이미, 나갈 준비 거의 다 된 거야?	**A**	Amy, are you almost ready to leave?
B	응, 금방 내려갈게!	**B**	Yes, **I'll be down in a minute!**

빨리 내려가겠다고 할 때

A	빨리 해, 우리 늦었어.	**A**	Hurry up, we're late.
B	미안해, 바로 내려갈게!	**B**	Sorry, **I'll be down in a minute!**

UNIT 16

허락 받기

눈사람 만들고 오래 놀아도 되죠? / 게임, 조금만 더, 30분만요, 약속! / 제가 할게요, 국기 다는 거

TRY IT IN ENGLISH

나가서 눈사람 만들면서 오래 놀아도 되는지, 게임을 좀 더 해도 되는지, 태극기를 내가 걸어도 될지 허락을 받을 때 영어로 자신 있게 말해보세요.

강의 16

루나 아빠, 저, 밖에 나가서 눈사람 만들어도 돼요?

아빠 아침 먹고 나서, 그래라.
와서 식탁에 앉아.

루나 알겠어요, 아빠. 먹을게요.

아빠 착하네, 우리 딸. 여기 샌드위치랑 우유.

루나 감사합니다, 아빠. 우리 이 리조트에 얼마나 있을 거예요?

아빠 토요일까지. 여기 있는 동안 재미있게 놀자.

SITUATION 1 눈사람 만들고 오래 놀아도 되죠?

음원 16-1

아이가 아빠에게, 나가서 눈사람도 만들고 오래 놀아도 되는지 허락을 받는 내용입니다. 우리말 대화에 맞는 영어 문장들을 먼저 만들어서 말해본 다음에 QR코드를 찍어 대화문을 들으며 영어 대화문을 따라 읽어보세요.

Luna Dad, 046 can I make a snowman outside?

Dad After eating breakfast, yes.
Come and **sit at the table**.

Luna Alright, Dad. I'm ready to eat.

Dad **Atta girl.** Here's your sandwich and milk.

Luna Thanks, Dad. How long are we staying at this resort?

Dad Until Sunday. Let's **have a lot of fun** while we're here.

CHAPTER 2

VOCABULARY

snowman 눈사람 **outside** 밖에서 **resort** 휴양지 **until ~** ~까지 **fun** 재미있는, 즐거운

KEY EXPRESSIONS

1 **식탁에 와서 앉다**

sit at the table

'식탁 앞에 앉다, 책상 앞에 앉다'와 같이 말할 때 at을 써요. '식탁 앞에 앉다'라는 건 sit at the table, sit at the kitchen table이라고 하고, '책상 앞에 앉는다'는 건 sit at the desk라고 하죠.

2 **우리 딸 잘했어.**

Atta girl.

여자아이에게 잘했다고 칭찬할 때는 Atta girl.이라고 하고, 남자아이한테 잘했다고 칭찬할 때는 Atta boy.라고 해요. 그리고 이 말은 강아지들한테도 많이 씁니다. '으이그, 우리 강아지, 잘 했어!'라는 의미로, Atta girl. Atta boy.라고도 합니다.

3 **아주 재미있게 놀다**

have a lot of fun

'재미있게 놀다, 즐겁게 놀다'라는 걸 have fun이라고 하죠. '아주 재미있게 놀다'라는 건 have a lot of fun, have lots of fun이라고 합니다.

SITUATION 2 게임, 조금만 더, 30분만요, 약속!

게임을 그만하라는 엄마한테 조금만 더 하면 안 되냐고 허락을 받으려는 내용입니다. 우리말 대화에 맞는 영어 문장들을 먼저 만들어서 말해본 다음에 대화문을 들으며 따라 읽어보세요.

음원 16-2

루시 라이언, 너 게임에 시간 너무 빼앗긴다.
라이언 이건 단순한 게임이 아니라고요.
루시 밥 먹고 아무것도 안 하는 게으름뱅이가 되면 곤란해.
라이언 애들이 원래 그런 거죠 뭐.
저만 그러는 거 아니라고요.
루시 좋아, 그럼 하루에 20분만 하는 거다. 약속?

Lucy Ryan, you're spending too much time playing games.
Ryan 047 It's more than just playing games.
Lucy I don't want you to be a lazy bum.
Ryan It's part of being a kid.
I'm not the only one who does this.
Lucy Okay. Then only 20 more minutes today.
Promise?

VOCABULARY

kid 아이, 어린아이 **then** 그럼, 그러면 **promise** 약속, 약속하다

KEY EXPRESSIONS

1 **게임 하느라 너무 오랜 시간을 허비하다**
spend too much time playing games
'무엇을 하느라 시간을 보낸다'고 할 때 spend time 뒤에 -ing 형태를 넣어서 말해요. '이거 끝내느라 몇 시간 일했어?'라는 말은 How many hours did you spend finishing this? 라고 할 수 있죠.

2 **빈둥거리고 아무 것도 안 하는 사람**
a lazy bum
a lazy bum은 일도 안 하고, 혹은 공부도 안 하고 밥만 먹고 빈둥거리는 사람을 가리켜요.

3 **이렇게 하는 유일한 사람**
the only one who does this
the only one은 참 많은 경우에 쓰입니다. 누군가를 위로할 때 '너만 그런 게 아니야.'라는 의미로 You're not the only one.이라고 하고, '저만 이러는 게 아니라고요. 다들 그래요.' 라고 할 때 I'm not the only one who does this.라고 합니다.

SITUATION 3 제가 할게요, 국기 다는 거

음원 16-3

아이가 현충일에 태극기를 직접 달아보겠다고 허락을 받는 내용입니다. 우리말 대화에 맞는 영어 문장들을 먼저 만들어서 말해본 다음에 대화문을 들으며 따라 읽어보세요.

아들 엄마, 국기 어디 있어요?
엄마 아, 오늘이 현충일이구나! 거실 서랍에 있어.
아들 내가 국기 달아도 돼요?
엄마 그럼, 달 줄 알아?
아들 네, 알 것 같아요. 이렇게 하면 되죠?
엄마 아니야, 위아래가 바뀌었네.

Son Mom, where is our flag?
Mom Oh, today is Memorial Day!
It's **in the dresser in the living room**.
Son Can I **hang the flag**?
Mother Oh, sure. **048** Do you know how to do that?
Son Yes, I think so. Like this?
Mother No, that's **upside down**.

VOCABULARY

flag 깃발 **Memorial Day** 현충일 **dresser** 서랍장 **hang** 걸다 **like ~** ~처럼

KEY EXPRESSIONS

1 **거실 서랍장 안에**
in the dresser in the living room
거실에 있는 건데 구체적으로는 서랍장 안에 있다고 할 때와 같이 넓은 장소를 가리키는 말과 구체적인 장소, 위치를 가리키는 말 중에서 구체적인 장소, 위치를 가리키는 말을 먼저 쓰고 이어서 넓은 장소를 가리키는 말을 씁니다. '침실, 옷장 안에'라고 한다면 in the closet in the bedroom이 되겠죠.

2 **깃발을 걸다**
hang the flag
뭔가를 벽에, 위에 건다고 할 때 hang이라고 해요. 깃발, 국기를 걸면 hang the flag, 그림을 걸면 hang the painting이라고 하죠. 그리고 우리가 옷걸이 시스템을 가리킬 때 쓰는 외래어 행거 hanger의 영어 발음은 /행어/입니다.

3 **위아래가 거꾸로 된**
upside down
윗부분이 아래로 된 것, 즉, 거꾸로 뒤집힌 것을 upside down이라고 하고, 안팎이 뒤집힌 것은 inside out이라고 해요. 사고가 나서 자동차가 전복되었으면, Look! That car is upside down.이라고 하겠죠.

핵심 패턴 046 저 ~해도 돼요? Can I ~?

아빠, 저, 밖에 나가서 눈사람 만들어도 돼요?
Can I make a snowman outside**?**

FIFA 21 한 시간만 해도 돼요?
Can I play FIFA 21 for just an hour**?**

친구들이랑 운전 연습해도 돼요?
Can I practice driving with my friends**?**

허락을 받을 때 쓰는 가장 기본적인 패턴이 Can I 뒤에 동사원형을 쓰는 거예요. 좀 더 예의 바른 표현은 May I 뒤에 동사원형을 쓰는 건데요, 빈도로 따져보면 Can I 동사원형?이라는 패턴을 원어민들은 많이 씁니다.

핵심 패턴 047 이건 그냥 ~하는 게/~이 아니에요. It's more than just -ing/N.

이건 단순한 게임이 아니라고요.
It's more than just play**ing** games.

이건 단순한 스캔들이 아니에요.
It's more than just a scandal.

이건 늘 하는 단순한 시범경기가 아니야.
It's more than just a pre-season match.

뭔가를 허락을 받고 하고 싶은데 못하게 하면 다른 이유를 들어서 설득하고 싶어지죠? 그럴 때, '이건 단순한 게임이나 놀이가 아니다'처럼 말하고 싶을 때 It's more than just -ing.를 이용해서 말해보세요.

핵심 패턴 048 ~할 줄 아니? Do you know how to ~?

그거 할 줄 알아?
Do you know how to do that**?**

자전거 탈 줄 알아?
Do you know how to ride a bike**?**

기타 칠 줄 알아?
Do you know how to play the guitar**?**

상대방이 뭔가를 하겠다고 허락을 구할 때, '너 그거 할 줄은 알아?'라고 되물을 수 있겠죠? 이럴 때 쓸 수 있는 유용한 패턴이 Do you know how to ~?예요. 상대방에게 허락을 해줄 때 말고도 그냥 뭔가를 할 줄 아는지 물을 때도 쓰세요.

SPEAKING GRAMMAR

Here's your sandwich and milk.

your sandwich and milk면 두 개, 복수 아닌가요?

Q

your sandwich and milk면 두 개, 복수 아닌가요? 왜 **Here are your sandwich and milk.**라고 하지 않고, **Here's your sandwich and milk.**라고 하죠?

A

네, 맞습니다. 원래 **your sandwich**와 **milk**, 두 개니까 복수 맞고요, **Here are**라고 하는 게 문법적으로는 맞아요. 그런데 두 가지 이유로 **Here's**라고 하는 거예요. 첫 번째는 **your sandwich and milk**를 샌드위치와 우유로 구성된 하나의 식사, 즉 하나의 덩어리로 보는 거죠. 그래서 **Here's**를 쓸 수도 있고요, 또 하나의 이유는, 영어에서 **There's, Here's**를, 뒤에 분명히 복수 명사가 오는데도 많이 쓴다는 겁니다. 문법적으로는 틀렸다고 할 수 있지만, **There are, Here are**를 발음하는 것보다, **There's, Here's**를 발음하는 게 훨씬 쉬워서 일상생활에서는 이렇게 말한다고 합니다.

CHAPTER 2

LEVEL UP EXPRESSIONS

안 돼.

That's out of the question.

상대방이 뭔가 하겠다고 하게 해달라고 허락을 구할 때, 절대 안 된다고 거절을 해야 할 때도 있겠죠? 그럴 때 단호하게 안 된다고 말하는 표현이 **That's out of the question.**인데요, 해도 되느냐고 물어볼 필요도 없이 안 된다는 뜻입니다.

놀이공원에서 놀이기구 탈 때

A 우리 오늘 한 번 더 탈 시간 되나?
B 그건 안 될 것 같은데.

A Do we have time for one more ride today?
B I'm afraid **that's out of the question**.

컴퓨터를 새로 사도 되는지 의논하면서

A 우리 컴퓨터 새로 살 돈 있어?
B 그건 안 될 것 같아.

A Do we have enough money for a new computer?
B I'm afraid **that's out of the question**.

UNIT 17 양해 구하기

제가 앞에 서도 될까요? / 난 글루텐 프리만 먹을 수 있는데 / 걱정 마, 내가 샌드위치를 후딱 만들게

TRY IT IN ENGLISH

줄 서서 기다리는 사람한테 가서 앞에 서도 되는지 양해를 구할 때, 내가 글루텐 프리만 먹을 수 있으니까 그런 식당으로 가도 될지 양해를 구할 때, 그리고 준비할 시간이 좀 더 걸릴 것 같아서 미안하다고 할 때 영어로 자신 있게 말해보세요.

강의 17

헬렌 저기요. 저 지금 줄 서 있는 건데요.

고객 죄송해요. 새치기하려던 건 아니었어요.

헬렌 괜찮아요. 급한 거 없으니까요. 혹시 바쁘세요?

고객 네, 친구가 차에서 기다리고 있거든요.

헬렌 그럼, 제 앞에 서세요.

고객 아, 정말 감사합니다.

SITUATION 1 제가 앞에 서도 될까요?

음원 17-1

마트에서 장을 보고, 줄을 길게 늘어서 있는 곳으로 가서 어떤 사람에게 급해서 그러니 앞에 서도 될까 하고 양해를 구하는 내용입니다. 우리말 대화에 맞는 영어 문장들을 먼저 만들어서 말해본 다음에 QR코드를 찍어 대화문을 들으며 영어 대화문을 따라 읽어보세요.

Helen Excuse me. I'm **standing in line.**

Shopper Sorry. **049** I didn't mean to cut in front of you.

Helen No problem. I'm **in no rush** at all. Are you in a hurry?

Shopper Yes, my friend is waiting for me in the car.

Helen Then **go in front of me.**

Shopper Thanks a lot.

VOCABULARY

mean 의도하다, 그러려고 하다 **not ~ at all** 전혀 ~하지 않은 **wait for ~** ~를 기다리다 **in front of ~** ~의 앞에, ~의 앞으로

KEY EXPRESSIONS

1 **줄 서서 기다리다**

stand in line

줄 서서 있다고 할 때 stand in line이라고 하는데요, 줄을 서서 기다린다는 의미로 wait in line도 많이 쓰고, 또 다른 사람들이 줄을 서서 기다리고 있는데 새치기하는 것을 cut in line이라고 합니다.

2 **바쁘지 않은**

in no rush

할 일이 많아서 바쁘다고 할 때 busy를 쓰는데요, 지금 어딘가에 서둘러 가야 한다던가, 시간은 없는데 뭔가를 빨리 해야 한다고 할 때처럼 급하다는 건 be in a rush라고 해요. 급하지 않으면 be in no rush.라고 하죠. '제가 좀 바빠서요.'는 I'm in a rush. '저 하나도 안 바빠요.'는 I'm in no rush.라고 해요.

3 **내 앞으로 가다**

go in front of me

다른 사람에게 내 자리를 양보할 때, 줄을 서 있다가 내 앞에 서라고 할 때 go in front of me라는 표현을 씁니다. '저 안 바쁘니까, 제 앞으로 가세요.'라는 말은 I'm in no rush, so please go in front of me.라고 하면 되겠죠.

SITUATION 2 난 글루텐 프리만 먹을 수 있는데

음원 17-2

글루텐 프리인 음식만 먹을 수 있으니 그런 것을 파는 식당으로 가도 괜찮겠느냐고 양해를 구하는 내용입니다. 우리말 대화에 맞는 영어 문장들을 먼저 만들어서 말해본 다음에 대화문을 들으며 따라 읽어보세요.

트레이시 어디 가서 점심 간단히 먹을까?
다니엘 어 그래. 어디로 가지?
트레이시 우리 집 근처에 괜찮은 샌드위치 가게 있어.
다니엘 오케이, 괜찮겠네. 글루텐 프리로도 해주나?
트레이시 몰라, 왜?
다니엘 나 요새 글루텐을 삼가고 있거든.

Tracy Do you want to **go grab some lunch**?
Daniel Yeah, sure. Where do you want to go?
Tracy There's a good sandwich place near my house.
Daniel Okay, yeah. That could be good.
050 Do they have **gluten-free options**?
Tracy I don't know. Why?
Daniel I'm trying to **stay away from gluten**.

VOCABULARY

grab 빨리 뭔가를 먹다 **place** 식당, 카페를 가리킴 **near ~** ~근처에, ~근처에 있는

KEY EXPRESSIONS

1 **가서 점심을 먹다, 점심을 먹으러 가다**
go grab some lunch
뭔가를 빨리 혹은 가볍게 먹으러 간다는 말은 〈go grab 무엇〉이라고 해요. grab은 '손잡이를 잡다'라고 할 때도 쓰는데, 뭔가를 빨리 훽 잡는다는 의미예요. '빨리 가서 샌드위치라도 좀 먹자.'라는 말은 Let's go grab some sandwich.라고 하면 되겠죠.

2 **글루텐이 안 들어 있는 음식들, 메뉴 gluten-free options**
어떤 것 뒤에 free를 '넣으면 그것이 없다, 안 들어 있다'라는 의미입니다. gluten-free는 글루텐이 안 들어간 것을 말하고, sugar-free는 설탕이 안 들어간, 즉 무설탕이라는 뜻, 그리고 oil-free는 기름이 안 들어간 것을 말해요.

3 **글루텐을 안 먹으려고 하다 stay away from gluten**
stay away from 뒤에 무엇을 쓰면 그것으로부터 멀리 떨어져 있는 걸 말하죠. 누가 가까이 다가오는데 '저리 가!'라고 할 때 Stay away from me!라고 하는 것처럼, stay away from 뒤에 음식이나 음식에 들어 있는 성분을 쓰면 그것을 안 먹으려고 하는 것을 뜻해요.

SITUATION 3 걱정 마, 내가 샌드위치를 후딱 만들게

음원 17-3

준비할 시간이 좀 더 걸리겠다고 양해를 구하는 사람에게 괜찮으니 천천히 하라고 말해주는 내용입니다. 우리말 대화에 맞는 영어 문장들을 먼저 만들어서 말해본 다음에 대화문을 들으며 따라 읽어보세요.

존 리타, 갈 준비 됐어?
리타 삼십 분만 더.
존 그래. 그럼 난 우리 먹을 샌드위치나 만들어야겠다.
리타 지금? 우리 식당 가서 먹기로 하지 않았어?
존 맞아, 그런데 지금 시간이 남잖아, 만들어서 먹지 뭐?
리타 늘 마음 써줘서 고마워. 자, 빨리 해야겠다.

John Rita, are you ready to go?
Rita Please give me thirty more minutes.
John Sure. Then I'm going to **make some sandwiches for us.**
Rita Now? **051** Didn't we want to eat at a restaurant?
John Yes, but I **have some extra time now**, so why not?
Rita Thanks. You're **so caring**.
All right. I'll get moving.

CHAPTER 2

VOCABULARY

ready 준비된 **extra** 여분의, 추가의, 남는 **caring** 자상한, 잘 챙겨주는

KEY EXPRESSIONS

1 **우리 먹을 샌드위치를 만들다**
make some sandwiches for us
음식을 한다고 할 때 늘 cook를 쓰는 건 아니에요. 어떤 음식을 하든 make를 아주 많이 씁니다. 샌드위치를 만들면 make sandwiches, make some sandwiches, 김치를 담그면 make kimchi, 국수를 만들면 make noodles라고 하시면 돼요.

2 **지금 시간이 좀 남다 have some extra time now**
시간이 있다는 건 간단하게 have time이라고 하는데요, '여유 시간이 좀 있다, 시간이 좀 남는다'라고 할 때는 have some extra time이라고 해요. '지금 시간이 남는데.'라고 할 때 I have some extra time now.라고 해보세요.

3 **아주 잘 챙겨주는, 자상한 so caring**
누군가를 잘 챙겨준다는 걸 caring하다고도 하고 sweet하다고 할 수도 있어요. 상대방이 참 자상하게 해주면 You're so caring. You're so sweet. How caring! How sweet!라고 하시면 돼요.

핵심 패턴 049
~하려던 게 아니었어요.
I didn't mean to ~.

새치기하려던 건 아니었어요.
I didn't mean to cut in front of you.

기분 상하게 하려던 건 아니었어.
I didn't mean to offend you.

분위기를 망치려던 건 아니었어.
I didn't mean to ruin the mood.

누군가에게 양해를 구하면서, 내가 그러려던 건 아니라고 해명할 때 I didn't mean to 뒤에 동사원형을 넣어서 말해요. 그럴 의도로 그런 게 아니었다는 말입니다.

핵심 패턴 050
거기, ~가 있나?
Do they have ~?

글루텐 프리로도 해주나?
Do they have gluten-free options**?**

할부로도 해주나?
Do they have an installment plan**?**

무상 점검해주는 상품도 있나?
Do they have a free service check package**?**

내가 먹으려는 음식이나 피하려는 음식이 있을 때 '그 집에, 그 식당에 이런 게 있을까?'라고 할 때 그 식당을 they라고 써서 Do they have 무엇?이라고 물어요.

핵심 패턴 051
우리 ~하기로 한 거 아니었어?
Didn't we want to ~?

우리 식당 가서 먹기로 하지 않았어?
Didn't we want to eat at a restaurant**?**

우리 영화 보러 가기로 하지 않았어?
Didn't we want to go to a movie**?**

우리 변호사 만나보기로 하지 않았어?
Didn't we want to see a lawyer**?**

상대방이 어떤 제안을 할 때, '어? 우리 이러기로 한 거 아니었나'?라고 말할 때 있죠? 그 말을 Didn't we want to 뒤에 동사원형을 넣어서 말해보세요.

I'm trying to stay away from gluten.

stay away는 누구한테서 떨어지는 거 아닌가요?

Q

⟨stay away 누구⟩라고 보통 말하는 것 같은데요, stay away 뒤에는 꼭 사람만 쓰는 건 아닌가요?

A

네, 맞아요. **stay away** 뒤에는 사람도 쓰고 먹을 것, 물건, 다른 대상도 써요. 누군가가 다가오는 데 내가 싫어하는 사람이거나, 지금 싸우고 있거나, 위험한 상황에서 **Stay away from me!**라고 하는 거 많이 들어보셨을 거예요. 이렇게 쓰는 것 말고도, '내가 요새 다이어트 중이라 탄수화물은 안 먹으려고 해. 내가 글루텐은 소화를 못 시켜서 멀리 하고 있어.'처럼 말할 때도 **stay away from carbs, stay away from gluten**과 같이 말할 수 있어요.

CHAPTER 2

LEVEL UP
EXPRESSIONS

시간이 좀 더 있어야 해요.

I could use some more time.

뭔가를 다 해야하는데 시간이 부족할 때, 상대방이 다 했냐고 물어보는데 나는 시간이 더 필요할 때, 할 수 있는 말이 **I could use some more time.**이에요. 아직 다 못했고, 시간을 조금만 더 주면 할 수 있다, 하겠다는 말이죠.

청소할 시간이 더 필요하다고 할 때

A 얘, 방 청소 다 했니?
B 아직요. 시간이 좀 더 필요해요.

A Hey, are you almost done cleaning your room?
B Not yet. **I could use some more time.**

준비할 시간이 더 있어야 한다고 할 때

A 지금 가면 될까?
B 아직. 시간 좀만 더 줘.

A Should I come over now?
B Not yet. **I could use some more time.**

UNIT 18 취향 묻기

어떤 책을 좋아하시나? / 야구 좋아해? 축구 좋아해? / 취향이 궁금해. 어떤 영화 좋아해?

TRY IT IN ENGLISH

상대방이 어떤 책을 좋아하는지, 야구를 좋아하는지 축구를 더 좋아하는지 물을 때, 그리고 상대방이 어떤 영화를 좋아하는지 취향을 물을 때 영어로 자신 있게 해보세요.

강의 18

테일러	존, 내가 읽을거리 하나 찾고 있는데. 추천할 만한 거 없어?
존	어떤 종류로?
테일러	너무 복잡하거나 격렬한 것만 아니면 돼.
존	그럼 이거 어때? 내가 방금 다 읽었거든.
테일러	고마워. 자기 전에 읽어봐야겠다.

SITUATION 1 어떤 책을 좋아하시나?

음원 18-1

친구가 어떤 책을 읽는 걸 좋아하는지 책에 대한 취향을 묻는 내용입니다. 우리말 대화에 맞는 영어 문장들을 먼저 만들어서 말해본 다음에 QR코드를 찍어 대화문을 들으며 영어 대화문을 따라 읽어보세요.

Taylor John, I'm looking for a new book to read. Do you have any recommendations?

John 052 What kind of books do you like reading?

Taylor Anything that is not too complicated or intense.

John Then how about this one? I've just finished it.

Taylor Thanks. I'll try to read this book before bed.

VOCABULARY

look for ~ ~를 찾고 있다 **recommendation** 추천해줄 만한 것 **complicated** 복잡한 **intense** 격렬한, 심각한 **finish** 다 읽다

KEY EXPRESSIONS

1 **읽을 만한 새 책을 찾아보다**

look for a new book to read

뭔가를 찾아보는 걸 〈look for 무엇〉이라고 해요. 그리고 내가 읽을 새 책, 새로 뭔가 읽을 책은 a new book to read 혹은 something to read, something new to read라고도 하죠.

2 **너무 복잡하거나 너무 내용이 심각한**

too complicated or intense

책이나 영화의 내용이 복잡하다는 건 complicated라고 하고, 너무 심각하거나 신경을 많이 써서 읽거나 봐야 하는 내용일 때는 intense하다고 합니다. 너무 복잡하고 심각한 것은 too complicated or intense라고 표현해요.

3 **자기 전에**

before bed

'자기 전에'라는 말은 before you go to bed, before going to bed 혹은 간단하게 before bed라고 해요. '자기 전에 책을 읽는다'는 말은 I read before bed. I read a book before bed. '자기 전에 물을 마신다'는 말은 I drink water before bed.라고 하죠.

SITUATION 2 야구 좋아해? 축구 좋아해?

음원 18-2

상대방이 야구를 좋아하는 걸 보고, 전에는 축구를 좋아한 것 같은데… 하면서 달라진 취향에 대해 얘기를 나누는 내용입니다. 우리말 대화에 맞는 영어 문장들을 먼저 만들어서 말해본 다음에 대화문을 들으며 따라 읽어보세요.

(텔레비전에서 야구를 보며)

로이 네가 야구를 좋아할 줄은 몰랐다.

딸 전에는 야구 별로 안 좋아했는데 변했어요. 지금은 볼 만한 것 같아요.

로이 축구만 좋아하지 않았나?

딸 맞아요. 축구 굉장히 좋아했죠. 선수들이 계속 뛰어다니는 걸 보는 게 좋았어요.

로이 그래, 나이 먹으면 취향도 바뀌게 마련이지.

(Watching a baseball game on television)

Roy 053 I never thought you would enjoy baseball.

Daughter I **didn't use to be into baseball**, but I changed.
Now I think it's **quite enjoyable to watch**.

Roy Didn't you use to only like soccer?

Daughter Right. I was a huge fan of soccer.
I used to like watching the players always moving around.

Roy Well, as we get old, **our preferences** change.

VOCABULARY

change 달라지다, 바뀌다 **quite** 꽤 **enjoyable** 즐길 만한, 재미있게 할 수 있는
huge 대단한 **preference** 더 좋아하는 것

KEY EXPRESSIONS

1 **전에는 야구를 그리 좋아하지 않았다**
didn't use to be into baseball

전에는 어땠었는데 지금은 아니라고 할 때 〈use to 동사원형〉을 쓰는데요, 전에는 안 그랬는데 지금은 그렇다고 말할 때는 〈did not use to 동사원형〉으로 표현해요. 〈be into 무엇〉은 무엇에 푹 빠져 있는 것을 말합니다.

2 **보면 꽤 재미있는 quite enjoyable to watch**

하면 재미있는 것, 재미있게 할 수 있는 것을 enjoyable하다고 해요. 꽤 볼만 한 것이라고 할 때 quite enjoyable to watch라고 하고, 꽤 재밌게 읽어볼 만한 것이라고 할 때는 quite enjoyable to read라고 합니다.

3 **우리가 더 좋아하는 것들 our preferences**

좋아하는 것을 한 단어로 preference라고 해요. '네가 좋아하는 게 뭔데?'라는 말은 What's your preference? What are your preferences?라고 하면 됩니다.

SITUATION 3 취향이 궁금해. 어떤 영화 좋아해?

상대방의 영화 취향에 대해 물으며 같이 영화를 보러 가자고 말하는 내용이에요. 우리말 대화에 맞는 영어 문장들을 먼저 만들어서 말해본 다음에 대화문을 들으며 따라 읽어보세요.

음원 18-3

다니엘 트레이시, 너 옛날 영화 좋아해?
트레이시 매니아는 아니지만, 보는 건 좋아해.
다니엘 잘됐다. 나한테 올해 영화제 티켓 두 장 있는데.
트레이시 그거 재미있겠다.
다니엘 난 옛날 영화 정말 좋아하거든. 한 달에 못 봐도 열 편은 봐.
트레이시 너 영화광이구나.

Daniel Tracy, do you like old movies?
Tracy I'm not a big fan, but I like watching them.
Daniel Cool. I got two tickets to this year's film festival.
Tracy That sounds like it will be fun.
Daniel 054 I'm really into old movies.
I watch at least ten movies a month.
Tracy It sounds like you're a movie buff!

CHAPTER 2

VOCABULARY

old movie 옛날 영화 **film festival** 영화제 **at least** 최소한, 적어도

KEY EXPRESSIONS

1 **올해 영화제 티켓 두 장을 사다**
get two tickets to this year's film festival
티켓을 산다는 말은 buy a ticket, buy tickets, get a ticket, get tickets라고 해요. 그리고 어떤 것을 보러 간다고 할 때는 a ticket to ~, tickets to ~라고 표현합니다.

2 **적어도 한 달에 열 편의 영화**
at least ten movies a month
한 달에 영화 열 편, 일주일에 책 세 권, 일년에 20번처럼 말할 때 a를 써서, ten movies a month, three books a week, twenty times a year라고 말해요.

3 **영화광, 영화를 엄청 좋아하는 사람**
a movie buff
예전에는 영화광, 역사광, 음악광 같은 말에 매니아라는 말을 썼었는데요, 영어로는 이런 사람들을 buff라고 해요. 영화를 엄청 좋아하는 사람은 a movie buff, 역사를 엄청 좋아하는 사람은 a history buff, 음악을 엄청 좋아한다면 a music buff라고 하겠죠.

핵심 패턴 052
넌 어떤 ~를 -하는 걸 좋아하니?
What kind of ~ do you like -ing?

어떤 종류의 책 읽는 걸 좋아해?
What kind of books **do you like** reading**?**

어떤 종류의 음악 듣는 걸 좋아해?
What kind of music **do you like** listening to**?**

어떤 종류의 카드 게임하는 걸 좋아하니?
What kind of card games **do you like** playing**?**

상대방이 좋아하는 어떤 것에 대한 취향을 물을 수 있는 패턴입니다. What kind of 뒤에 책이든 영화든 음악이든 해당되는 것을 쓰고, 그것에 따라 do you like 뒤에 읽고, 보고, 듣고 하는 것을 나타내는 동사원형에 -ing를 붙여서 쓰세요.

핵심 패턴 053
네가 ~할 줄은 몰랐어.
I never thought you would ~.

네가 야구를 좋아할 줄은 몰랐다.
I never thought you would enjoy baseball.

네가 그렇게 공부를 열심히 할 줄은 몰랐어.
I never thought you would study so hard.

네가 그 남자와 사랑에 빠질 줄은 몰랐지.
I never thought you would fall in love with that guy.

상대방의 취향을 알고 나서, '어? 네가 이런 걸 좋아했어?' 싶을 때가 있죠? 그럴 때, '네가 ~할 줄은 몰랐다'라는 말을 I never thought you would 뒤에 동사원형을 써서 말해요.

핵심 패턴 054
난 ~를 아주 좋아해.
I'm really into ~.

나 옛날 영화 정말 좋아하거든.
I'm really into old movies.

나 정말 한국 드라마 좋아해.
I'm really into K-drama.

나 정말 체스 좋아해. 방금 다 끝냈어.
I'm really into chess. I've just finished it.

내 취향을 말하면서 '내가 어떤 것을 무지하게 좋아한다'라고 할 때 쓸 수 있는 유용한 패턴이 〈I'm really into 무엇〉입니다. 여러분이 아주 좋아하는 것을 I'm really into 뒤에 넣어서 말해보세요.

I've just finished it.

finish의 의미가 정확히 뭐죠?

Q

I've just finished it. 이건 책을 다 읽었다는 건가요? 다 썼다는 건가요?

A

둘 다 돼요. 문맥에 따라서요. 책 읽는 얘기를 하다가 **I've just finished it.**이라고 하면 책을 방금 다 읽었다는 말이고, 책을 쓰고 있다는 말을 하다가 **I've just finished it.**이라고 하면 쓰던 책을 다 썼다는 말이죠. 그래서, 이 문장의 쓰임만이 아니라 어떤 언어든 어떤 말의 쓰임도 문맥이 중요합니다.

CHAPTER 2

LEVEL UP
EXPRESSIONS

다른 것 좀 보여주실래요?

Can you show me something else?

쇼핑을 할 때 아주 많이 쓰는 말이 바로 **Can you show me something else?**가 아닐까요? 이건 내 취향에 별로…라고 생각될 때는 '다른 것 좀 보여주시겠어요?'라고 말하면 되죠. **Can you show me another one?**이라고도 합니다.

좀 저렴한 것을 보여달라고 할 때

A 이건 좀 비싸긴 한데요, 아주 잘 나가요.
B 다른 것 좀 보여주시겠어요?

A This one is a bit expensive, but very popular.
B Can you show me something else?

다른 색깔이 보고 싶을 때

A 다른 것 좀 보여주실래요?
B 다른 색깔을 입어보실래요?

A Can you show me something else?
B Would you like to try a different color?

UNIT 19

조언 구하기

선물 사드릴까? 현금 드릴까? / 나 세일즈맨으로 부적격? / 이메일 답장하다 날 새겠네

TRY IT IN ENGLISH

부모님께 선물을 사드리는 게 좋을까 현금을 드리는 게 나을까에 대해 조언을 구할 때, 내가 영업사원인데, 세일즈맨으로 부족한지에 대해 조언을 구할 때, 그리고 이메일이 너무 많이 와서 시간을 많이 뺏기는데 어떻게 하는 게 좋을지에 대한 조언을 구할 때 영어로 자신 있게 말해보세요.

강의 19

제이크 바바라, 어머니께 돈으로 드리는 게 나을까 선물이 나을까?

바바라 당연히 돈이지!
우리 엄마는 정말 까다로우셔서 선물 고르기 어려워.

제이크 선물을 고르는 게 의미 있다고 생각했는데.

바바라 하지만 그러다 보면 잘 못 고르게 되잖아?

제이크 그래, 가끔 그렇지.

바바라 그렇지? 그러니까 실용적으로 하자고!

SITUATION 1 선물 사드릴까? 현금 드릴까?

부모님이 더 좋아하실 게 선물일까 현금일까에 대해서 조언을 구하는 내용이에요. 우리말 대화에 맞는 영어 문장들을 먼저 만들어서 말해본 다음에 QR코드를 찍어 대화문을 들으며 영어 대화문을 따라 읽어보세요.

음원 19-1

Jake Barbara, does your mother prefer money or gifts?

Barbara Definitely money!
My mother is really picky, so it's hard to choose gifts for her.

Jake 055 I thought picking out gifts for someone was meaningful.

Barbara But don't they end up being the wrong things?

Jake Sometimes, yes.

Barbara See? So, let's get more practical!

CHAPTER 2

VOCABULARY

prefer 더 좋아하다 **picky** 까다로운 **choose** 고르다, 선택하다 **gift** 선물
sometimes 가끔은 **practical** 실용적인

KEY EXPRESSIONS

1 **돈을 더 좋아하는지 아니면 선물을 더 좋아하는지**
prefer money or gifts
어떤 것을 더 좋아한다고 할 때 prefer를 씁니다. 무슨 특별한 날에 선물로 물건을 받는 걸 좋아하는지, 현금을 받는 걸 좋아하는지 물을 때 prefer money or gifts라고 해요.

2 **누군가에게 줄 선물을 고르다**
pick out gifts for someone
뭔가를 고르는 것을 pick 혹은 pick out이라고 하는데요, 선물을 뭘 사줄까 하고 고르는 거라면 pick out gifts, pick out presents라고 하죠. 매일 아침에 뭘 입고 나갈까 고르는 건 pick what to wear, pick out what to wear라고 합니다.

3 **결국 잘못한 게 되어버리다**
end up being the wrong things
뭔가가 결국 안 좋은 것, 잘못된 것이 되어버렸다고 할 때 end up being the wrong things라고 해요. end up -ing는 결국, 결과적으로 어떻게 되어버린 것을 나타낼 때 쓰는 표현으로, '우린 결국 헤어졌어.'라는 말은 We ended up breaking up.이라고 하죠.

SITUATION 2 나 세일즈맨으로 부적격?

음원 19-2

영업사원이 되가지고 사람들의 이름을 잘 못 외우니 불편하기도 하고 영업사원으로 자질이 없나 싶기도 해서 조언을 구하는 내용입니다. 우리말 대화에 맞는 영어 문장들을 먼저 만들어서 말해본 다음에 대화문을 들으며 따라 읽어보세요.

프레드 난 훌륭한 세일즈맨이 되고 싶은데 문제가 하나 있어.
이름을 잘 못 외우겠어.
리타 누구든 만나면 이름을 세 번 이상 불러봐.
프레드 세 번? 어떻게?
리타 "아, 프레드 씨군요. 만나서 반갑습니다, 프레드 씨."
프레드 그리고 나선? "만나서 반가웠어요, 프레드 씨"?
리타 맞아, 그렇게 하면 도움이 될 거야.

Fred I'd like to become a great salesperson, but I've got one problem.
056 **I have a hard time remembering names.**
Rita Try to **repeat someone's name at least three times** as soon as you meet them.
Fred Three times? **Like how?**
Rita "Oh, you're Fred. Nice to meet you, Fred."
Fred And then? "Nice talking to you, Fred?"
Rita You've got it. That'll help.

VOCABULARY

repeat 반복하다 **at least** 적어도, 최소한 **as soon as ~** ~하자 마자 **help** 도움이 되다

KEY EXPRESSIONS

1 **누군가의 이름을 여러 번 부르다**
repeat someone's name
누군가의 이름을 계속 부른다고 할 때 repeat를 써요. 복습하는 것도 repeat, 했던 말을 다시 또 하는 것도 repeat, 연습삼아 뭔가를 반복해서 하는 것도 repeat한다고 하죠.

2 **적어도 세 번** **at least three times**
한 번과 두 번은 once, twice라는 한 단어로 된 게 있는데요, 그 이상은 모두 숫자에 times를 붙이면 몇 번이라는 뜻이 되죠. 열 번은 ten times, 백 번은 one hundred times라고 해요.

3 **어떻게?** **Like how?**
상대방의 이름을 여러 번 계속 부르라고 하는 말을 듣고, '이름을 세 번 부르라고? 그러니까 어떤 식으로, 언제 세 번을 부르라는 거야?'라는 의미로 Like how?라고 합니다.

SITUATION 3 이메일 답장하다 날 새겠네

음원 19-3

이메일이 너무너무 많이 와서 일일이 답장을 하려면 도대체 다른 업무를 할 수가 없을 때가 많습니다. 이럴 때 어떻게 해야 할지에 대해 조언을 구하는 내용이에요. 우리말 대화에 맞는 영어 문장들을 먼저 만들어서 말해본 다음에 대화문을 들으며 따라 읽어보세요.

제이크 아이고, 답장할 이메일 정말 많네.
이메일에 맨날 한 시간 이상 시간을 허비해.
션 너 스트레스 받은 것 같다.
제이크 맞아. 스팸 메일도 너무 많아.
션 이메일 확인하는 시간에 제한을 둬봐.
제이크 하루 30분, 뭐 이런 식으로?
션 그렇지. 그러면 이메일 처리하는 데 제대로 집중할 수 있을 거야.

CHAPTER 2

Jake Oh, I've got **a lot of emails to respond to.**
I spend more than an hour on emails every day.
Sean You look **stressed out.**
Jake Yes, I am. There's so much spam, too.
Sean Try to **limit your time checking email.**
Jake Like to 30 minutes a day?
Sean Right. Then **057** you can really focus on dealing with those emails.

VOCABULARY

respond to ~ ~에 답장을 보내다, 답을 하다 **limit** 제한을 두다 **deal with ~** ~를 처리하다

KEY EXPRESSIONS

1 **답장을 보내야 할 메일이 많은 a lot of emails to respond to**

이메일은 전체를 한 덩어리로 보아 email이라고도 쓰고, 여러 통의 메일이라는 의미로 emails라고도 해요. 그리고 이메일에 답장을 보낸다고 할 때 respond to까지 다 써야 맞습니다.

2 **스트레스 쌓이는 stressed out**

사람이 스트레스를 받는다고 할 때는 stressed, stressed out이라고 하고, 스트레스를 유발하는 뭔가를 주어로 할 때는 stressful이라고 해요. This kind of work is stressful. So, I'm stressed. I'm stressed out. 이렇게 씁니다.

3 **이메일 확인하는 시간을 정해놓다**
limit your time checking email

무엇을 하는 시간을 정해놓는다고 할 때 limit one's time 뒤에 -ing 형태를 이어서 써요. 게임을 하는 시간을 정해놓는다고 하면 limit your time playing games라고 하면 되죠.

핵심 패턴 055 나는 ~가 의미 있다고 생각했어. I thought ~ was meaningful.

선물을 고르는 게 의미 있다고 생각했는데.
I thought picking out gifts for someone **was meaningful**.

유로파 리그 우승이 의미 있다고 생각했는데.
I thought winning the Europa League **was meaningful**.

제사 지내는 게 의미 있다고 생각했는데.
I thought holding ancestral rites **was meaningful**.

나는 어떻게 하는 게 혹은 무엇이 의미가 있다고 생각을 해서 그렇게 했었는데 상대방의 조언을 들어보니 그렇지 않을 수도 있겠구나 싶을 때 I thought ~ was meaningful.이라는 패턴을 써서 말해보세요.

핵심 패턴 056 난 ~하는 게 어려워/힘들어. I have a hard time -ing.

이름을 잘 못 외우겠어.
I have a hard time rememberi**ng** names.

색깔 구분을 잘 못 하겠어.
I have a hard time tell**ing** the color.

스쿼트 자세를 잘 못 잡겠어.
I have a hard time squatt**ing** properly.

누구나 뭔가를 잘 못하는 게 있죠? '난 이거 하는 게 어렵더라, 난 그러는 게 힘들어'라고 말할 때 I have a hard time 뒤에 동사원형-ing를 붙여서 말해보세요.

핵심 패턴 057 ~하는 데 집중을 잘 하게 될 거야. You can really focus on -ing/N.

이메일 처리하는 데 제대로 집중할 수 있을 거야.
You can really focus on deal**ing** with those emails.

목표로 삼고 있는 근육에 집중할 수 있을 거야.
You can really focus on your target muscle.

핵심 전략에 집중할 수 있을 거야.
You can really focus on core strategies.

조언을 해주고 나서, 그렇게 하면 '어떤 일에 집중할 수 있을 거야'라고 말할 수 있을 텐데요. 이럴 때 You can really focus on 뒤에 동사원형에 -ing를 붙인 형태를 넣어 말해보세요.

SPEAKING GRAMMAR

Try to repeat someone's name at least three times.

그냥 명령문과 Try to ~의 차이가 뭐죠?

Q

누군가의 이름을 적어도 세 번은 불러보라고 할 때요, **Try to repeat someone's name at least three times.** 대신 **Repeat someone's name at least three times.**라고 해도 되지 않나요? 차이가 있다면 뭐죠?

A

어떻게 해라 하고 할 때 동사원형으로 시작하는 명령문은 그야말로, '~해!'라고 지시하는 것인 반면에 〈**Try to** 동사원형.〉이라고 말하면 '~해봐.' '~하려고 해봐.' 정도의 느낌이 되어 좀 더 부드럽고 친절하게 들려요. **Repeat someone's name at least three times.**는 '누군가의 이름을 적어도 세 번은 불러.'라는 느낌이고, **Try to repeat someone's name at least three times.**는 '누군가의 이름을 적어도 세 번은 부르도록 해봐. 불러봐.' 정도의 느낌이에요.

CHAPTER 2

LEVEL UP EXPRESSIONS

얼마나 걸릴까요?

How long will this take?

남의 조언을 구할 때, 내가 몰라서 물어보는 것 중에서, 비행기가 연착된다는데 '얼마 정도?' 편의점에 들르자고? '얼마나 걸리겠어?' 세탁물을 맡기면서, '얼마나 걸릴까요?' 소포를 부치면서, '도착하려면 얼마나 걸릴까요?'라고 묻고 싶을 때 언제나 **How long will this take?**라고 할 수 있어요.

얼마나 연착될지 물을 때

A	죄송합니다만, 약간 연착이 될 것 같아요.	A	Sorry, but we're going to have a slight delay.
B	정말요? 얼마나 걸릴까요?	B	Really? **How long will this take?**

편의점에 들르는 데 얼마나 걸릴까 싶을 때

A	우리, 편의점에 좀 잠깐 들를 수 있을까?	A	Can we stop by the convenience store?
B	벌써 늦었어. 얼마나 걸릴까?	B	We are already late. **How long will this take?**

UNIT 20

항의하기

그러게 내가 길을 물어보자고 했지? / 여긴 우리 지정 주차 구역이라고요! / 층간 소음 때문에 살 수가 없다, 살 수가 없어…

TRY IT IN ENGLISH

출발하기 전에 길을 물어보자니까 안 그래도 된다고 해서 헤매게 되었을 때, 우리 지정 주차 구역에 다른 사람이 주차를 했을 때, 층간 소음 때문에 너무 힘들다고 항의할 때 영어로 자신 있게 말해보세요.

강의 **20**

(존과 테일러, 어디론가 차로 이동중)

존 이 길이 확실해?

테일러 음, 시내 이쪽은 전혀 모르겠어.

존 돌아갈까?
이쪽인 줄 알았는데.

테일러 존, 이 길이나 다른 길이나 다 비슷하잖아.

존 길을 물어볼 걸 그랬네.

테일러 차 타자마자 내가 그러자고 했잖아!

SITUATION 1 그러게 내가 길을 물어보자고 했지?

애초에 길을 물어보고 출발했으면 이렇게 안 헤매고 있을 텐데… 싶어서 친구에게 화를 내는 내용입니다. 우리말 대화에 맞는 영어 문장들을 먼저 만들어서 말해본 다음에 QR코드를 찍어 대화문을 들으며 영어 대화문을 따라 읽어보세요.

음원 20-1

(John and Taylor are in a car driving somewhere.)

John Are you sure this is the right way?

Taylor Um... I don't **recognize this part of town** at all.

John Should I turn around?
I thought it was **down this road**.

Taylor John, this road looks like every other road.

John I should have **asked for directions**.

Taylor 058 That's what I told you when we got in the car!

CHAPTER 2

VOCABULARY

right way 맞는 길, 제대로 가는 길 **recognize** 알아보다
turn around 돌아가다, 되돌아가다 **direction** 방향 **get in ~** ~에 타다

KEY EXPRESSIONS

1 **여기가 어딘지 알아보다**

recognize this part of town

어디가 어딘지 알아본다는 걸 recognize라고 해요. '여긴 도대체 어딘지 모르겠네.'라고 한다면 I don't recognize this part of town.라고 할 수 있는데, I don't know where I am. I have no idea where I am.과 비슷한 뜻이죠.

2 **이 길 어딘가에**

down this road

원래는 위쪽이면 up this road, 아래쪽이면 down this road이겠지만 '이 길 저쪽에'라고 할 때 보통 그냥 구별하지 않고 up this road, down this road를 씁니다.

3 **길을 묻다**

ask for directions

길을 묻는다는 말은 한 덩어리로 ask for directions라고 해요. '넌 길을 잃으면 보통 길을 묻니?'라는 말은 Do you usually ask for directions when you get lost?라고 하고, 여기가 어딘지 모를 때, '우리 길을 물어보자.'라는 말은 Let's ask for directions.라고 해요.

SITUATION 2 여긴 우리 지정 주차 구역이라고요!

우리 지정 주차 구역에 누군가가 차를 세웠습니다. 그걸 보고 전화를 걸어 항의하는 내용이에요. 우리말 대화에 맞는 영어 문장들을 먼저 만들어서 말해본 다음에 대화문을 들으며 따라 읽어보세요.

음원 20-2

(운전하면서)

댄 참, 나! 누가 또 우리 자리에 차를 댔네.
루시 이런 거 정말 싫다.
댄 여기 우리 지정 구역이잖아, 그치?
루시 그러게. 어디 이 사람 전화번호 좀 보자.
댄 그래. 전화해서 차 좀 빼라고 해.
루시 (전화로) 여보세요. 1234 주인 되시죠? 차를 저희 지정 구역에 대신 것 같은데요.

(While driving)

Dan Oh, man! Someone **took my parking spot** again.
Lucy **059** I hate it when that happens.
Dan This is **our designated parking spot**, right?
Lucy I know. Let me look for the driver's phone number.
Dan Okay. Please call and ask the driver to move the car.
Lucy *(On the phone)* Hello. Is this **the owner of the car with the license plate 1234**?
I'm afraid your car is parked in our spot.

VOCABULARY

again 또, 다시 **move ~ away** ~를 다른 데로 치우다, 옮기다 **owner** 주인, 소유주 **plate** 판

KEY EXPRESSIONS

1 **내 주차 구역을 차지하다, 내 주차 구역에 차를 세우다**
take my parking spot
어떤 자리나 구역, 공간 등을 차지하는 것을 take 혹은 take up이라고 해요. 내 지정 주차 구역은 my parking spot이라고도 하고 my designated parking spot이라고도 합니다. 주차장은 미국에서는 parking lot, 영국에서는 car park라고 합니다.

2 **우리의 지정 주차 구역 our designated parking spot**
영화 시리즈 중에, 긴급 상황에서 한 사람을 지정해놓고 그 사람은 꼭 살려두어야 하는 그런 게 있는데요… 그럴 때 designated라는 표현을 써요. 여럿이 모여서 술을 마시면서, 오늘은 내가 술 안 마시고 운전할게라고 한다면 내가 a designated driver가 되는 겁니다.

3 **차 번호가 1234인 차의 주인, 차주**
the owner of the car with the license plate 1234
차주, 자동차의 주인을 the owner of the car라고 하는데, '그 차 번호가 몇 번이다'라는 건 뒤에 with the license plate와 차 번호를 이어서 씁니다.

층간 소음 때문에 살 수가 없다, 살 수가 없어…

음원 20-3

층간 소음이 너무 심해서 잠도 못 자고 괴로워하다가 윗층에 전화를 걸어 조용히 좀 해달라고 말하는 내용입니다. 우리말 대화에 맞는 영어 문장들을 먼저 만들어서 말해본 다음에 대화문을 들으며 따라 읽어보세요.

(인터폰으로)

마이크 안녕하세요. 아래 층에 사는 마이크라고 합니다.
이웃 아, 안녕하세요. 늦은 밤에 무슨 일이세요?
마이크 윗층 소음 때문에 잠을 잘 수가 없네요.
이웃 죄송합니다. 아이들 조용히 시킬게요.
마이크 네, 밤에는 쿵쾅거리지 말라고 좀 해주세요.
이웃 네 그럴게요. 다시 한 번 죄송합니다.

(On the intercom)

Mike Hello, this is your downstairs neighbor, Mike.
Neighbor Oh, hi. Calling at this late hour? What's up?
Mike We can't fall asleep because of the noise from upstairs.
Neighbor We're very sorry. I'll tell my kids to be quiet.
Mike Yes, **060** please tell them not to stomp around at night.
Neighbor Oh, I will. Sorry about this once again.

VOCABULARY

late 늦은 **noise** 소음 **quiet** 조용한 **at night** 밤에 **once again** 한 번 더

KEY EXPRESSIONS

1 **아랫집에 사는 이웃**
downstairs neighbor
아랫집 사는 이웃은 downstairs neighbor라고 하고, 윗층 사는 이웃은 upstairs neighbor라고 해요. 그리고 옆집 사는 이웃은 next door neighbor라고 합니다.

2 **윗층에서 나는 층간 소음 때문에**
because of the noise from upstairs
우리말로는 층간 소음이라고 하는데요, 영어로는 그냥 어디에서 들려오는 소음이라고 표현해요. 소음이 윗층에서 들려오면 the noise from upstairs이고, 아랫층에서 들려오면 the noise from downstairs, 옆집에서 들려오면 the noise from next door라고 하죠.

3 **밤에 쿵쾅대다**
stomp around at night
일명 발망치라고 하는 소리 있죠? 쿵쿵 소리를 내면서 걷는 거요. 그렇게 걸어다니는 것을 stomp around라고 해요. 그냥 stomp라고 하면 퀸의 노래 중에 앞부분에 쿵쿵쿵쿵 하는 드럼소리 같은 것을 가리킵니다.

핵심 패턴 058 그게 내가 ~한 거잖아! That's what I ~!

차 타자마자 내가 그러자고 했잖아!
That's what I told you when we got in the car!

이게 내가 회의 때 제안한 거잖아.
That's what I suggested at the meeting!

바로 이게 내가 평생 꿈꾸던 거야.
That's what I have dreamed of all my life!

상대방을 탓할 때, '내가 ~하자고 했지! 내가 그랬잖아, 아까.'처럼 말하잖아요? 그럴 때 쓸 수 있는 유용한 패턴이 That's what I 뒤에 동사를 쓰는 거예요.

핵심 패턴 059 난 ~하는 거 참 싫어. I hate it when ~.

이런 거 정말 싫다.
I hate it when that happens.

술 강요하는 문화 정말 싫어.
I hate it when they force each other to drink.

아부하는 거 정말 꼴 보기 싫어.
I hate it when I see people use flattery.

뭔가 불만스럽고 항의를 할 때나 화를 낼 때, 난 이럴 때가 참 싫더라, 난 누가 이러는 게 너무 싫어와 같은 의미로 쓰는 패턴이 I hate it when 뒤에 주어, 동사를 쓰는 거예요.

핵심 패턴 060 ~하지 말라고 좀 얘기해주세요. Please tell them not to ~.

밤에는 쿵쾅거리지 말라고 좀 해주세요.
Please tell them not to stomp around at night.

남들 탓하지 말라고 하세요.
Please tell them not to blame others.

고객의 의견을 외면하지 말라고 하세요.
Please tell them not to ignore customers' opinions.

항의하는 표현 중에서 가장 기본적인 게 '제발 ~하지 좀 말아주세요.'가 아닐까요? 이렇게 말할 때 Please tell them not to 뒤에 동사원형을 넣어서 말하는 패턴을 꼭 써보세요.

I'm afraid your car is parked in our spot.

I'm afraid는 언제 쓰나요?

Q

대화문에서, 상대방이 자기의 지정 주차 구역에 차를 세웠다고 말할 때 **I'm afraid your car is parked in our spot.**이라고 했는데요, 앞에 **I'm afraid**는 왜 쓴 거죠?

A

I'm afraid your car is parked in our spot. 에서 **I'm afraid**는, 이러저러한데 어쩌죠?라는 느낌으로, 쌍방 간에 원하지 않는 일, 아니면 내가 바라지 않는 일이 일어났을 때나 일어날 것 같을 때 써요. 내가 좋아하는 흰색 원피스, 그것도 롱 원피스를 입고 나왔는데 오늘 비가 올 것 같다고 해요. 이크… 그럴 때 **I'm afraid it's going to rain this afternoon.**처럼 말할 수 있어요. 흰색 롱 원피스를 입고 나왔는데 비가 오는 건 바라지 않는 일이잖아요?

CHAPTER 2

LEVEL UP **EXPRESSIONS**

저에게 다른 것을 더 해주실 수 있나요?

Can you offer me something more?

내가 탈 비행기가 오버부킹 되었다든가, 예약을 걸어놓고 결재까지 하고 온 물건을 다른 사람에게 실수로 판매했을 때처럼, 상대방의 실수로 뭔가가 잘못되었을 때 고객으로서 '저한테 뭘 해주실 수 있을까요?'라고 말하고 싶다면 **Can you offer me something more?**라고 할 수 있어요.

뭔가 더 보상을 해달라고 할 때

A 저희가 100달러짜리 바우처를 드릴게요.
B 다른 것을 더 해주실 수 있나요?

A We can give you a $100 voucher.
B **Can you offer me something more?**

비행기 좌석과 관련해서 추가 요청을 할 때

A 저에게 다른 것을 더 해주실 수 있나요?
B 좌석을 1등석으로 해드릴게요.

A **Can you offer me something more?**
B We can upgrade your seat to first class.

CHAPTER 3

상대방에게 조언이나
경고를 하거나 도움 주기

Giving Advice, Warnings, or Help to Someone

UNIT 21 지시하기

안 급하니 나중에 주세요 / 단단히 껴입어 / 쓰레기는 밖에 내놔주세요

TRY IT IN ENGLISH

안 급하니까 보고서는 나중에 달라고 하면서 일찍 퇴근하라고 할 때, 추우니까 단단히 껴입으라고 할 때, 여행지 숙소에서 쓰레기를 밖에 내놔달라고 말할 때 영어로 자신 있게 말해보세요.

강의 21

브래드 금요일이네요. 우리 오늘은 일찍 퇴근합시다.

스텔라 아, 저는 안 돼요. 아직 끝낼 게 남아서요.

브래드 뭔데요?

스텔라 1/4분기 판매 보고서요.

브래드 이크. 그건 나중에 해도 돼요.
다음 주 월요일에 주세요.

스텔라 정말요? 감사합니다. 브래드.

SITUATION 1 안 급하니 나중에 주세요

음원 21-1

금요일 저녁, 할 일이 남았다고 말하는 직원에게 상사가 그건 급하지 않으니 일찍 퇴근하라고 말하는 내용입니다. 우리말 대화에 맞는 영어 문장들을 먼저 만들어서 말해본 다음에 QR코드를 찍어 대화문을 들으며 영어 대화문을 따라 읽어보세요.

Brad It's Friday. Let's leave early today.

Stella Oh, I can't. **061** I've still got something to get done.

Brad What's that?

Stella The sales report **for the first quarter**.

Brad Come on. **That can wait.**

You can **get it to me next Monday**.

Stella Really? Thank you, Brad.

VOCABULARY

leave 떠나다, 퇴근하다 **get something done** 끝내다 **sales report** 판매보고서

KEY EXPRESSIONS

1 **1/4분기용, 1/4분기의**

for the first quarter

일년을 넷으로 나눠서 1/4분기, 2/4분기… 등으로 말하죠? 이때 일년의 첫 1/4 즉, 1/4분기는 영어로 the first quarter라고 하고, 2/4분기, 3/4분기, 4/4분기는 각각 the second quarter, the third quarter, the fourth quarter라고 합니다.

2 **그건 나중에 해도 돼요.**

That can wait.

들으면 스트레스가 확 사라지게 하는 말 중의 하나가, '그건 급하지 않아요.' '그건 나중에 해도 돼요.'가 아닐까요? 그 일의 입장에서, 기다릴 수 있는 것, 즉 급하지 않다는 말을 That can wait.라고 해요.

3 **다음 주 월요일에 나한테 주다**

get it to me next Monday

누구에게 뭔가를 건네주다, 제출한다, 준다고 할 때, give it to me, give that to me, give them to me, give those to me라고 할 수 있어요.

SITUATION 2 단단히 껴입어

음원 21-2

밖이 추운데도 나가서 놀고 싶다고 말하는 아이들에게 옷을 껴입고 나가서 놀라고 말하는 내용입니다. 우리말 대화에 맞는 영어 문장들을 먼저 만들어서 말해본 다음에 대화문을 들으며 따라 읽어보세요.

미카 보세요! 눈이 내려요! 온 세상이 눈으로 뒤덮였어요!
존 썰매 타러 갈래?
미카 네! 당장 가요!
존 그래, 내가 근처에 썰매 타러 갈 좋은 데를 찾아보마.
애들아, 단단히 껴입어라. 밖에 아주 추워.
미카 아빠, 부츠가 안 보여요.

Mika Look! It's snowing! Everything is covered with snow!
John Do you want to **go sledding**?
Mika Yeah! Let's go right now!
John Okay, **062** **I'll find a good place for** sledding around here.
Kids, **bundle up**. It's **very cold outside**.
Mika Dad, I can't find my boots.

VOCABULARY

be covered with snow 눈으로 덮여 있다 **right now** 지금 당장
a good place for sledding 썰매 타기 좋은 곳 **outside** 밖에

KEY EXPRESSIONS

1 **썰매 타러 가다**
go sledding
go 뒤에 동사원형에 -ing를 붙인 형태를 쓰면 '뭐뭐하러 가다'라는 말이 돼요. 수영하러 가다 go swimming, 낚시하러 가다 go fishing, 달리기하러 가다 go running, 운동하러 가다 go exercising과 같이 말해보세요.

2 **단단히 껴입다, 옷을 따뜻하게 껴입다**
bundle up
날씨가 추워서 옷을 따뜻하게 껴입는 것을 bundle up이라고 하는데요, 뭐든 하나씩 낱개로 사는 게 아니고 대량으로, 덩어리로 살 때 번들 bundle이라고 하죠? 그런 것처럼 우리 몸을 따뜻한 옷으로 뒤덮은 모습을 상상해보세요.

3 **밖이 아주 추운**
very cold outside
추운 건 cold, 아주 추운 건 very cold, really cold라고 하고, 쌀쌀한 건 chilly라고 하죠. 그리고 보통 날씨는 말할 때, 말하는 사람이 밖에 나와 있을 때는 out here라고 할 수 있고, 안에서 바깥의 날씨에 대해 말할 때는 outside 혹은 out there라고 해요.

SITUATION 3 쓰레기는 밖에 내놔주세요

여행지의 숙소에서, 투숙객에게 쓰레기를 어디에 두라고 알려주는 내용입니다. 우리말 대화에 맞는 영어 문장들을 먼저 만들어서 말해본 다음에 대화문을 들으며 따라 읽어보세요.

음원 21-3

데이브 집이 정말 아늑하네요.
주인 감사합니다. 그 말 들으니 좋네요.
데이브 근데요, 쓰레기는 어떻게 해야 하나요?
주인 비닐봉지에 넣어서, 밖에 내놔주세요.
데이브 네. 그리고 음식물 쓰레기는요?
주인 음식물 쓰레기는 싱크대 아래 있는 통에 넣어주세요.

Dave You've got **a really cozy home.**
Owner Thank you. I'm happy to hear that.
Dave By the way, what should I do with the garbage?
Owner **063** Please put the garbage in a plastic bag, and then **take it out.**
Dave Oh, I see. Okay. And how about the food waste?
Owner Please **put the food waste in the basket** under the sink.

VOCABULARY

cozy 아늑한 **garbage** 쓰레기 **plastic bag** 비닐 봉지 **food waste** 음식물 쓰레기 **sink** 싱크대

CHAPTER 3

KEY EXPRESSIONS

1 **아주 아늑한 집 a really cozy home**

느낌이 아늑한 것을 cozy라고 해요. 그리고 '아늑해서 좋다, 따뜻해서 좋다, 편안해서 좋다'라고 할 때 〈nice and 형용사〉라고 말합니다. nice and cozy, nice and warm, nice and comfortable처럼요.

2 **내놓다, 내다 놓다**
take it out

뭔가를 밖에 내놓는다는 것을 take it out, take them out, take these out, take those out이라고 해요. take it away, take them away, take these away, take those out이라고도 합니다.

음식물 쓰레기를 통 안에 넣다
put the food waste in the basket

'뭔가를 어떤 것 안에 넣는다'고 할 때는 〈put 무엇 in 어디〉라고 하고, '무엇을 어디 위에 올려놓는다, 둔다'라고 할 때는 〈put 무엇 on 어디〉라고 해요. 장본 것을 냉장고 안에 넣는 건 put the groceries in the fridge, 휴대전화를 탁자 위에 두는 것은 put my phone on the table 이렇게요.

핵심 패턴 061
저 아직 ~할 게 남아서요.
I've still got something to ~.

아직 끝낼 게 남아서요.
I've still got something to get done.

주말 전에 끝낼 게 남아서요.
I've still got something to finalize before the weekend.

손님들 오시기 전에 아직 준비할 게 남아서요.
I've still got something to prepare before the guests arrive.

누가 어떤 지시를 했는데 아직 할 게 남아 있다고 말할 때 있죠? 그럴 때 쓸 수 있는 유용한 패턴이 I've still got something to ~.예요. I've still got은 I still have to 혹은 비격식으로 I still got to로 말할 수도 있어요.

핵심 패턴 062
내가 ~할 좋은 곳을 찾아볼게.
I'll find a good place for ~.

내가 근처에 썰매 타러 갈 좋은 데를 찾아보마.
I'll find a good place for sledding around here.

내가 텐트 치기 적당한 데 찾아볼게.
I'll find a good place for a tent.

내가 바비큐 하기 좋은 데 찾아볼게.
I'll find a good place for a barbecue.

어떤 것을 하기에 참 좋은 곳을 〈a good place for 무엇〉이라고 말할 수 있어요. a great place for ~, a perfect place for ~라고 바꿔 말할 수도 있습니다.

핵심 패턴 063
~를 …안에 넣어주세요.
Please put the ~ in …

비닐 봉지에 넣어서 밖에 내놔주세요.
Please put the garbage **in** a plastic bag.

계약서를 이 포트폴리오에 넣어주세요.
Please put the contract **in** this portfolio.

유니폼을 전부 이 스포츠백에 넣어주세요.
Please put the uniforms **in** this sports bag.

무언가를 어디 안에 넣으라고 말할 때 쓰는 패턴이에요. put은 무언가를 어디에 넣거나 올려둔다고 할 때 쓰는데요, 어디 위에 올려놓아 달라고 할 때는 in 대신에 on을 쓰면 됩니다.

the food waste
음식물 쓰레기는 trash라고 하지 않나요?

Q

대화문에서, 음식을 쓰레기를 **the food waste**라고 했는데요, 쓰레기인데 왜 **trash**라고 하지 않죠?

A

네, 음식물 쓰레기라는 것이 뭔지를 생각해보시면 답이 쉽게 이해되실 거예요. 음식을 먹고 남은 것, 이제 먹지 않을 것을 우리가 음식물 쓰레기라고 부르는 거잖아요? 그래서, 쓰레기라고 표현하기보다는 먹고 남은 것, 잉여의 음식물이라는 표현으로 **the food waste**라고 쓴답니다. 참고로 쓰레기를 가리키는 말은 **trash, rubbish, litter, garbage**라고도 합니다. 슬랭으로, 말도 안되는 소리 혹은 도덕적으로 나쁜 사람을 가리키는 말로도 씁니다.

LEVEL UP
EXPRESSIONS

CHAPTER 3

그렇게 하면 안 돼.
You're not doing it right.

상대방이 뭔가를, 제대로 하지 않고 잘못 하고 있을 때 우리 보통 '그렇게 하면 안 돼.' 혹은 '그렇게 하는 게 아니야.'라고 하죠? 이 표현에 해당되는 말이 바로 **You're not doing it right.**입니다. 업무지시를 하거나 일의 진행상황을 확인할 때도 많이 쓰는 말이죠.

상대방이 잘 하고 있는지 물을 때

A	이렇게 하면 되나?	**A**	Is this the way I'm supposed to do it?
B	그렇게 하는 게 아니야.	**B**	**You're not doing it right.**

잘못된 방법으로 뭔가를 하는 사람을 보고

A	아, 잠깐만. 그렇게 하면 안 돼.	**A**	Oh, wait. **You're not doing it right.**
B	정말? 이제 어떻게 하지?	**B**	Really? What should I do now?

UNIT 22 금지하기 · 경고하기

과하게 지출하는 거 아니지? / 헬멧 없이는 오토바이 위험해 / 다른 차들의 속도에는 맞춰서 가야지

TRY IT IN ENGLISH

친구에게 과도하게 지출하지 말라고 할 때, 헬멧 없이 오토바이 타는 게 위험하다고 경고할 때, 운전할 때 속도를 다른 차들과 맞추라고 말할 때 영어로 자신 있게 말해보세요.

강의 22

린다 스티브, 너는 현금 쓰는 걸 더 좋아하는 것 같더라.

스티브 맞아. 빚이 있는 것 같은 느낌이 싫어서.

린다 카드 쓰는 게 훨씬 더 편리하다고 생각 안 해? 마일리지 쌓기도 좋고.

스티브 가끔 한 달 예산 이상을 쓰지 않니?

린다 그렇지. 근데 매달 카드 결제는 100% 다 해.

스티브 아주 좋은 습관이다.

SITUATION 1 과하게 지출하는 거 아니지?

음원 22-1

현금을 쓰던 카드를 쓰던 과다하게 지출하면 안 된다고 말하는 내용입니다. 우리말 대화에 맞는 영어 문장들을 먼저 만들어서 말해본 다음에 QR코드를 찍어 대화문을 들으며 영어 대화문을 따라 읽어보세요.

Linda Steve, you seem like you **prefer paying with cash**.

Steve I do. I don't like the feeling of having debt.

Linda Don't you think using credit cards is much more convenient?

064 It's also a good way to **get air miles**.

Steve Don't you **go over your monthly budget** sometimes?

Linda Right. But I always pay off my card in full.

Steve That's a very good habit.

VOCABULARY

convenient 편리한 **go over the budget** 예산을 초과 지출하다
pay off 지불하다, 빚을 갚다 **in full** 완전히

KEY EXPRESSIONS

1 **현금으로 계산하는 걸 더 좋아하다**

prefer paying with cash

무엇을 혹은 뭔가를 하는 것을 더 좋아한다는 말을 prefer로 표현해요. 차보다 커피를 더 좋아하면 prefer coffee to tea, 겨울보다 여름을 더 좋아하면 prefer summer to winter라고 하죠. 수영보다 달리기를 더 좋아하면 prefer running to swimming, 현금으로 계산하는 것보다는 카드로 하는 걸 더 좋아하면 prefer paying by credit card to paying with cash라고 해요.

2 **마일리지가 쌓이다**

get air miles

카드를 쓸 때마다 마일리지가 쌓인다고 할 때 마일리지는 air miles라고 해요. 그 마일리지를 내가 적립 받는 것이니까 get air miles라고 하죠.

3 **한 달에 쓸 수 있는 예산을 넘어서다**

go over your monthly budget

어떤 한계, 수치, 정해 놓은 한도 등을 넘어서는 것을 go over라고 해요. 한 달에 얼마 쓰겠다고 정해놓은 예산은 monthly budget, 일년 예산은 yearly budget이라고 하죠. '난 내가 정한 한 달 예산을 초과하지 않으려고 애써.'라는 말은 I try not to go over my monthly budget.이라고 하면 돼요.

CHAPTER 3

SITUATION 2 헬멧 없이는 오토바이 위험해

음원 22-2

오토바이 뒤에 타려고 하는 친구에게, 헬멧 없이는 위험하다고 말해주는 내용입니다. 우리말 대화에 맞는 영어 문장들을 먼저 만들어서 말해본 다음에 대화문을 들으며 따라 읽어보세요.

바바라 네 오토바이 뒷자리에 타도 괜찮아?
제이크 안 타는 게 좋겠어. 너무 위험해.
바바라 걱정 좀 그만 해.
제이크 왜 이러셔. 너를 걱정해서 그러는 거야. 헬멧이 또 다른 게 없거든.
바바라 알았어, 그럼.

Barbara 065 Would it be okay to **ride on the back of your motorcycle?**
Jake You don't want to do that. It's **far too dangerous.**
Barbara You need to be less afraid!
Jake Come on. I'm just looking out for you.
I don't **have an extra helmet.**
Barbara Alright, then.

VOCABULARY

ride 타다 **motorcycle** 오토바이 **less** 덜 **extra** 여분의

KEY EXPRESSIONS

1 **네 오토바이 뒷자리에 앉아서 타고 가다**
ride on the back of your motorcycle
자전거나 오토바이, 말 등을 타는 것은 ride a bicycle, ride a motorcycle, ride a horse와 같이 말하는데요, 자전거의 뒷자리에 앉아서, 오토바이 뒷자리에 앉아서 타고 간다고 할 때는 ride on the back of ~라는 표현을 씁니다.

2 **너무 위험한**
far too dangerous
위험한 건 dangerous이고 너무 위험하다는 건 very dangerous, really dangerous, too dangerous라고 할 수 있는데요, 이것을 더 강조할 때는 앞에 far나 way를 써서 far too dangerous, way too dangerous와 같이 말해요.

3 **헬멧이 하나 더 있다**
have an extra helmet
뭔가가 하나 더 여분으로 있는 것이 〈extra 무엇〉이에요. 헬멧을 하나 더 가지고 있으면 have an extra helmet이고, 이어폰이나 헤드폰을 하나 더 가지고 있으면 have extra earphones, have extra headphones라고 해요.

SITUATION 3 다른 차들의 속도에는 맞춰서 가야지

음원 22-3

운전을 할 때 무조건 느리게 가는 게 안전한 게 아니라, 다른 차들의 속도에 맞추는 것이 중요하다고 말해주는 내용입니다. 우리말 대화에 맞는 영어 문장들을 먼저 만들어서 말해본 다음에 대화문을 들으며 따라 읽어보세요.

헬렌 아, 이런, 내가 너무 빨리 달리고 있나? 속도를 좀 줄일까?
테리 너무 빠르다고? 아니, 기어가고 있어. 천천히 달리는 게 위험할 수도 있다고.
헬렌 난 속도내는 게 안 편하더라.
테리 속도를 낸다고? (한숨 쉬며) 다른 차들의 속도에는 맞춰서 달려야지.

Helen Oh, dear. Am I going too fast?
Should I **slow down a bit**?
Terry Too fast? No, you are **going too slow.**
Going too slowly can also be dangerous.
Helen **066** **I'm not comfortable with speeding.**
Terry Speeding? *(Sigh)*
You should **keep up with the speed of traffic.**

VOCABULARY

fast 빨리 **slow down** 속도를 줄이다 **comfortable** 편안한 **speeding** 과속

KEY EXPRESSIONS

1 **속도를 좀 줄이다**
slow down a bit
운전을 하다가 속도를 줄이는 것을 slow down이라고 해요. 속도를 조금, 약간 줄인다는 건 slow down a bit, slow down a little, slow down a little bit이라고 하죠.

2 **너무 느리게 가다**
go too slow
too slow는 '너무 느리게'라는 말이고, too fast는 '너무 빨리'라는 말이죠. go too slow, drive too slow는 너무 느리게, 천천히 운전을 한다는 말이고, go too fast, drive too fast는 차를 너무 빨리 몬다, 과속한다는 말이죠.

3 **다른 차들의 속도에 맞춰서 가다**
keep up with the speed of traffic
어떤 것의 속도에 맞춰서 가는 것을 〈keep up with 무엇〉이라고 해요. 다른 차들이 달리는 속도에 맞춰서 흐름에 따라 달리는 걸 keep up with the speed of traffic이라고 합니다. keep up이 들어간 다른 표현으로 Keep up the good work.라는 게 있는데요, 이건 '계속 열심히 일하세요, 계속 열심히 공부해라.'라는 뜻입니다.

핵심 패턴 064

~하기도 좋은 방법이잖아.
It's also a good way to ~.

마일리지 쌓기도 좋고.
It's also a good way to get air miles.

살 빼기도 좋아.
It's also a good way to lose weight.

글 쓰는 데 집중하기도 좋아.
It's also a good way to focus on writing.

어떻게 하는 것이 좋다고 말하면서, 이런 장점도 있다고 덧붙일 때 also를 넣어서 말해요. It's a good way to ~.는 어떤 것의 장점을 말하는 것이고, also를 넣으면 덧붙이는 말이 됩니다.

핵심 패턴 065

~해도 될까요?
Would it be okay to ~?

네 오토바이 뒷자리에 타도 괜찮아?
Would it be okay to ride on the back of your motorcycle?

내가 볼륨 좀 높여도 돼?
Would it be okay to turn the volume up?

리포트 내일 제출해도 되나요?
Would it be okay to turn in the paper tomorrow?

어떤 행동을 해도 괜찮을지 물어보는 패턴인데요, 나는 이렇게 하고 싶은데 그렇게 해도 될지 상대방의 허락이나 지시가 필요할 때 씁니다.

핵심 패턴 066

난 ~하는 게 불편해.
I'm not comfortable with -ing.

난 속도 내는 게 안 편하더라.
I'm not comfortable with speed**ing**.

난 밤중에 세탁기 돌리는 거 안 편하더라.
I'm not comfortable with using the wash**ing** machine at night.

그 사람이랑 같은 팀에서 뛰는 거 불편해.
I'm not comfortable with play**ing** on the same team as him.

어떤 행동을 하는 게 불편하다고 할 때 쓸 수 있는 패턴인데요, 불편하다는 말은 not comfortable 대신에 uncomfortable을 쓸 수도 있어요.

I don't like the feeling of having debt.

debt의 b는 발음하지 않나요?

Q

I don't like the feelings that I have debt. 라는 문장을 들어보니까 빚을 가리키는 단어 debt를 발음할 때 b소리는 안 내는 것 같은데, 맞나요?

A

네, 맞습니다. 이렇게, 철자가 있는데 발음을 하지 않는 단어들은 많이 있어요. 연어가 영어로 salmon이죠? 여기서 l은 발음하지 않고 /쌔먼/이라고 하고요. '듣다'라는 뜻의 listen에서도 t는 소리내지 않아요. '머리빗'을 가리키는 단어 comb에서도 b발음은 하지 않고, '자주, 종종'이라는 뜻의 often에서 t의 소리는 내는 지역이나 사람도 있고, 발음하지 않는 지역 혹은 사람도 있습니다.

CHAPTER 3

LEVEL UP
EXPRESSIONS

그 얘기, 네가 다 지어내서 하는 말이지.
I know you're making that up.

누군가에게 뭔가를 하지 말라고 하거나 경고를 할 때 가끔, 없는 말을 지어내서 하면서 설득력을 더 높이려고 하기도 하는데요… 상대방의 말을 들어보니, "어? 이상한데… 너 그거 지어낸 말이지?"싶을 때가 있습니다. 그럴 때 **I know you're making that up.**이라고 해요.

상대방의 말이 믿기지 않을 때

A	내가 하는 말 믿어?	A	Do you believe what I'm saying?
B	뭐, 그 얘기 다 지어내서 하는 말인 거 다 알아요.	B	Well, **I know you're making that up.**

다른 사람의 허풍을 눈치 채고

A	어떻게 그 모든 걸 다 겪었을까?	A	It's unbelievable he experienced all of that.
B	으이그. 그거 다 지어낸 말이라는 거 모르겠어?	B	Come on. **Can't you tell he made that up?**

UNIT 23 전달하기

지금 회의한대요 / 자전거 대여소가 50군데가 넘는다네 / 우리 먹거리 때문에 지구온난화가 가속화된대

TRY IT IN ENGLISH

지금 회의실에서 회의를 시작한다고 전할 때, 이 도시에 자전거 대여소가 몇 개가 있다더라 하고 말해줄 때, 그리고 우리가 먹는 음식들 때문에 지구온난화가 가속화된다고 전해주는 말을 영어로 자신 있게 해보세요.

강의 23

숀 신디, 지금 회의실에서 볼까요?

(회의실에서)

숀 오늘 의논할 몇 가지 안건이 있어요.

신디 안건으로 어떤 게 있는데요?

숀 얘기 나눌 게 두 가지 있어요.
우선, 보류하고 있던 프로젝트에 대해 얘기해야 해요.

신디 새로운 마케팅 전력을 짜는 것도요?

숀 네, 그리고 우리 회사 로고도 새로 만들어야 하고요.

SITUATION 1 지금 회의한대요

음원 23-1

곧 몇 가지 안건에 대해 회의실에서 회의가 시작된다고 전해주는 내용입니다. 우리말 대화에 맞는 영어 문장들을 먼저 만들어서 말해본 다음에 QR코드를 찍어 대화문을 들으며 영어 대화문을 따라 읽어보세요.

Sean Cindy, can we **meet in the conference room now**?

(In the conference room)

Sean We have a few issues to discuss today.

Cindy What's **on the agenda**?

Sean We have two items to talk about.

067 First, we need to talk about **our pending projects.**

Cindy Including making a new marketing strategy?

Sean Yes, and we have to create our new CI.

VOCABULARY

issue 해결해야 할 문제나 정리가 필요한 사안 **on the agenda** 회의 안건으로 올라 있는
CI(company identity) 회사 로고 **pending** 미결 상태인, 보류 중인

KEY EXPRESSIONS

1 **지금 회의실에서 만나다, 보다**

meet in the conference room now

'지금 회의 시작합니다'라는 말을 Can we meet in the conference room? 혹은 Let's meet in the conference room.이라고도 표현할 수 있죠. Our conference is going to start soon.이라는 뜻입니다.

2 **회의할 안건에**

on the agenda

회의할 때 '오늘 회의할 안건이 뭐뭐입니다'라는 의미로 There are ~ on the agenda.라고 해요. '오늘 무슨 내용에 대해 회의하나요?' What's on the agenda?는 회의할 때 쓰는 필수적인 표현입니다.

3 **밀려 있는 프로젝트에 대해 논의하다**

talk about our pending projects

pending은 해야 할 일이 아직 보류 중인 것, 완료가 안 된 것, 미결인 것을 말해요. 이 단어 역시 회사에서는 꼭 알아두어야 할 단어입니다.

SITUATION 2 자전거 대여소가 50군데가 넘는다네

여행을 간 도시에서, 자전거 대여소가 몇 개가 된다고 하더라…라고 전해주는 내용입니다. 우리말 대화에 맞는 영어 문장들을 먼저 만들어서 말해본 다음에 대화문을 들으며 따라 읽어보세요.

음원 23-2

그레그 자전거는 어디서 빌리지?
줄리 여기 자전거 대여소가 50군데가 넘는대.
그레그 근처에 있는지 찾아보자.
(자전거 대여소를 찾고) 자전거는 여기에 반납해야 하나?
줄리 아니야, 대여소 아무데나 갖다줘도 돼.
그레그 편리하네.
줄리 그리고 처음 30분은 무조건 무료래.

Greg Where can we rent bikes?
Julie **068** I heard that there are over 50 bike rental stations here.
Greg Let's find one nearby.
(After finding one) Do we have to return the bikes to this station?
Julie No, we can leave our bikes at any of the rental stations.
Greg That's convenient.
Julie And the first 30 minutes are always free.

VOCABULARY

bike(bicycle) 자전거 **rental station** 대여소 **rent** 빌리다 **return** 반납하다
convenient 편리한

KEY EXPRESSIONS

1 **50개가 넘는 자전거 대여소 over 50 bike rental stations**
자전거 대여소를 bike rental station이라고 하는데요, 렌터카도 영어로는 rental car가 맞습니다.

2 **이 대여소에 자전거를 반납하다 return the bikes to this station**
빌렸던 자전거나 렌터카를 반납한다고 할 때 return한다고 하는데요, 〈return 무엇 to 어디〉라는 표현을 쓰시면 돼요. 자전거를 자전거 대여소에 반납한다는 것은 return the bike/the bikes to a bike rental station 혹은 return the bike/the bikes to this station처럼 bike rental을 빼고 말하기도 해요.

3 **자전거 대여소 아무데나 자전거를 반납하다**
leave our bikes at any of the rental stations
자전거를 빌렸다가 다 쓰고 대여소에 두고 가는 것을 leave를 써서 말하면 됩니다. 〈leave 무엇〉은 무엇을 어딘가에 두고 가는 것으로, 뒤에는 〈at 어디〉를 붙여서 쓰면 돼요. 자전거 대여소가 여러 군데인데 그 중에 아무데나를 any of the rental stations라고 합니다.

SITUATION 3 우리 먹거리 때문에 지구온난화가 가속화된대

우리가 먹을 음식을 만들어내는 과정에서 지구온난화가 가속화된다는 말을 전해주는 내용이에요. 우리말 대화에 맞는 영어 문장들을 먼저 만들어서 말해본 다음에 대화문을 들으며 따라 읽어보세요.

음원 23-3

주디 닉, 나 비건이 될까 해.
닉 정말? 그럼 고기, 우유, 달걀 같은 걸 전혀 안 먹겠다고?
주디 맞아. 그리고 모피 제품도 안 사려고 해.
닉 뭐 특별한 이유라도 있어?
주디 뭐, 환경을 위해서지. 먹거리를 만들기 위해 가축을 기르는 게 지구온난화를 촉진한다고 하더라고.
닉 먼저 채식주의자부터 되어 보는 게 어때?

Judy Nick, I'm thinking of **going vegan**.
Nick Really? You mean you're not going to have meat, milk, or eggs at all?
Judy Exactly. And I'll try not to buy any fur products.
Nick Is there any special reason?
Judy Well, **mostly for the environment**. 069 Some say raising animals for food **contributes to global warming**.
Nick How about trying to become a vegetarian first?

CHAPTER 3

VOCABULARY

vegan 절대채식주의자(달걀, 치즈, 우유도 안 먹는) **vegetarian** 채식주의자(달걀, 치즈, 우유는 먹는)
fur 모피 **environment** 환경 **global warming** 지구온난화

KEY EXPRESSIONS

1 **비건이 되다 go vegan**

'비건이 되다'처럼 어떤 사람이 된다는 것을 go 뒤에 단어를 써서 말해요. vegan은 채식주의자를 가리키는 vegetarian보다 더 엄격한 채식주의자를 가리키는데요, 고기는 물론 달걀이나 우유도 먹지 않습니다.

2 **주로 환경을 위해서 mostly for the environment**

환경을 위해서 이렇게 한다고 할 때 '환경을 위해서'는 for the environment라고 하는데요, 다른 이유도 있지만 주로 환경을 위해서라는 이유가 크다는 의미로 mostly for the environment라고 해요.

3 **지구온난화를 부추기다 contribute to global warming**

'어떤 것에 기여하다, 공헌하다'라고 할 때 주로 〈contribute to 무엇〉이라고 하는데요, '지구온난화를 초래한다'처럼 부정적인 의미로도 〈contribute to 무엇〉이라는 표현을 쓸 수 있습니다. 의미상으로 helps cause global warming이라는 말이죠.

핵심 패턴 067 우선, ~에 대해 얘기를 나눠야 해요.
First, we need to talk about ~.

우선, 보류하고 있던 프로젝트에 대해 얘기해야 해요.
First, we need to talk about our pending projects.

우선, 우리 일년 간의 예산에 대해 논의를 해야 해요.
First, we need to talk about our yearly budget.

우선, 우리 어디로 이사를 갈지 얘기를 해봐야죠.
First, we need to talk about where to move.

상대방과 얘기를 나누거나 의논할 게 두 개 이상이 있을 때 우선적으로 얘기를 나눠야 하는 게 있어서, 그것에 대해 먼저 얘기를 나누자고 할 때 이 패턴을 써보세요.

핵심 패턴 068 ~가 있다고 하던데.
I heard that there are ~.

여기 자전거 대여소가 50군데가 넘는대.
I heard that there are over 50 bike rental stations here.

유괴된 아이들이 참 많대.
I heard that there are a lot of kids who have been kidnapped.

여기 맛집이 엄청 많이 있다더라.
I heard that there are lots of great restaurants here.

'누가 뭐라고 하더라, 내가 그렇다고 들었다'라고 할 때 I heard that, People told me that, They say that 등을 써요. 뒤에는 전달하고자 하는 말을 문장으로 이어서 쓰면 됩니다.

핵심 패턴 069 ~라고 하더라.
Some say ~.

먹거리를 만들기 위해 가축을 기르는 게 지구온난화를 촉진한다고 하더라고.
Some say raising animals for food contributes to global warming.

1970년 브라질 국가대표팀이 역대 최강이었다며.
Some say the 1970 Brazil national team was the strongest.

명상을 하면 건강한 정신상태를 만들 수 있다고들 하더라.
Some say meditation is the key to a healthy mind.

'어떤 사람들이 뭐라고 하더라, 그렇다고 말을 하더라'라고 할 때 Some say ~라는 패턴을 쓰는데요, 팝송 The rose의 가사에 보면 Some say love is a river. Some say love is a razor.라는 문장들이 나오죠. '어떤 사람들은 그렇게도 말하더라'라는 의미입니다.

We have a few issues to discuss today.

a few 대신에 few를 써도 되나요?

Q

오늘 의논할 안건이 몇 가지 있다는 말을 **We have a few issues to discuss today.**라고 했는데요, 여기서 **a few** 대신에 **few**라고 해도 같은 의미인가요?

A

아닙니다. **few**를 쓰면 의논할 게 거의 없다는 말이 되어 완전히 다른 뜻이 돼요. **a few issues**는 안건이 몇 개 있다는 뜻이고, **few issues**를 쓰면 의논할 안건이 거의 없다는 뜻이에요. 여행하면서 새로운 친구들을 몇 명 사귀었다고 할 때는 **I made a few friends while traveling.**이라고 하는데, 여행하면서 늘 혼자 구경하러 다니느라 친구를 거의 못 사귀었다고 할 때는 **I made few friends while traveling.**이라고 해요

CHAPTER 3

알아두면 좋겠네.

That's good to know.

어떤 사람이 무슨 얘기를 전해주었을 때, '그거 참 유용한 정보다, 알아두면 좋은 내용이네요.'와 같이 말할 때 **That's good to know.**라고 해요. 간단하게 **That's**를 빼고 **Good to know.**라고도 합니다.

가까이에 편의점이 있다는 것을 알고

A	저기 아래 24시간 편의점이 있어요.	A	There's a 24-hour convenience store down the street.
B	고맙습니다. 알게 되어 좋네요!	B	Thanks. **That's good to know!**

시험에 대한 정보를 듣고

A	시험 첫 부분이 제일 어려워.	A	The first part of the test is the most difficult.
B	정말? 그거 좋은 정보네.	B	Really? **That's good to know.**

UNIT 24

조언하기

너무 공부만 하지 말고 / 인터넷 강의를 좀 들어볼래? / 부모라고 다 잘할 수는 없어

TRY IT IN ENGLISH

너무 공부만 하지 말고 나가서 좀 놀라고 조언할 때, 성적 향상을 위해 인터넷 강의를 좀 들어보라고 말할 때, 부모라고 다 잘할 수는 없으니 마음을 편하게 가지라고 조언할 때 영어로 자신 있게 말해보세요.

강의 **24**

(테일러가 동생 탐과 얘기를 나누고 있다.)

테일러 너 마지막으로 영화 보러 간 게 언제니?

탐 기억 안 나. 꽤 됐지.

테일러 너 공부 좀 그만 하고 쉬어야겠어.

탐 그렇지.

테일러 방에서 나온 게 언제니.

탐 그렇긴 한데…

테일러 밖에 좀 더 나가고 그래야지.

SITUATION 1 너무 공부만 하지 말고

음원 24-1

동생이 너무 방안에서 공부만 하고 있으니까 걱정이 돼서 동생에게 쉬엄쉬엄 하라고 조언을 해주는 내용입니다. 우리말 대화에 맞는 영어 문장들을 먼저 만들어서 말해본 다음에 QR코드를 찍어 대화문을 들으며 영어 대화문을 따라 읽어보세요.

(Taylor is talking with her younger brother, Tom.)

Taylor When was **the last time you went to the movies?**

Tom I can't remember. It's been a while.

Taylor You really need to **take a break from your studies.**

Tom Perhaps so.

Taylor **070** It's been ages since you left your room.

Tom I know, but...

Taylor You do need to **get out more.**

VOCABULARY

younger brother 남동생 **take a break** 쉬다 **perhaps** 아마, 아마도 **more** 더, 좀 더

KEY EXPRESSIONS

1 **네가 마지막으로 영화 보러 간 때**

the last time you went to the movies

어떤 것을 마지막으로 했던 때를 가리킬 때 the last time 주어 뒤에 과거동사를 써요. 네가 마지막으로 외국 여행을 갔던 때 the last time you traveled abroad, 우리가 마지막으로 만났던 때 the last time we met up처럼 말할 수 있어요.

2 **공부 그만하고 좀 쉬다, 공부하다가 잠깐 쉬다**

take a break from your studies

무엇을 하다가 잠깐 쉬는 것을 take a break라고 하는데요, 봄방학, 여름방학처럼 방학이나 휴가에도 a break를 써서 a spring break, a summer break라고도 해요.

3 **더 자주 나가다, 외출하다**

get out more

밖에 좀 나가서 놀아라, 바람 좀 쐬라고 할 때 아주 쉽게 Get out more! Get out from time to time!이라고 할 수 있어요.

CHAPTER 3

SITUATION 2 인터넷 강의를 좀 들어볼래?

음원 24-2

아들이 성적이 떨어져서 걱정을 하니까 엄마가 인터넷 강의를 좀 들어보면 어떻겠냐고 말씀하시는 내용입니다. 우리말 대화에 맞는 영어 문장들을 먼저 만들어서 말해본 다음에 대화문을 들으며 따라 읽어보세요.

라이언 엄마, 저 스트레스 엄청 받아요.
루시 그렇겠지. 성적이 뚝 떨어지고 있더구나.
라이언 열심히 하고 있는데, 성적이 안 올라요. 좀 도와주세요, 엄마.
루시 인터넷 강의를 들어보면 어떨까?
라이언 좋은 생각이네요, 엄마.
루시 좋아. 몇 달 동안 한번 해보자.

Ryan Mom, I'm so stressed out.
Lucy I bet. **071** **I noticed** your grades **are slipping.**
Ryan I'm doing my best, but I can't **get better grades.** I need some help, Mom.
Lucy Why don't you find an online tutor?
Ryan That's a good idea, Mom.
Lucy Alright. Let's **try it out for a couple months.**

VOCABULARY

stressed out 스트레스 받는 **slip** 미끄러지다 **grade** 성적 **tutor** 개인 교습 선생님

KEY EXPRESSIONS

1 **곤두박질치다, 미끄러지다**
are slipping
곤두박질칠 수 있는 걸로 어떤 게 있을까요? 성적? 주식? 어떤 것의 가격? 이런 것들이 미끄럼틀에서 미끄러져 내려오듯 떨어진다는 것을 is slipping, are slipping이라고 할 수 있어요.

2 **성적을 더 잘 받다**
get better grades
성적은 grade라고도 하고 score라고도 하는데요, 보통 A, B, C처럼 등급으로 매기면 grade를, 점수로 표기한 것은 score라고 합니다. 모든 과목을 다 A를 맞는다는 건 get straight As라고 해요.

3 **몇 달간 한번 해보다**
try it out for a couple months
학원을 다녀보든 앱을 써보든 프로그램을 사용해보든 모두 〈try 무엇 out〉, 〈try out 무엇〉이라고 할 수 있어요. for a couple months는 for a couple of months에서 of를 생략한 것으로 한두 달 동안을 가리키죠.

SITUATION 3 부모라고 다 잘할 수는 없어

음원 24-3

아이의 숙제나 공부를 도와줄 만큼의 실력이 안되는 것 같아 자책하는 걸 보고 조언을 해주는 내용입니다. 우리말 대화에 맞는 영어 문장들을 먼저 만들어서 말해본 다음에 대화문을 들으며 따라 읽어보세요.

루시 이제 라이언을 도와줄 수가 없어서 답답해.
댄 무슨 소리야?
루시 라이언의 수학 숙제를 도와주는 게 쉽지 않네.
댄 아, 무슨 말인지 알겠다.
루시 내가 너무 부족한 것 같다니까.
댄 너무 몰아 부치지 마.
루시 당신이 좀 봐주면 어때, 댄?

Lucy **072** **I feel frustrated that** I can't help Ryan more.
Dan What do you mean?
Lucy It's not easy to help Ryan with his math homework.
Dan Oh, I understand.
Lucy It makes me feel **so inadequate**.
Dan Don't be so **tough on yourself**.
Lucy Will you try to help him, Dan?

VOCABULARY

frustrated 낙담한 **inadequate** 부족한 **tough on ~** ~에게 심하게 대하는

KEY EXPRESSIONS

1 **어쩔 줄을 모르다 feel frustrated**

어떤 기분이 드는 것을 feel 뒤에 형용사를 써서 표현하는데요. 이 중에서 frustrated는 사전적인 의미로 '좌절하는'이라고 되어 있는데, 출근길에 지각하지 않으려고 서둘러 나와서 엘리베이터를 타고 내려왔는데 마스크를 안 가지고 왔다든가, 차 키를 안 가지고 왔다든가 할 때 '아… 어떡하지?' 하는 막막함을 표현해요.

2 **너무 모자란, 너무 자격이 없는 so inadequate**

inadequate는 '자격이 없는, 자격이 부족한, 미달인'이라는 뜻이에요. '내가 이렇게 모자랐었나? 왜 이렇게 못하고 있지?'라고 느낄 때, 일상생활에서도 많이 쓸 수 있는 단어입니다.

3 **스스로에게 심하게 하다, 자책하다**
tough on yourself

누구에게 심하게 하는 것을 〈tough on 누구〉, 〈hard on 누구〉라고 해요. '스스로 자책하지 마'라는 말을 Don't be tough on yourself. Don't be so tough on yourself. Don't be hard on yourself. Don't be so hard on yourself.라고 할 수 있어요.

핵심 패턴 070 네가 ~한 게 언제니. It's been ages since you ~.

방에서 나온 게 언제니.
It's been ages since you left your room.

엄마 찾아뵌 게 언제니.
It's been ages since you last visited Mom.

너, 신곡 낸 지가 언제니.
It's been ages since you last released a song.

상대방이 너무 오랫동안 뭔가를 하지 않고 있다고 생각될 때, 그런 상황에서 뭔가 조언을 해줄 때 쓸 수 있는 유용한 패턴입니다. since 뒤에는 과거동사나 과거완료시제를 쓸 수 있어요.

핵심 패턴 071 내가 보니까, ~하더구나. I noticed ~.

성적이 뚝 떨어지고 있더구나.
I noticed your grades are slipping.

매출이 줄고 있더군.
I noticed revenue is decreasing.

트렌드가 변하고 있더군요.
I noticed the trend is changing.

누구에게 어떤 변화가 일어난 걸 알아채고, 그 사람을 위해서 뭔가 도움이 되는 말이나 행동을 해줄 수 있겠죠? 이렇게 '내가 보니까 ~하던데'라고 말할 때 이 패턴을 써보세요.

핵심 패턴 072 난 ~할 땐 어떻게 해야 할지 모르겠어. I feel frustrated that ~.

이제 라이언을 도와줄 수가 없어서 답답해.
I feel frustrated that I can't help Ryan more.

도대체가 우린 비슷한 구석이 하나도 없어서 답답해.
I feel frustrated that we have nothing in common.

우리에게 달리 선택의 여지가 없어서 어떻게 해야 할지 모르겠어.
I feel frustrated that there's no other way for us.

뭔가 해결책이 안 보이거나 내가 어찌할 바를 모를 때, 좋은 방법이나 다른 선택의 여지가 없을 때 이 패턴을 써보세요.

You do need to get out more.

do는 왜 쓴 거죠?

Q

방안에서 공부만 하지 말고 나가서 좀 놀라고 하는 대화문에서, **You do need to get out more.**라고 했는데요, 이 문장에 왜 **do**를 쓴 건가요?

A

네, **do**는 문장의 의미, 정확하게는 동사인 **need**의 의미를 더 강조하기 위해서 쓴 거예요. **do**를 빼고 **You need to get out more.** 라고 할 수도 있는데요, 이 문장의 동사 **need** 앞에 **do**를 쓰면 의미가 더 강해져요. '제발 좀 나가서 놀란 말이야!' 정도로요. '난 소설 읽는 걸 좋아해.'라는 말은 **I like reading novels.** 인데요, 이걸 강조하려면 **I do like reading novels.**라고 해요. 그리고 '우리 아빠는 요리하는 걸 좋아하셔.'는 **My father enjoys cooking.**이라고 하고, 강조하는 의미로는 **My father does enjoy cooking.**이라고 합니다.

LEVEL UP **EXPRESSIONS**

넌 더 받을 수 있어.
You're worth more than that.

상대방이 '어떤 회사에서 나한테 이 정도를 주겠다는 제안을 하더라'라고 하는 말을 듣고, 내가 볼 때는 상대방이 그것보다는 더 받을 수 있을 거라고 생각할 때, **You're worth more than that.**이라고 할 수 있어요. 네 가치가, 그쪽에서 제시하는 보수보다 더 높다, 즉 더 받아도 된다는 말이죠.

상대방이 훨씬 더 많이 받아야 한다고 생각할 때

A 어떤 것 같니?
B 고작 그거 받는다고? 더 받아야지, 넌.

A What do you think?
B Is that all that you're going to get paid? **You're worth more than that.**

더 많은 보수를 요구하라고 할 때

A 그 제안을 받아들일까?
B 말도 안 돼! 그보다 더 받아야지.

A Should I accept their proposal?
B No way! **You're worth more than that.**

CHAPTER 3

UNIT 25 문제 지적하기

예약번호가 다른데요 / 냉장고가 칠판도 아니고 / 애들 보시느라 너무 무리하셨네

TRY IT IN ENGLISH

예약번호가 다르다고 얘기할 때, 냉장고에 너무 많은 것들을 붙여놓지 말라고 할 때, 그리고 애들 보시느라 너무 무리하는 것 같다며 몸을 챙기라고 말할 때 영어로 자신 있게 말해보세요.

강의 25

직원 안녕하세요, 펀펀 트래블입니다. 무엇을 도와드릴까요?

데이브 안녕하세요, 제가 비행기표를 샀는데요. 문제가 있는데요, 제가 성을 잘못 입력했어요.

직원 예약번호가 어떻게 되나요?

데이브 2340877입니다.

직원 숫자가 6개일 텐데요.

데이브 아, 죄송합니다, 끝에 7이 한 개네요, 맞나요?

SITUATION 1 예약번호가 다른데요

음원 25-1

비행기표를 사면서 받은 예약번호가 다르다고 다시 확인하는 내용입니다. 우리말 대화에 맞는 영어 문장들을 먼저 만들어서 말해본 다음에 QR코드를 찍어 대화문을 들으며 영어 대화문을 따라 읽어보세요.

Clerk Hello, this is Fun Fun Travel. How may I help you?

Dave Hi, I just bought a plane ticket.

073 The problem is I **entered the wrong last name.**

Clerk What's your reservation code?

Dave It's 2340877.

Clerk It **should be 6 digits.**

Dave Oh, sorry, there's **just one seven at the end**, correct?

VOCABULARY

plane ticket 비행기 표 **enter** 입력하다 **reservation code** 예약번호
digit (숫자) 자릿수

KEY EXPRESSIONS

1 **성을 잘못 입력하다**

enter the wrong last name

이름이나 전화번호, 이메일 주소 등을 입력한다고 할 때 enter 혹은 put in을 써요. 성을 잘못 썼다는 건 enter the wrong last name 혹은 put in the wrong last name이라고 할 수 있죠.

2 **숫자 6개일 것이다**

should be 6 digits

영어문법책에 should의 뜻이 '~해야 한다'라고 나와 있었던 탓에 모든 분들이 많이들 이렇게만 알고 계시는데요, should는 문맥에 따라 '~일 것이다, ~할 것이다, ~할까?, ~일까?'라는 뜻으로 아주 많이 써요. should be 6 digits는 문맥에 따라 '숫자가 6개여야 합니다'도 되고 '숫자가 6개일 텐데요'도 됩니다.

3 **끝에 7이 한 개뿐인**

just one seven at the end

'7이라는 숫자가 하나이다'라는 걸 one seven이라고 표현할 수 있는데, 7이라는 숫자가 '하나뿐, 하나밖에'라는 의미로 앞에 just를 썼어요. just one seven, '7이라는 숫자가 하나뿐이다'라는 거죠. 그리고 '끝에'라고 할 때 at the end라고 해요.

SITUATION 2 냉장고가 칠판도 아니고

음원 25-2

냉장고 문에 너무 많은 쪽지들을 붙여 놓아서 음식 안으로도 들어가는 것 같다고 말하는 내용입니다. 우리말 대화에 맞는 영어 문장들을 먼저 만들어서 말해본 다음에 대화문을 들으며 따라 읽어보세요.

닉 여보, 당신 가스고지서 봤어?
헬렌 응, 냉장고 문에 붙여뒀어.
닉 고마워. 어머, 여기 종이가 엄청 많이 붙어 있잖아!
헬렌 그치. 문을 열 때마다 종이들이 떨어져.
닉 잠깐. 이게 뭐지?
이런, 장볼 꺼 써놓은 종이가 감자 남은 거 안에 들어 있어.
헬렌 내가 그 안에 떨어뜨렸나보네.

Nick Honey, have you seen **the gas bill**?
Helen Yes, I put it on the refrigerator door.
Nick Thank you. Oh, there are so many papers here!
Helen I know. Those papers **fall off every time I open it**.
Nick Wait. What's this?
Oh, your shopping list is in **the leftover mashed potatoes**.
Helen 074 I must have dropped it in there.

VOCABULARY

refrigerator 냉장고 **shopping list** 물건 살 것 리스트 **leftovers** 먹다 남긴 음식

KEY EXPRESSIONS

1 **가스요금 고지서 the gas bill**

가스요금 고지서, 수도요금 고지서, 전화요금 고지서 등을 무슨 bill이라고 해요. 가스요금 고지서는 the gas bill, 수도요금 고지서는 the water bill, 전화요금 고지서는 the phone bill이라고 합니다.

2 **열 때마다 떨어지다**
fall off every time I open it

뭔가가 붙어 있다가 떨어지는 걸 fall off라고 해요. 나무에 붙어 있다가 떨어진 낙엽을 fallen leaves라고 하죠. 〈every time 주어+동사〉는 '누가 뭐뭐할 때마다'라는 뜻입니다.

3 **먹고 남은 매쉬드 포테이토**
the leftover mashed potatoes

배달시켜 먹고 남은 치킨, 어젯밤에 해먹고 남은 제육볶음 등 남은 음식을 leftovers라고 하는데요, 그냥 남은 음식이라고 할 때는 leftovers라고 하고, 남은 음식인데 무슨 음식이라고 구체적으로 말할 때는 leftover chicken, leftover pork, leftover pizza 등으로 말합니다.

SITUATION 3 애들 보시느라 너무 무리하셨네

음원 25-3

나이가 지긋한 친구가 손주들을 보면서 힘들어하는 것을 보고 자신을 좀 돌보라고 얘기해주는 내용입니다. 우리말 대화에 맞는 영어 문장들을 먼저 만들어서 말해본 다음에 대화문을 들으며 따라 읽어보세요.

루비 피곤해 보이는 걸 모른 척을 못하겠다.
엘렌 응, 너무 너무 피곤하네.
루비 넌 항상 스스로를 너무 몰아붙여.
엘렌 요새 할 일이 너무 많아. 나 손주들 있는 거 알지?
루비 그럼. 애들 보는 게 힘들지.
엘렌 애들이 에너지가 말도 못해!

Ruby I couldn't help noticing that you look tired.
Ellen Yes, I am exhausted.
Ruby 075 You're always **pushing yourself too hard.**
Ellen I **have so much to do** these days.
You know that I have grandkids, right?
Ruby Yes. Babysitting must be tough.
Ellen They **have so much energy**!

VOCABULARY

notice 알아채다 **exhausted** 지친 **babysitting** 애 봐주는 것 **tough** 힘든

KEY EXPRESSIONS

1 **너 스스로를 너무 몰아붙이다, 너 스스로 너무 자책하다**
push yourself too hard
누구를 다그치고 압박하고 몰아붙이는 것을 push한다고 해요. 우리도 이 단어를 외래어로 자주 쓰죠? '푸쉬 좀 하지 마, 푸쉬하는 거 아니야'라고요. 누군가를 다그치면 push him, push her, push them처럼 말하는데, '너 스스로를 그렇게 몰아붙이지 마, 다그치지 마'라고 할 때는 Don't push yourself too hard.라고 합니다.

2 **할 일이 너무 많은 have so much to do**
할 일이 있다는 표현은 have something to do라고 하고, 할 일이 하나도 없으면 have nothing to do라고 해요. 할 일이 너무 많은 것은 have so much to do, have too much to do라고 합니다.

3 **에너지가 넘치다**
have so much energy
에너지가 넘친다는 말은 have so much energy 혹은 energetic이라고도 해요. '넌 늘 에너지가 넘치더라'라는 의미로 You have so much energy. You always have so much energy. You're always energetic.이라고 할 수 있어요.

핵심 패턴 073 문제는 제가 ~라는 거예요. The problem is I ~.

문제가 있는데요, 제가 성을 잘못 입력했어요.
The problem is I entered the wrong last name.

문제가 있는데요, 제가 파일을 다른 걸 보냈어요.
The problem is I sent you the wrong file.

문제가 있는데요, 제가 예를 잘못 말씀드렸네요.
The problem is I gave the wrong example.

어떤 문제가 있다고 지적할 때 아주 많이 쓰는 패턴이에요. 문제가 무엇인지를 The problem is 뒤에 주어, 동사의 형태로 쓰면 됩니다.

핵심 패턴 074 내가 ~했나 보다. I must have p.p.

내가 그 안에 떨어뜨렸나 보네.
I must have dropped it in there.

B가 아니라 A에 마크했나 보네.
I must have marked A instead of B.

내가 관사를 잘못 썼나 보네.
I must have used the wrong article.

상대방이 나에게 뭔가를 지적해줄 때, 내가 아마 이랬었나 보다…라고 추측하면서 말할 때 이 패턴을 쓸 수 있어요. 내가 분명히 그랬을 거야… 하면서 지적 받은 문제를 해결하거나 수정하는 거죠.

핵심 패턴 075 넌 항상 ~하더라. You're always -ing.

넌 항상 스스로 너무 몰아붙여.
You're always push**ing** yourself too hard.

넌 항상 까칠해.
You're always be**ing** difficult.

넌 항상 디테일에 너무 신경 써.
You're always pay**ing** too much attention to detail.

항상 이러더라…라고 질책할 때 혹은 불만을 표시하며 지적할 때 쓰는 표현이에요. You're -ing.는 상대방이 지금 무엇을 하고 있다는 말이지만, always가 들어가면 쓰임새가 확 바뀝니다. '넌 꼭 ~하더라…'라고 지적할 때 이 패턴을 써보세요.

I must have dropped it in there.

must는 '뭐뭐해야 한다'라는 뜻 아닌가요?

Q

조동사 **must**의 뜻이, '무엇을 해야 한다'는 뜻 아닌가요? **I must have dropped it in there.**이 왜 '내가 그 안에 그걸 떨어뜨렸나보네.'가 되죠?

A

네, **must**는 크게 두 가지 뜻을 가지고 있는데요. 하나가 '반드시 ~를 해야 한다'라는 뜻이고 다른 하나는, '~인가보다, 틀림없이 ~일 거다'라는 거예요. 그리고 **must have p.p.**의 뜻은 '항상, 분명히 뭐뭐일 거야, 뭐뭐인 게 확실해, 그런게 분명해'라는 거죠. 그래서 **I must have dropped it in there.**의 뜻이, '내가 그것을 그 안에 떨어뜨린 게 분명해'가 되는 거예요. 비슷한 뜻으로 착각하기 쉬운 것이 **should have p.p.**인데요, 이건 '어떻게 했어야 했는데… (그러지 않았다)'라는 뜻입니다.

CHAPTER 3

계속 집중하라고.
Stay focused!

일을 할 때나, 공부를 할 때, 아니면 다른 상황에서 집중을 해야 할 때, '집중하세요' 혹은 '집중 좀 해'라고 할 때 간단하게 할 수 있는 말이 **Stay focused!**입니다. '우리 집중 좀 하자'라고 하면 **Let's stay focused.**라고 하면 되고, '집중을 해야지'라는 말로 **You should stay focused.** 혹은 **You need to stay focused.**라고 할 수도 있습니다.

자꾸 농땡이를 치려고 하는 아들에게

A 아, 이거 너무 어려워요, 엄마.
B 왜 그래. 집중을 해야지!

A Oh, it's so difficult, Mom.
B Come on. **Stay focused!**

졸리지만 정신을 집중하자고 할 때

A 이런… 너무 피곤하고 졸리다.
B 집중하라고!

A Awww… I'm so tired and sleepy.
B **Stay focused!**

UNIT 26 설득하기

밴드, 같이합시다 / 야구 경기 보러 가자, 응? / 이 소프트웨어 한번 써보세요

TRY IT IN ENGLISH

밴드를 결성하고, 같이 하자고 설득할 때, 상대방에게 야구 경기를 같이 보러 가자고 설득할 때, 그리고 매출 관리와 향상이 도움이 될 테니 새로운 소프트웨어를 써보라고 설득할 때 영어로 자신 있게 말해보세요.

강의 26

폴라	숀, 기타 치신다고 했죠, 맞죠?
숀	네, 근데 그냥 취미로 하는 거예요.
폴라	혹시 밴드에 들어오실 생각 있으세요?
숀	밴드요? 밴드 하시게요?
폴라	네, 아주 재미있을 거예요. 저는 신디사이저 해요.
숀	우리 전국 일주하며 공연도 하겠는데요.
폴라	아이고, 그건. 그냥 재미있게 해보자는 거죠.

SITUATION 1 밴드, 같이합시다

음원 26-1

상대방이 기타를 칠 줄 안다는 것을 알고 밴드에 가입하라고 설득하는 내용입니다. 우리말 대화에 맞는 영어 문장들을 먼저 만들어서 말해본 다음에 QR코드를 찍어 대화문을 들으며 영어 대화문을 따라 읽어보세요.

Paula Sean, you said that you play the guitar, right?
Sean Yes, but just for fun.
Paula 076 **Do you happen to be interested in** joining a band?
Sean A band? Are you starting a band?
Paula Yes, it'll be a lot of fun. I play the synthesizer.
Sean Maybe we can go on tour around the country.
Paula Oh, come on. Let's just have a good time.

VOCABULARY

be interested in ~ ~에 관심이 있다 **join ~** ~에 가입하다, 들어가다
go on tour 투어를 하다

KEY EXPRESSIONS

1 **재미로, 취미로**

just for fun

그냥 '취미로, 재미 있으려고'라는 말이 for fun, just for fun이에요. 반면에, '일 때문에'라고 할 때는 for work라고 해요. 공항 입국심사대에서 이 나라에 왜 왔는지 물으면 일 때문에 왔다는 말로 On business.라고 할 수도 있지만 For work.라고도 합니다.

2 **밴드를 시작하다, 밴드를 결성하다**

start a band

밴드를 결성하든 동호회를 만들든 회사를 창업하든 모두 〈start 무엇〉이라고 해요. 밴드를 새로 만들었으면 start a band, 동호회를 새로 만들었으면 start a club, 회사를 차렸으면 start a company이고 이렇게 차린 신생회사를 start up이라고 하죠.

3 **전국을 돌아다니며 투어하다**

go on tour around the country

'투어를 한다, 여행을 한다'라고 할 때 〈go on 무엇〉이라는 표현을 쓰는데요, 투어를 하는 건 go on tour, 여행을 하는 건 go on a trip, 데이트를 하는 건 go on a date라고 하죠.

SITUATION 2 야구 경기 보러 가자, 응?

음원 26-2

자신이 응원하는 팀이 자꾸 져서 경기를 보기 싫다는 친구에게 야구 경기를 보자고 설득하는 내용입니다. 우리말 대화에 맞는 영어 문장들을 먼저 만들어서 말해본 다음에 대화문을 들으며 따라 읽어보세요.

테일러 오늘 저녁에 야구 경기 보러 가고 싶다.
존 난 이번 시즌 경기는 끝.
테일러 야구 경기도 안 본다고?
존 내가 응원하는 팀이 자꾸 지는 게 싫어.
테일러 난 우리가 응원하는 팀이 이기던 지던 상관없어. 재밌으면 되지!
존 음, 그렇긴 하네.
테일러 그럼, 나랑 가는 거지?

Taylor I feel like watching the baseball game tonight.
John I'm **done with sports this semester.**
Taylor 077 **You don't even want to** watch baseball games?
John I'm done watching our teams lose.
Taylor I don't really care if we win or lose. It's just fun!
John Well, you do **have a good point.**
Taylor So, you'll **come with me?**

VOCABULARY

watch baseball games 야구 경기를 보다 **semester** 학기
fun 재미있는(cf. **funny** 웃기는) **have a point** 일리가 있다

KEY EXPRESSIONS

1 **이번 시즌에는 스포츠는 그만 done with sports this semester**

뭔가를 끝냈거나 이제는 안 한다, 관심이 없다고 할 때 done을 써요. 하던 일을 다 끝냈는지 물을 때 Are you done with that?이라고 할 수 있고, 이 대화문에서처럼 '난 이제 이번 시즌에는 경기 안 볼 거야'라고 할 때도 I'm done with sports, I'm done with baseball games.라고 할 수 있어요.

2 **일리가 있다 have a good point**

어떤 사람이 하는 말에 요점, 일리가 있을 때 그것을 point라고 해요. '아, 그거 말 되네, 일리가 있어, 수긍이 간다'라고 할 때 You have a point. You have a good point. You've got a point. You've got a good point.라고 해요.

3 **나랑 같이 가다 come with me**

영어가 어렵다고 느끼는 것은, 내가 알고 있는 단어 뜻과 다르게 쓸 때가 아닐까요? go는 '가다'이고 come은 '오다'라고 알고 있는데, '나랑 같이 갈래?' 할 때 Will you come with me?라고 하고, '나도 같이 가도 돼?'를 Can I come with you?라고 할 때 그럴 겁니다. come은 내 쪽으로 온다는 의미도 되지만, 나랑 상대방이 같은 방향으로 간다고 할 때도 써요.

SITUATION 3 이 소프트웨어 한 번 써보세요

회사에 소프트웨어를 납품하면서 이 소프트웨어가 왜 좋은지를 설명하는 내용입니다. 우리말 대화에 맞는 영어 문장들을 먼저 만들어서 말해본 다음에 대화문을 들으며 따라 읽어보세요.

음원 26-3

거래처 직원 오늘은 새로 나온 소프트웨어를 소개해드리려고 왔어요.
숀 근데 지금 쓰는 것도 잘 되는데요.
거래처 직원 그래도 이게 매출을 올려줄 게 확실하거든요.
숀 좋아요. 그럼 써 보기로 하죠.
거래처 직원 시간을 엄청 단축시켜줄 거예요.
숀 반가운 소리네요.
거래처 직원 그럼 실제로 시연을 해볼게요.

Company Manager Today we're here to introduce our new sales software.
Sean But the old software **worked just fine**.
Company Manger But 078 **the bottom line is** this will improve sales.
Sean Okay. I'm happy to **give it a shot**.
Company Manager It will **save us a great deal of time**.
Sean That sounds good.
Company Manager Let's move on to an actual demonstration.

VOCABULARY

bottom line 결론, 요점 **improve** 개선하다 **shot** 시도, 슛, 촬영
actual 실제 (**eg. actual cost** 실제원가, **actual demand** 실수요) **demonstration** 시범

KEY EXPRESSIONS

1 **작동이 잘 되다, 잘 돌아가다 work just fine**

기계나 장치 등이 작동이 된다는 말을 work라고 해요. '그거, 잘 되니? 잘 돌아가니? 작동이 잘 돼?'는 Is that working fine? Is that working okay?라고 할 수 있고, '응, 잘 돼.'라는 말은 It's working fine. It's working just fine. It's working okay.라고 할 수 있어요.

2 **한번 해보다, 한번 써보다 give it a shot**

뭔가를 한번 시험삼아 해본다는 말을 give it a shot이라고 해요. 네, 맞아요. 주사 맞는다고 할 때 주사를 가리키는 그 a shot, 총으로 한 방 탕 쏘는 것 a shot입니다. '한번 해보자'라는 말은 Let's give it a shot.이라고 하고, '한번 해보지 그래?'는 Why don't you give it a shot?이라고 해요.

3 **우리에게 시간을 많이 덜어주다**
save us a great deal of time

save는 돈이든 시간이든 수고를 덜어준다는 뜻을 가지고 있어요. 〈save 누구 무엇〉의 순서로 쓰면 누군가가 무엇을 덜 써도 되게 해준다는 말이죠. save us money는 돈을 덜 쓰게 해주는 것이고, save us effort는 수고를 덜어준다는 말이에요.

핵심 패턴 076 혹시 ~에 관심 있으세요? Do you happen to be interested in ~?

혹시 밴드에 들어오실 생각 있으세요?
Do you happen to be interested in joining a band**?**

혹시 다큐 영화에 관심 있니?
Do you happen to be interested in documentary films**?**

혹시 공모주 청약에 관심 있어?
Do you happen to be interested in bidding for IPO shares**?**

상대방을 설득할 때, 혹시 어떤 것에 관심이 있는지 먼저 떠볼 때가 있죠? 그럴 때 쓸 수 있는 유용한 패턴입니다. happen to ~는 '혹시 뭐뭐하다'라는 뜻이에요.

핵심 패턴 077 ~도 하기 싫다는 거야? You don't even want to ~?

야구 경기도 안 본다고?
You don't even want to watch baseball games**?**

주식 투자도 안 한다고?
You don't even want to invest in stocks**?**

지원도 안 해본다고?
You don't even want to apply**?**

상대방을 설득하는 데 도저히 안 넘어오면, '뭐뭐하기도 싫다고? 그런 거야?'라고 물어볼 수 있죠? 설득하려고 하는데 잘 안되는 경우에 이 패턴을 꼭 써보세요.

핵심 패턴 078 적어도 ~하기는 하죠. The bottom line is ~.

이게 매출을 올려줄 게 확실하거든요.
The bottom line is this will improve sales.

이게 우리 브랜드를 노출시킬 게 확실하거든요.
The bottom line is this will give our brand exposure.

이게 시장 트렌드를 알려줄 게 확실하거든요.
The bottom line is this will show us market trends.

어떤 상황에서 설득을 하면서, '최소한 이렇습니다'라고 설득에 힘을 실을 때 쓸 수 있는 패턴이에요. 최소한 이러니까 그 이상을 기대할 수도 있다고 하면서 설득하는 거죠.

It will save us a great deal of time.

save는 여기서 무슨 뜻이죠?

Q

It will save us a great deal of time.에서 **save**는 무슨 뜻으로 쓰인 건가요?

A

save의 뜻으로는, 누가 무엇을 안 해도 되게 수고나 시간 등을 '덜어주다, 아끼다, 모으다, 쌓아두다, 구해주다' 등이 있어요. **It will save us a great deal of time.**처럼 〈**save** 누구+무엇〉의 순서로 쓰면 '누가 무엇을 안 해도 되게, 안 써도 되게 덜어주다'의 의미가 됩니다. 그래서 이 문장에서는 **It**이 가리키는 것이 **us** 우리로 하여금 **a great deal of time** 상당한 시간을 소비하지 않아도 되게 도와줄 거다, 시간을 아껴줄 것이다… 정도의 뜻이에요.

CHAPTER 3

꼭 가봐!

You've got to check it out!

'어떤 곳에 꼭 가보라고 하거나, 어떤 것을 꼭 봐라, 어디에 꼭 가서 봐라'라고 할 때 **You've got to check it out!**이라고 말할 수 있어요. **You've got to**는 **You have to**와 같은 뜻이고 실생활 속에서는 **You got to**라고 말하기도 해요.

도그 카페에 가보라고 하면서

A 난 도그 카페에 가본 적이 없어.
B 강아지를 좋아하면, 꼭 가봐야 해!

A I've never been to the dog cafe.
B If you love dogs, **you've got to check it out**!

골든게이트브리지에 가보라고 하면서

A 골든게이트브리지를 봐야 할까요?
B 네! 꼭 보셔야 해요!

A Do we have to see the Golden Gate Bridge?
B Yes! **You've got to check it out!**

UNIT 27 정보주기

반납기간 전에 연장하시면 돼요 / 이 바우처로 쇼핑하세요 / 영어 하신다고요?

TRY IT IN ENGLISH

도서관에서 책 반납기한과 관련해서 추가 정보를 알려줄 때, 기내에서 승무원이 바우처를 주면서 사용법을 알려줄 때, 그리고 상대방에게 영어로 뭔가를 알려주려고 할 때 영어로 자신 있게 말해보세요.

강의 27

피오나 저 이 책 빌리려고 하는데요.

직원 네. 도서관 카드 주세요.

피오나 여기 있습니다.
책은 언제 반납하면 되죠?

직원 2월 2일까지예요.
그 전에 언제든 기간 연장하실 수 있어요.

피오나 알겠습니다. 감사합니다.

SITUATION 1 반납기간 전에 연장하시면 돼요

반납기간은 언제이지만 그보다 더 오래 책을 읽고 싶다면 그 전에 연장하라고 알려주는 내용입니다. 우리말 대화에 맞는 영어 문장들을 먼저 만들어서 말해본 다음에 QR코드를 찍어 대화문을 들으며 영어 대화문을 따라 읽어보세요.

음원 27-1

Fiona I'd like to check out these books.

Clerk Okay. Please show me your library card.

Fiona Here you are.
When should I return these books?

Clerk They are due on the 2nd of February.
079 **You can renew them any time until then.**

Fiona Got it. Thank you.

VOCABULARY

check out (도서관에서) 책을 빌리다 **return** 반납하다 **due** 기한(마감일)이 다 된
renew 갱신하다, 연장하다 **anytime until then** 그 전에 언제든

KEY EXPRESSIONS

1 **이 책들을 대여하다, 빌리다**
check out these books
도서관에서 책을 빌린다고 할 때 check out을 써요. check out의 다른 의미는 '뭔가를 보다, 들어보다'라는 거죠. Check this out!은 '이것 좀 봐! 이것 좀 들어봐!'라는 말이고, 도서관에서 check out books라고 하면 '책을 빌린다, 대여한다'는 말입니다.

2 **2월 2일에 반납을 해야 하는**
due on the 2nd of February
due는 '마감일, 반납해야 하는 기일' 등을 가리켜요. '언제가 마감일이야? 이거 언제까지야?'라는 말은 When is it due?라고 하고, '이거 ~까지야.'는 It's due ~.라고 해요.

3 **기간을 연장하다**
renew them
기간이 만료된 것을 연장, 갱신하다는 것을 renew한다고 하는데요, 보통 여권이나 운전면허증 등을 갱신하죠. renew my passport, renew my driver's license와 같이 말합니다. 그런데 만료기간이 다 된 신용카드의 경우에는 renew를 쓰지 않고, get a new card라고 해요.

CHAPTER 3

SITUATION 2 이 바우처로 쇼핑하세요

음원 27-2

기내에서 뭔가가 고장이 나서 승무원이 불편을 끼친 데 대한 보상으로 바우처를 제공하는 내용입니다. 우리말 대화에 맞는 영어 문장들을 먼저 만들어서 말해본 다음에 대화문을 들으며 따라 읽어보세요.

데이브 저기요, 여기 화면이 안 나와요.
승무원 제가 확인해볼게요. 죄송하지만, 고장 났네요. 다른 좌석으로 옮기시겠어요?
데이브 아니, 뭐, 괜찮아요. 그냥 음악 들으면 돼요.
승무원 불편을 끼쳐드려서 죄송합니다. 제가 바우처를 하나 드릴게요.
인터넷으로 물건을 사실 수 있습니다.

Dave **080** **Excuse me,** my screen **doesn't work.**
Flight Attendant Let me check. I'm sorry, it's broken.
Do you want to **move to a different seat**?
Dave Well, no, it's okay. I can **listen to music instead.**
Flight Attendant We're so **sorry for the inconvenience.**
Here is a voucher for you.
You can use it for online shopping.

VOCABULARY

flight attendant 승무원 **screen** 화면 **check** 확인해보다, 알아보다
inconvenience 불편 **voucher** 바우처(상품교환권)

KEY EXPRESSIONS

1 **다른 좌석으로 옮기다**
move to a different seat
다른 좌석으로, 집으로, 동네로 옮기고 이사하는 것을 〈move to 어디〉라고 표현하는데요, 다른 좌석으로 옮기는 건 move to a different seat라고 하고, 다른 집으로 이사를 하는 건 move to a different house, move to a new apartment처럼 말합니다.

2 **대신 음악을 듣다**
listen to music instead
음악을 듣는 건 listen to music, 라디오를 듣는 건 listen to the radio라고 해요. 화면이 고장 났으니까 영상으로는 못 보고 대신(instead) 음악을 듣겠다는 의미로 instead를 뒤에 붙인 거예요.

3 **불편을 끼쳐드려 죄송한**
sorry for the inconvenience
고객이나 승객 등을 상대하는 입장에서 뭔가 문제가 생겼을 때 아주 많이 쓰는 말이 Sorry for the inconvenience. We're sorry for the inconvenience.입니다.

SITUATION 3 영어 하신다고요?

영어로 뭔가를 물어보려는 여행자에게 영어를 할 줄 안다고 하면서 도와주려고 하는 내용입니다. 우리말 대화에 맞는 영어 문장들을 먼저 만들어서 말해본 다음에 대화문을 들으며 따라 읽어보세요.

음원 27-3

(여행자가 다가와서 묻는다:)

남자 실례지만, 영어 하시나요?

미란다 네, 조금요.

남자 아, 잘됐네요. 영어를 하시는 분을 찾을 수가 없더라고요.
이 식당을 찾고 있는데요, 어딘지 모르겠어요.

미란다 어디 볼게요. 아, 방금 지나쳐 오셨네요.

남자 감사합니다!

(A traveler approaches and asks:)

Man Excuse me, do you speak English?

Miranda Yes, a little.

Man Oh, great. **081** **I couldn't find anyone who** speaks English.
I'm looking for this restaurant.
Do you **have any idea where it is**?

Miranda Let me see. Oh, you **just passed it**.
It's **back that way** right next to that pharmacy.

Man Thank you very much!

CHAPTER 3

VOCABULARY

approach 다가가다(오다) **pass** 지나치다, 추월하다 **pharmacy** 약국

KEY EXPRESSIONS

1 **그게 어디 있는지 알다** **have any idea where it is**

'알다'라고 할 때 I know.라는 표현 말고도 have any idea라고도 해요. '모르겠다'라고 할 때는 don't know, have no idea, don't have any idea라고도 해요. have any idea 뒤에 있는 〈의문사+주어+동사〉 where it is의 어순에 주의하세요.

2 **방금 지났다, 지나쳤다** **just passed it**

사람이 뭔가를 지나쳤다고 할 때 pass를 쓰는데요, 길을 묻는 사람이 가려는 곳이 어딘지 보니까 그 사람이 방금 지나쳐왔다고 할 때 You just passed it. You've just passed it.이라고 하시면 됩니다.

3 **저기 뒤에 저쪽에** **back that way**

'저기 저 뒤쪽에'라고 할 때 back that way라고 하는데요, back은 '뒤쪽'을 가리키고, that way는 '저쪽'이라고 어떤 방향을 가리키면서 쓰는 말이죠. back은 시간을 가리킬 때도 쓰는데요, '아까'라고 할 때 back then이라고 해요.

핵심 패턴 079
그때까지 언제든 ~하실 수 있어요.
You can ~ any time until then.

그 전에 언제든 기간 연장하실 수 있어요.
You can renew them **any time until then**.

그 전에 언제든 환불 신청하실 수 있어요.
You can request a refund **any time until then**.

그 전에 언제든 지원하실 수 있어요.
You can apply **any time until then**.

어떤 정보를 줄 때 쓰는 패턴입니다. 그때까지는 언제든 무엇을 할 수 있다고 알려주는 거죠. any time은 '언제든지', until then은 '그때까지'라는 뜻이어서, 그 전에 아무 때나 이렇게 할 수 있다고 알려주는 거죠.

핵심 패턴 080
실례지만, ~가 안 되는데요.
Excuse me, ~ doesn't work.

저기요, 여기 화면이 안 나와요.
Excuse me, my screen **doesn't work**.

저기요, 이 프린터가 안 되는데요.
Excuse me, this printer **doesn't work**.

저, 이 리모컨이 안 되네요.
Excuse me, this remote **doesn't work**.

공항이나 기내, 기차 안, 기타 공적인 장소에서 뭔가 기계적인 오류나 문제가 있을 때, 뭔가가 작동을 안 한다고 말할 때 이 패턴을 써보세요.

핵심 패턴 081
~하는 사람을 찾을 수가 없더라고요.
I couldn't find anyone who ~.

영어를 하시는 분을 찾을 수가 없더라고요.
I couldn't find anyone who speaks English.

항공사 경험 있는 사람을 찾을 수가 없더군.
I couldn't find anyone who has any airline experience.

땅주인과 싸우는데 도와줄 사람을 찾을 수가 없더군요.
I couldn't find anyone who can help me fight with the landlord.

어떤 사람을 찾고 있는데 '그런 사람이 안 보이더라, 찾을 수가 없더라'라고 할 때 이 패턴을 쓸 수 있어요. Who 뒤에 어떤 사람을 찾는 것인지에 대한 정보를 넣어서 말해보세요.

SPEAKING GRAMMAR

Do you have any idea where it is?
where it is를 이 순서로 쓰는 게 맞나요?

Q

뭔가가 어디 있냐고 물을 때 **Where is it?**이라고 하잖아요. 근데 왜 **Do you have any idea where it is?**는 이렇게 쓰나요?

A

뭔가가 어디 있는지 직접 물어볼 때는 **Where is it?**이라고 하는 게 맞는데요, 다른 동사의 목적어로 써서 물어볼 때, 즉 '그게 어디 있는지 알아? 그거 어디 있는지 나는 모르는데;;' 처럼 말할 때는 동사 뒤에 의문사, 주어, 동사의 순서로 써요. 어디 있냐고 물을 때는 **have any idea**를 **know**라는 동사로 생각하고, **have any idea** 뒤에 **where it is**라고 써서 **Do you have any idea where it is?**라고 하고, 그게 어디 있는지 모른다는 말은 **I don't know (I have no idea) where it is.**라고 해요.

LEVEL UP EXPRESSIONS

제가 어떻게 연락을 드리면 되죠?
How can I get a hold of you?

상대방에게 나중에 어떻게 연락을 하면 되는지 물을 때 **How can I get a hold of you?**라고 할 수 있어요. 〈**Get a hold of** 누구〉라는 게 '누구와 연락을 취하다'라는 뜻인데요, 이것 대신에 **reach**를 써서 **How can I reach you?**라고 해도 같은 뜻입니다.

상대방의 연락처를 물을 때 1

A 제가 어떻게 연락을 드리면 될까요?
B 제가 이 종이에 전화번호를 써놨습니다.

A **How can I get a hold of you?**
B I wrote my phone number on this piece of paper.

상대방의 연락처를 물을 때 2

A 어떻게 연락 드리면 될까요?
B 필요한 거 있으시면 문자를 보내주세요.

A **How can I get a hold of you?**
B Just send me a text message if you need anything.

UNIT 28

도와주기

이거 네 꺼 맞니? / 내가 너만을 위한 파이를 만들어주마 / 길, 이렇게 건너면 안전해요

TRY IT IN ENGLISH

잃어버린 물건을 누군가가 찾아주실 때, 상대방을 위해 맛있는 파이를 만들어주면서, 그리고 찻길 건너기가 너무 어려운 상황에서 도와줄 때, 영어로 자신 있게 말해보세요.

강의 28

닉	재미있었니?
웬디	네, 재미있었어요. 여기 다시 오고 싶어요.
닉	그래. 다음 달에 다시 오자.
웬디	잠깐만요! 아빠, 제 비니가 없어졌어요.
닉	마지막으로 어디서 봤는지 기억 나니?
여자	저기, 이 비니 네 꺼니?
웬디	아, 네! 정말 감사합니다!

SITUATION 1 이거 네 꺼 맞니?

음원 28-1

밖에서 놀다가 모자를 잃어버렸는데 어느 분이 찾아서 갖다주시는 내용입니다. 우리말 대화에 맞는 영어 문장들을 먼저 만들어서 말해본 다음에 QR코드를 찍어 대화문을 들으며 영어 대화문을 따라 읽어보세요.

Nick Did you have fun?

Wendy Yes, I did. I'd love to come here again.

Nick All right. We can **come back next month**.

Wendy Wait! Dad, my beanie **is missing**.

Nick 082 **Can you remember when you last saw it?**

Woman Excuse me, is this beanie yours?

Wendy Oh, yes! Thank you so much!

VOCABULARY

have fun 재미있게 놀다 **beanie** 머리에 딱 붙는 챙 없는 모자 **missing** 사라진, 없어진

KEY EXPRESSIONS

1 **다음 달에 다시 오다**

come back next month

다시 온다는 말은 come back 또는 come back here, come here again이라고 할 수 있어요. 터미네이터에서 아놀드 슈와제네거가 마지막 장면에서 I'll be back.이라고 한 것처럼 다시 돌아온다는 말을 be back이라고도 하죠.

2 **~가 없어지다, 사라지다**

~ is missing

뭔가가 사라졌을 때, 없어졌을 때, 안 보일 때 ~ is missing.이라고 해요. 실종된 사람을 찾는 전단지에 Missing이라고 되어 있는 것처럼, 사람이 없어졌을 때도 〈누구 is missing.〉이라고 합니다.

3 **마지막으로 봤다**

last saw it

last는 '지난'이라는 뜻도 되고, '마지막으로'라는 뜻도 돼요. 뭔가가 없어졌을 때 '마지막으로 언제 봤어?', '마지막으로 어디서 봤니?'라고 하죠? 영어로는 Can you remember when you last saw it? When did you see it last? Where did you see it last?라고 말할 수 있어요.

SITUATION 2 내가 너만을 위한 파이를 만들어주마

음원 28-2

체중 관리를 하고 있는 친구를 위해 특별히 맛있고 살 안 찌는 음식을 해주는 내용입니다. 우리말 대화에 맞는 영어 문장들을 먼저 만들어서 말해본 다음에 대화문을 들으며 따라 읽어보세요.

에디 이크… 10명이 먹을 음식을 준비하느라 힘들었겠다. 내가 상 차리는 거 도와줄게.
민 고마워. 벤이랑 캐시 커플, 오늘 정말 오는 거야?
에디 응. 오는 중일 거야.
(저녁이 다 됐다.)
에디 민, 너는 우리랑 같이 안 먹어?
민 비키니 시즌이 다가오니까, 몸무게 조절을 해야 해.
에디 그럼 내가 너 샐러드 만들어줄게.

Eddy Aww… It must've been tough to prepare food for 10 people. I'll help you set the table.
Min Thanks. **083** **Are you sure** Ben and Cathy are coming today?
Eddy Yes. They **must be on their way**.
(Dinner is ready.)
Eddy Min, aren't you eating with us?
Min Bikini season **is coming up**, so I should **watch my weight**.
Eddy Then I'm going to make a salad for you.

VOCABULARY

set the table 상을 차리다 **be on one's way** 가는(오는) 중이다 **watch** 지켜보다

KEY EXPRESSIONS

1 **~가 오고 있는 중일 것이다 must be on their way**

누가 지금 오는 중일 것이라고 할 때 그럴 것이라고 생각한다는 걸 must로 표현하고, 오는 중이라는 건 on one's way 혹은 on the way를 써요. 그래서 They must be on their way. 혹은 They must be on the way.라고도 해요.

2 **~가 다가오고 있다 ~ is coming up**

생일이나 여름이 크리스마스가 다가온다는 말을 ~ is coming up.이라고 해요. My birthday is coming up. Summer is coming up. Christmas is coming up. 이렇게요. up을 쓰지 않고 My birthday is coming. Summer is coming. Christmas is coming. 이라고도 합니다.

3 **몸무게 관리를 하다 watch my weight**

몸무게 관리를 한다는 말을 watch one's weight라고 하는데요, 그야말로 몸무게가 어떻게 되어가는지를 지켜본다, 관리한다는 거죠. 살을 빼려고 할 때 할 수 있는 말로 '몸무게 관리해야 해.' I should watch my weight. '다이어트 중이야.' I'm on a diet. '나 살 빼야 해.' I need to lose weight. 등이 있습니다.

SITUATION 3 길, 이렇게 건너면 안전해요

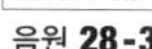

음원 28-3

차와 오토바이들이 다 섞여서 길을 건너기 힘들 때, 어떻게 하면 안전하게 건널 수 있을지 도와주는 내용이에요. 우리말 대화에 맞는 영어 문장들을 먼저 만들어서 말해본 다음에 대화문을 들으며 따라 읽어보세요.

(베트남 하노이에서)

미란다 길 건너는 게 너무 어려워요. 오토바이랑 차가 너무 많네요.
로이 네, 정말 그렇네요. 천천히 걸으시고 자신감을 가지세요.
미란다 그리고 뛰거나 뒷걸음질도 하면 안 되죠, 그죠?
로이 네. 운전자들이랑 시선을 마주치는 것도 중요해요.
미란다 알겠어요. 이제 같이 길을 건너봅시다.

(In Hanoi, Vietnam)

Miranda **084** **It's so challenging to** cross the street.
There are so many motorbikes and cars.
Roy Yeah, totally. Be sure to walk slowly and **be confident.**
Miranda And I shouldn't **run or step backward**, right?
Roy Yes. It's also important to **keep eye contact with nearby drivers.**
Miranda Got it. Now let's cross the street together.

VOCABULARY

challenging 힘든 **cross the street** 길을 건너다 **totally** 완전히, 정말로
confident 자신 있는 **step backward** 뒷걸음치다 **keep eye contact with** 눈을 마주치다

KEY EXPRESSIONS

1 **자신감을 갖다 be confident**

자신감이 있다는 것을 confident라고 하는데요, 상대방에게 '자신감을 가져!'라고 할 때 Be confident!라고 할 수 있고, '난 자신감이 부족해.'라는 말은 confidence라는 명사를 써서 I lack confidence.라고 합니다.

2 **뛰거나 뒷걸음질치다 run or step backward**

자동차와 오토바이가 뒤엉켜, 사람들이 길을 건너기 어려운 상황을 상상해보세요. 그럴 때는 run 뛰면 안 되고, step backward 뒷걸음질을 치는 것도 위험하다고 합니다. 몇 발자국 앞으로 나오라고 할 때는 Step forward.라고 해요.

3 **다가오는 운전자와 눈을 마주치다**
keep eye contact with nearby drivers

누군가와 눈을 마주친다는 걸 keep an eye contact 혹은 keep eye contact라고 합니다. 근처에 있는 누구, 근처에 있는 어디라고 할 때는 〈nearby 누구〉, 〈nearby 어디〉라고 해요. 근처에 있는 경찰관 nearby policeman, 가까운 우체국 nearby post office처럼요.

CHAPTER 3

핵심 패턴 082 마지막으로 언제 ~했는지 기억 나? Can you remember when you last ~?

마지막으로 어디서 봤는지 기억 나니?
Can you remember when you last saw it**?**

마지막으로 언제 노래방 갔는지 기억 나니?
Can you remember when you last went to karaoke**?**

마지막으로 언제 너네 삼촌 만났는지 기억 나니?
Can you remember when you last saw your uncle**?**

상대방이 마지막으로 무언가를 했던 게 언제인지 물어볼 때 이 패턴을 써보세요. 마지막으로 뭔가를 했던 시기를 물어보고, 관련되는 도움을 주려고 할 때도 쓸 수 있겠죠?

핵심 패턴 083 정말 ~야? Are you sure ~?

벤이랑 캐시 커플, 오늘 정말 오는 거야?
Are you sure Ben and Cathy are coming today**?**

차 정말 여기 댔어?
Are you sure you parked the car here**?**

그 선수 정말 아스날과 계약했어?
Are you sure he signed with Arsenal**?**

상대방이 한 말, 혹은 어떤 상황에 대해 다시 한 번 확인하고 싶을 때 이 패턴을 써보세요. 도움을 주려고 할 때, 정말 그런지 알아야 도와줄 수 있는 상황도 많으니까 그럴 때도 유용하게 사용할 수 있어요.

핵심 패턴 084 ~하는 게 너무 어려워요. It's so challenging to ~.

길 건너는 게 너무 어려워요.
It's so challenging to cross the street.

더운 여름 날 달리기 하는 거 너무 힘들어요.
It's so challenging to run on hot summer days.

바벨 스쿼트는 너무 어려워요.
It's so challenging to squat with a barbell.

뭔가를 하는 게 너무 힘들어서 도움을 청할 때 아주 유용하게 쓸 수 있는 패턴입니다. challenging은 힘들고 어렵다는 의미예요.

They must be on their way.

must의 의미가 정확히 뭐죠?

Q

They must be on their way.에서 **must**는 확실히 그럴 거라는 의미죠?

A

네, 맞습니다. **They must be on their way.**에서 **must**는 분명히 그럴 거라는 뜻이에요. 누구를 처음 만날 때, '아, ~씨 맞으시죠?'라고 할 때 있죠? 상대방이 분명히 그 사람일 것 같을 때요. 그 말을 **You must be ~.**라고 해요. 그리고 **on their way**는 '그들이 오고 있는 중이다'라는 뜻이에요. '어디로 가는 중이다, 오는 중이다'라고 할 때 **on their way**처럼 **on 소유격 way**라고도 하고, **on the way**라고도 해요.

LEVEL UP
EXPRESSIONS

여기 사시는 분 아니죠, 그렇죠?

You're not from around here, are you?

이 동네에서 본 적이 없는 것 같은데 헤매고 있는 사람이 보이거나, 길을 잃은 것 같은 사람을 보면, '여기 사시는 분이 아닌가 봐요? 여기 처음이시죠?'와 같이 물으면서 도와줄 수 있겠죠? 그럴 때 **You're not from around here, are you?**라고 할 수 있어요.

길을 잃은 사람에게

A 저 좀 도와주실래요? 길을 좀 잃었어요.
B 여기 사시는 분 아니죠, 그렇죠?

A Can you help me? I'm a bit lost.
B **You're not from around here, are you?**

외국에서 온 듯한 사람에게

A 여기 사시는 분 아니죠, 그렇죠?
B 네, 저 캐나다에서 왔어요. 길을 잃었어요.

A **You're not from around here, are you?**
B No, I'm from Canada. I'm a bit lost.

CHAPTER 3

UNIT 29

주의 주기

신발끈 제대로 묶고 타 / 베이지 않게 조심해야지 / 전자레인지에서 좀 떨어져

TRY IT IN ENGLISH

에스컬레이터를 타기 전에 신발끈을 제대로 묶으라고 할 때, 칼을 쓸 때 베이지 않게 조심하라고 할 때, 그리고 전자레인지에서 좀 떨어져 있으라고 할 때 영어로 자신 있게 말해보세요.

강의 **29**

(에스컬레이터 앞에서)

엄마 라이언, 잠깐! 에스컬레이터 타기 전에 신발끈 묶어.

라이언 왜요?

엄마 신발끈이 에스컬레이터에 낄 수가 있거든.

라이언 알겠어요, 엄마.

엄마 그리고 에스컬레이터 타고 갈 때는 꼭 손잡이를 잡아.
에스컬레이터가 편리하긴 하지만, 이용할 땐 조심해야 해.

라이언 알겠어요.

SITUATION 1 신발끈 제대로 묶고 타

엄마가 아이에게, 신발끈을 잘 묶고 에스컬레이터를 타라고 말해주는 내용입니다. 우리말 대화에 맞는 영어 문장들을 먼저 만들어서 말해본 다음에 QR코드를 찍어 대화문을 들으며 영어 대화문을 따라 읽어보세요.

음원 29-1

(In front of an escalator)

Mom Ryan, wait! Tie your shoes tight before riding the escalator.

Ryan Why should I do that?

Mom Your shoelaces can get stuck in the escalator.

Ryan Okay, Mom.

Mom And make sure to hold the handrail while you're on the escalator.
Escalators are convenient, but 085 you should be careful when using them.

Ryan All right.

VOCABULARY

shoelace 신발 끈 **stuck in the elevator** 엘리베이터에 끼다
hold the handrail 손잡이를 잡다

KEY EXPRESSIONS

1 **신발끈을 꽉 묶다**

tie your shoes tight

신발끈을 매는 걸 tie one's shoes라고 해요. 운동화 끈을 매면 tie one's sneakers라고 하죠. shoes대신에 shoe laces를 써도 돼요. 그리고 신발끈, 운동화 끈을 꽉 맨다고 할 때는 끝에 tight를 붙입니다.

2 **에스컬레이터 타기 전에**

before riding the escalator

에스컬레이터를 타는 것을 ride an escalator, ride the escalator라고 해요. get on an escalator, get on the escalator라고도 하죠.

3 **손잡이를 잡다**

hold the handrail

손잡이는 모양에 따라 handrail 또는 handle이라고 해요. 그래서 '손잡이를 잡는다'라는 말은 hold the handrail, hold the handle이라고 합니다.

CHAPTER 3

SITUATION 2 베이지 않게 조심해야지

칼을 쓰다가 손가락을 베인 상대방에게 처치를 해주는 내용입니다. 우리말 대화에 맞는 영어 문장들을 먼저 만들어서 말해본 다음에 대화문을 들으며 따라 읽어보세요.

음원 **29-2**

브래드 아야! 아, 이런, 피나잖아.
루시 어디 피나는데? 손가락 베었어, 브래드?
내가 가서 소독약이랑 반창고 가지고 올게.
브래드 너무 아파요.
루시 칼을 쓸 때는 더 조심해야지.
브래드 알겠어요, 엄마. 빨리 택배박스를 열려다가 그만.
다음에는 더 조심할게요.

Brad Ouch! Oh no, it's bleeding.
Lucy What's bleeding? Did you **cut your finger**, Brad?
I'll **go get some antiseptic and a bandage.**
Brad It hurts a lot.
Lucy **086** You should be more careful with knives.
Brad I know, Mom. I was **in a rush to open my package.**
I'll try to be more careful next time.

VOCABULARY

bleed 피 흘리다 **cut one's finger** 손가락을 베다 **antiseptic** 소독약 **bandage** 밴드

KEY EXPRESSIONS

1 **손가락을 베다 cut your finger**

'손가락을 베다, 손을 베다'와 같이 말할 때는 cut one's 뒤에 베인 부위를 쓰면 돼요. 손가락을 베었으면 cut your finger, 손을 베었으면 cut your hand라고 하죠. 그냥 '다쳤어?'라는 말은 Did you hurt yourself?라고 합니다.

2 **가서 소독약이랑 밴드를 가지고 오다**
go get some antiseptic and a bandage

'가서 뭔가를 가지고 오다, 혹은 무엇을 가지러 가다'라는 말은 go get 뒤에 무엇을 써서 표현해요. '내가 가서 따뜻한 물 좀 가지고 올게.'라는 말은 I'll go get some warm water.라고 하면 되겠죠.

3 **빨리 택배상자를 열려고 하다**
in a rush to open my package

뭔가를 하려고 바쁜 상태, 서두르고 있는 상태를 in a rush라고 해요. 무엇을 하려고 그렇게 바쁜지, 서두르고 있는지는 in a rush 뒤에 to 동사원형을 써서 표현합니다.

SITUATION 3 전자레인지에서 좀 떨어져

전자레인지에서 전자파가 나올 수 있으니까 좀 물러서라고 말하는 내용입니다. 우리말 대화에 맞는 영어 문장들을 먼저 만들어서 말해본 다음에 대화문을 들으며 따라 읽어보세요.

음원 29-3

팸 여보, 왜 그렇게 전자레인지 옆에 가까이 서 있는 거야?
뒤로 물러서.
잭 알았어. 우리 전자레인지 새로 살까?
팸 잘 되지 않아?
잭 너무 오래됐어.
남은 음식 데우는 데 10분 걸렸어.
팸 알았어. 그럼 좋은 걸로 찾아보자.

Pam Honey, why are you **standing so close to the microwave**?
Step back.
Jack Okay. Why don't we **buy a new microwave**?
Pam Isn't that working just fine?
Jack It's too old.
It took me ten minutes to **reheat the leftovers**.
Pam Okay. Then 087 let's look for a good one.

VOCABULARY

microwave 전자레인지 **work** 작동하다, 기능을 하다 **leftovers** 먹다 남은 음식

KEY EXPRESSIONS

1 **전자레인지에 너무 가까이 서 있다**
stand so close to the microwave
어딘가에 아주 가까이 서 있는 것을 〈stand so close to 무엇〉 혹은 〈stand too close to 무엇〉이라고 해요. '불 옆에 그렇게 가까이 서 있지 마.'라는 말은 Don't stand too close to the fire. 혹은 Stay away from the fire.라고 할 수 있습니다.

2 **전자레인지를 새로 사다**
buy a new microwave
뭔가를 새로 산다는 말은 〈buy a new 무엇〉 혹은 〈get a new 무엇〉이라고 해요.

3 **남은 음식을 데우다**
reheat the leftovers
배달음식을 데우거나 남은 음식을 데울 때 reheat 혹은 heat up이라는 표현을 써요. 그리고 남은 음식은 leftovers라고 -s를 붙여서 말합니다.

핵심 패턴 085
~할 때 조심해야 해.
You should be careful when ~.

이용할 땐 조심해야 해.
You should be careful when using them.

밤길 걸을 땐 조심해야 돼.
You should be careful when you walk the street at night.

비가 쏟아부을 땐 조심해야지.
You should be careful when it's pouring rain.

어떤 것을 할 때 주의하라고 할 때 쓰는 필수적인 패턴입니다. 이 말을 완성해서 말하고 나서 구체적으로 어떻게 주의하라는 말을 덧붙이는 것도 좋아요.

핵심 패턴 086
~를 다룰 때는 더 조심해야 해.
You should be more careful with ~.

칼을 쓸 때는 더 조심해야지.
You should be more careful with knives.

명품 접시 쓸 때는 더 조심해야지.
You should be more careful with luxury plates.

레코드판을 만질 때는 더 조심해야지.
You should be more careful with vinyl records.

무언가를 할 때 조심하라고 할 때는 You should be more careful 뒤에 when -ing형을 연결해서 말하는데요, 무엇을 쓸 때, 다룰 때 조심하라고 할 때는 〈with 무엇〉을 넣어 말해요.

핵심 패턴 087
~를 찾아보자.
Let's look for a ~.

좋은 걸로 찾아보자.
Let's look for a good one.

더 가벼운 걸 찾아보자.
Let's look for a lighter one.

튼튼한 걸 좀 찾아보자.
Let's look for a strong one.

상대방과 같이 어떤 것을 찾아보자고 할 때 이 패턴을 써보세요. 어떠한 무엇을 찾아보자고 할 때 look for 뒤에 형용사, 명사를 이어서 넣으면 돼요.

You should be careful when using them.

should be의 발음을 어떻게 하면 자연스러운가요?

Q

You should be careful when using them. 이라고 할 때 **should be**를 /슈드비/라고 하지 않나요? 들어보니까 한 단어처럼 들리던데요?

A

네, 맞습니다. **should be**는 따로 떼어서 /슈드비/처럼 발음하지 않고, /**슏**비/라고 해요. 이렇게 미국 영어에서는 단어 끝에 있는 자음을 소리 내지 않고 뒷단어와 붙여서 발음하는 경우가 아주 많은데요, **must be**도 /머스트비/가 아니라 /머**슫**비/라고 발음하고 **won't be**도 /(우)워운트비/라고 하지 않고 /(우)워운비/라고 발음한답니다.

CHAPTER 3

LEVEL UP
EXPRESSIONS

네가 알아야 할 것 같아서.
I just thought you should know.

뭔가 상대방이 알고 있어야 할 것 같은 얘기나 정보, 상황 등을 알려줄 때 우리도 그러죠? '네가 알아야 할 것 같아서', '네가 알고 있으면 좋을 것 같아서'라고요. 그런 의미로 하는 말이 **I just thought you should know.**예요.

차 막힐 거라고 알려주며

A 차 막힐 거라고 알려줘서 고마워.
B 뭘. 네가 알아두면 좋을 것 같더라고.

A Thanks for warning me about the traffic.
B No problem. **I just thought you should know.**

친구의 여자친구에 대해 알려주며

A 내 여자친구가 다른 남자랑 저녁 먹더라는 말을 왜 나한테 한 거야?
B 그냥 네가 알아야 할 것 같아서.

A Why did you tell me my girlfriend had dinner with another man?
B **I just thought you should know.**

UNIT 30 이유 알려주기

선로 일부가 공사 중이래 / 차가 퍼져버렸어 / 이 나라가 탄생된 곳이에요

버스 탔다가 기차로 갈아타는 이유를 알려줄 때, 아직 도착 못한 이유를 알려줄 때, 그리고 그 도시에 꼭 가봐야 하는 이유를 알려줄 때 영어로 자신 있게 말해보세요.

강의 **30**

매트 이 기차표, 너무 헷갈린다.

줄리 왜?

매트 기차표에 보니까 우선 버스를 타고 다른 데까지 가래.

줄리 왜 그런 건지 물어봤어?

매트 응. 선로 일부가 공사 중이라네.

줄리 그럼 여기서 거기까지 가서 기차로 갈아타야 한다는 거지?

매트 그렇지. 그것도 뭐 다 여행의 일부지!

SITUATION 1 선로 일부가 공사 중이래

선로 일부가 공사 중이라서 일단 버스로 가서 기차로 갈아타야 한다고 알려주는 내용입니다. 우리 말 대화에 맞는 영어 문장들을 먼저 만들어서 말해본 다음에 QR코드를 찍어 대화문을 들으며 영어 대화문을 따라 읽어보세요.

음원 30-1

Matt This train ticket **is very confusing.**

Julie What's wrong?

Matt The ticket says we have to **take a bus to a different city** first.

Julie Did you ask why this was the case?

Matt Yes. They said that part of the track is under construction.

Julie 088 **So, you mean we have to** go there to transfer to another train?

Matt Yup. It's **all part of the adventure!**

VOCABULARY

confusing 혼란스러운 **this is (not) the case** 그렇(지 않)다
under construction 공사 중 **transfer** 갈아타다 **adventure** 모험

KEY EXPRESSIONS

1 **너무 헷갈리다**

be very confusing

어떤 것이 누구에게 헷갈리게 하는 것은 confusing이라고 하고, 사람이 헷갈리다고 느끼는 것은 confused라고 해요. 이 매뉴얼이 헷갈리게 되어 있어서 내가 헷갈린다면 This manual is very confusing. I'm confused.라고 말할 수 있어요.

2 **버스를 타고 다른 도시로 가다**

take a bus to a different city

버스를 타든 기차를 타든 비행기를 타든, 엘리베이터를 타는 것도 take를 써요. 버스를 타고 다른 도시로 간다고 하면 take a bus to a different city라고 하고, 기차를 타고 부모님 댁에 간다는 건 take a train to my parents' house라고 하죠.

3 **모험의 일부, 모험의 일부분**

all part of the adventure

살면서, 일하면서, 뭔가에 새로 도전하면서 겪는 모든 것이 다 과정이다, 그조차도 즐거운 여행의 일부분 같은 것이라는 뜻으로 all part of the adventure라는 표현을 써요.

SITUATION 2 차가 퍼져버렸어

음원 30-2

중요한 동생 결혼식에 아직 도착하지 못한 이유를 알려주는 내용입니다. 우리말 대화에 맞는 영어 문장들을 먼저 만들어서 말해본 다음에 대화문을 들으며 따라 읽어보세요.

(전화로)

마이크 여보, 당신 어디야? 곧 결혼식 시작해.
웬디 미안해. 30분 정도 늦을 것 같아.
마이크 왜 늦어지는 건데?
웬디 차가 고장 나서, 갓길로 옮겨야 했어.
마이크 앗, 이런! 괜찮아? 도와줘?
웬디 난 괜찮아. 걱정 마, 여보.
마이크 다행이네. 그럼, 빨리 와! 여동생 결혼식 못 보면 안 되잖아, 그치?

(On the phone)

Mike Honey, where are you? The wedding is about to start.
Wendy I'm sorry. I'll be about thirty minutes late.
Mike What's the holdup?
Wendy My car broke down, so I had to pull over to the side of the road.
Mike Oh, no! Are you okay? Do you need help?
Wendy I'm fine. Don't worry, honey.
Mike That's a relief. Well, hurry up!
089 You don't want to miss your sister's wedding, do you?

VOCABULARY

break down (차가) 퍼지다 **relief** 다행 **hurry up** 서둘다 **miss** 놓치다, 못 보다

KEY EXPRESSIONS

1 **지체되는 것, 늦어지는 것 the holdup**
어떤 이유로 지체되고 늦어지는 것을 하나의 단어로 the holdup이라고 해요. 제일 많이 쓰는 문장이 '왜 늦어지는 건데?'라는 뜻인 What's the holdup?이에요.

2 **길 가로, 길 한편으로 to the side of the road**
사고가 나든 고장이 나든 어떤 이유로 차를 세워야 한다면 갓길에 세우겠죠? '갓길에'를 영어로 to the side of the road라고 하고, 이렇게 갓길에 차를 세우는 것을 pull over한다고 해요.

3 **여동생의 결혼식을 못 보다 miss your sister's wedding**
무슨 행사나 공연이나 방송프로그램 등을 못 보고 지나가거나, 기차나 버스 같은 교통수단을 타야 하는데 놓칠 때 모두 miss를 씁니다. 그리고 결혼식은 무슨 식을 가리키는 단어는 빼고 그냥 wedding이라고 해요. 결혼기념일도 그냥 anniversary라고 합니다.

SITUATION 3 이 나라가 탄생된 곳이에요

여행을 하다가, 현지인이 어떤 도시에 꼭 가보라고 하면서 그 이유를 말해주는 내용입니다. 우리 말 대화에 맞는 영어 문장들을 먼저 만들어서 말해본 다음에 대화문을 들으며 따라 읽어보세요.

음원 30-3

(지도를 보면서)

데이브 여기 있는 동안 어디 가보면 좋을까요?
현지인 여기요. 포르토 북쪽에 있어요.
데이브 이 도시가 갈 만하다는 이유가 뭐죠?
현지인 포르투갈이 탄생하게 된 곳이거든요.
요람의 도시라고도 해요.
데이브 저는 그냥 역사적인 도시인 줄만 알았어요.
현지인 포르투갈이 탄생하는 데 큰 역할을 했어요.

(While looking at a map)

Dave Where should I visit **while I'm here**?
Local Here. It's **north of Porto**.
Dave 090 **Why is this city worth the visit?**
Local It's the birthplace of Portugal.
It's also called a cradle city.
Dave I just knew that was an historical city.
Local It **played an important role** in the formation of Portugal.

CHAPTER 3

VOCABULARY

worth the visit 가볼 만하다 **birthplace** 탄생지 **cradle** 요람 **historical** 역사적인 **formation** 형성, 생겨남

KEY EXPRESSIONS

1 **여기 있는 동안에 while I'm here**

'내가 여기 있는 동안에, 여행하면서, 여기서 지내는 동안에'라는 말을 모두 while I'm here라고 할 수 있어요. while I'm traveling here와 같은 의미죠.

2 **포르토의 북쪽에 north of Porto**

'어떤 도시나 나라의 북쪽에, 남쪽에'라고 할 때 아주 간단하게 〈north of 도시/나라 이름〉, 〈south of 도시/나라 이름〉을 써서 표현합니다.

3 **중요한 역할을 하다 play an important role**

어떤 역할을 한다는 걸 영어로 play a role이라고 해요. 그 중에서도 중요한 역할을 한다는 말은 play an important role, play a big role이라고 합니다.

핵심 패턴 088 그럼, ~해야 한다는 거야? So, you mean we have to ~?

그럼 거기까지 가서 기차로 갈아타야 한다는 거지?
So, you mean we have to go there to transfer to another train**?**

그럼 여기서 늦은 밤까지 기다려야 한다는 거지?
So, you mean we have to wait here until late at night**?**

그럼 신제품을 전부 리콜해야 한다는 거지?
So, you mean we have to recall all our new products**?**

상대방이 알려준 어떤 말을 듣고 내가 잘 알아들은 게 맞나? 싶을 때 이 패턴을 써보세요. '그러니까 우리가 이렇게 해야 한다는 거지? 맞지?'라는 느낌으로요.

핵심 패턴 089 ~하면 안 되잖아, 그치? You don't want to ~, do you?

여동생 결혼식 못 보면 안 되잖아, 그치?
You don't want to miss your sister's wedding, **do you?**

챔피언스 리그 결승을 놓치면 안 되잖아, 그치?
You don't want to miss the UCL final, **do you?**

일생에 한 번 올까 말까 한 기회를 놓칠 수는 없잖아, 그치?
You don't want to miss this once-in-a-lifetime opportunity, **do you?**

상대방에게 어떤 말을 해주면서, '이러고 싶은 건 아니잖아? 너, 이러면 안 되잖아, 이러긴 싫잖아?'라고 말할 때 이 패턴을 써보세요.

핵심 패턴 090 ~에 가볼 만한 이유가 뭐죠? Why is ~ worth the visit?

이 도시가 갈 만하다는 이유가 뭐죠?
Why is this city **worth the visit?**

자연사박물관이 갈 만하다는 이유가 뭐죠?
Why is the natural history museum **worth the visit?**

런던타워가 갈 만하다는 이유가 뭐죠?
Why is London Tower **worth the visit?**

어떤 것을 할 만한 가치가 있다, 그럴 만하다고 할 때 worth를 쓰는데요, 어딘가에 가볼 만한 이유, 그럴 가치가 뭔지를 물을 때 이 패턴을 써보세요.

You don't want to miss your sister's wedding, do you?

부가의문문은 어떻게 만들면 되나요?

Q

You don't want to miss your sister's wedding, do you?에서 끝에 붙인 **do you**를 부가의문문이라고 하죠? 만드는 법이 궁금해요.

A

네. **You don't want to miss your sister's wedding, do you?**에서 주된 문장, 즉 콤마 앞 부분에 있는 동사를 보세요. 그리고 주어가 누군지도 보시고요. 동사는 **don't want**로 부정이죠? 주어는 **You**이고요. 이럴 때는 부가의문문은 부정의 반대, 즉 긍정으로 쓰고, 주어는 주어를 대명사로, **you**가 이미 대명사니까 그대로 쓰면 되는 거예요. 그래서 **don't**의 반대로 **do**를 쓰고 **you**를 붙여 **do you**라고 하는 거예요. **Your mother is such a talented pianist, isn't she?**에서도 동사와 주어를 확인해보세요.

LEVEL UP
EXPRESSIONS

그래서 그렇구나!

So that's why! (혹은 So that's why 주어+동사!)

어떤 것에 대한 이유나 변명거리를 상대방에게서 듣고, '아…그래서 그랬구나'라고 이해할 때 있죠? 그럴 때 **So that's why!**라고 해요. **So that's why** 뒤에 주어, 동사를 연결해서, '그래서 누가, 무엇이 뭐뭐했구나!'라고 말하기도 해요.

내 생일선물을 사느라 늦었다는 친구에게

A	미안해. 네 생일선물 사느라 바빴어.	**A**	Sorry. I was busy buying your birthday present.
B	그래서 그랬구나! 네가 늦는 법이 없는데, 그런 이유라면 뭐.	**B**	**So that's why!** You're usually never late, but it's a good excuse.

회식에 불참한 이유를 듣고

A	어젯밤에 저 결혼기념일이었어요.	**A**	It was our anniversary last night.
B	그래서 회식에 안 오셨군요.	**B**	**So that's why** you didn't come out to the company dinner.

CHAPTER 4

상대방에게 뭔가를 함께 하자고 하기

Suggesting Something to Do

UNIT 31 제안하기

도서관에 갈까? / 수상스키, 생각보다 안 위험해요 / 신발 사러 같이 가줄래?

TRY IT IN ENGLISH

도서관에 가자고 제안할 때, 수상스키가 생각보다 안 위험하니 한번 같이 하러 가보자고 할 때, 그리고 신발 사러 같이 가주겠느냐고 물을 때 영어로 자신 있게 말해보세요.

강의 **31**

(매트는 주디의 아들이다.)

주디 매트, 도서관 갈래?

매트 네. 저 반납할 거 두 권 있어요.

주디 됐네. 그 두 권 반납하고 새로 몇 권 빌리면 되겠다. 옷 입어. 그리고 마스크도 챙기고.

매트 알았어요. 밖에 얼마나 추워요?

주디 꽤 쌀쌀하고 바람도 많이 불어. 겉옷 따뜻하게 입고 목도리 해.

SITUATION 1 도서관에 갈까?

엄마가 아들에게 도서관에 같이 가자고 말하는 내용입니다. 우리말 대화에 맞는 영어 문장들을 먼저 만들어서 말해본 다음에 QR코드를 찍어 대화문을 들으며 영어 대화문을 따라 읽어보세요.

음원 31-1

(Matt is Judy's son.)

Judy Matt, **091** do you want to go to the library?

Matt Yes. I **have two books to return.**

Judy Perfect. We can return those and **get some new ones.**
Get dressed. And don't forget your mask.

Matt Okay. How cold is it outside?

Judy It's quite cold and windy.
Wear **a warm jacket and a scarf.**

VOCABULARY

library 도서관 **return** 반납하다 **get dressed** 옷 입다 **windy** 바람이 많이 부는

KEY EXPRESSIONS

1 **반납할 책이 두 권 있다**

have two books to return

'~할 무엇'이라고 할 때 명사 뒤에 to 동사원형을 쓰면 돼요. 반납할 책들은 books to return, 빌릴 책들은 books to borrow 이렇게 말하죠. 도서관에서 책을 빌릴 때, 대여할 때는 borrow 또는 check out, 반납할 때는 return, 반납할 때가 됐다고 할 때는 due를 써서, 책을 오늘 반납해야 한다면 It's due today. 어제가 반납일이었다면 It was due yesterday.라고 합니다. 반납일을 경과했을 때는 연체료 late fee를 내야 되겠죠?

2 **책을 새로 빌려오다**

get some new ones

get의 뜻은 기본적으로 '얻다'인데요, 책을 빌린다고 할 때도 써요. '빌리다, 대여한다'는 뜻의 borrow나 check out을 쓰지 않고 get을 써도 되는 거죠. 새 책도 new books라고 하지 않고 앞에 나왔던 말이기 때문에 new ones라고 쓸 수 있어요.

3 **따뜻한 외투와 목도리**

a warm jacket and a scarf

우리말로는 겨울에 입는 두꺼운 옷, 따뜻한 옷은 보통 코트라고 하니까 영어로 coat가 떠오를 텐데요, 영어로는 얇든 두껍든 겨울 옷이든 모든 외투를 다 jacket이라고 해요. 겨울에 입는 코트는 a warm jacket이라고 하면 됩니다. 그리고 우리말로는 목도리와 스카프를 각기 다른 것에 쓰는데요, 영어로는 실크 스카프든 겨울에 두르는 목도리든 다 a scarf라고 합니다.

SITUATION 2 수상스키, 생각보다 안 위험해요

음원 31-2

친구에게 수상스키를 한번 해보자고 권하는 내용입니다. 우리말 대화에 맞는 영어 문장들을 먼저 만들어서 말해본 다음에 대화문을 들으며 따라 읽어보세요.

로이 수상스키 타본 적 있어?
릴리 아니, 타봤다고 할 수 없지. 재미는 있을 거야, 그런데 안전한가?
로이 그럼, 수상스키 하는 사람들이 나한테 그랬어.
릴리 정말? 그 사람들 우리 또래야?
로이 우리 또래도 몇 있지. 게다가, 너는 나이에 비해 운동신경이 뛰어나잖아.

Roy Have you ever gone waterskiing?
Lily No, I can't say I have.
I bet it's fun, but is it safe?
Roy Sure, plenty of people who water-ski told me so.
Lily Really? Are they our age?
Roy Some of them, yes.
092 Besides, you're quite athletic for your age.

VOCABULARY

waterski 수상스키 someone's age 누구 또래
for one's age 나이(또래)에 비해, 그 나이 치고는 besides 게다가
athletic 운동을 잘 하는, 운동 신경이 있는

KEY EXPRESSIONS

1 **워터스키를 하는 많은 사람들**
plenty of people who water-ski

'많은 사람들'이라는 건 many people, a lot of people, lots of people 등으로 다양하게 표현할 수 있는데요, plenty of people도 그 중 하나입니다. water-ski는 명사나 동사 둘 다로 쓰입니다.

2 **우리 나이, 우리 나이대 our age**

나이를 표현하는 것도 그리 어렵지 않아요. 동갑이라는 말은 We're the same age. '그 사람들 우리 또래야.'라고 할 때는 They're our age.라고 하죠. 그리고 연령 그룹은 age group, 중년은 middle age, 노년은 old age라고 씁니다.

3 **나이에 비해서 꽤 운동신경이 좋은 quite athletic for your age**

athletic은 운동을 좋아하고 잘 한다, 운동 신경이 있다는 뜻입니다. for someone's age는 '나이에 비해, 그 나이 치고는'이라는 뜻인데요, 이걸 응용하면 더욱 폭 넓게 쓸 수 있어요. '한국 사람 치고는 다리가 길다.'라고 하면, He's got long legs for a Korean.이라고 해요.

SITUATION 3 신발 사러 같이 가줄래?

음원 31-3

친구에게 신발 사러 가는데 같이 가자고 말하는 내용이에요. 우리말 대화에 맞는 영어 문장들을 먼저 만들어서 말해본 다음에 대화문을 들으며 따라 읽어보세요.

잭 나랑 신발 사러 갈 시간 돼?
바이올렛 오늘? 응, 오늘 시간 괜찮아. 월요일엔 보통 스케줄 안 잡거든, 그러니까…
잭 나중에 맛있는 거 사줄게.
바이올렛 신발 새 거 필요해?
잭 응, 스니커즈가 닳았어. 새 거 하나 있으면 좋겠네.

Jack **093** **Do you have time to go shoe shopping with me?**
Violet Today? Yes, I'm free today.
I usually **don't schedule anything on Monday**, so....
Jack I'll **treat you to a good meal** later.
Violet Do you need new shoes?
Jack Yes, my sneakers **are worn out**.
I'd like to get a new pair.

VOCABULARY

go (shoe) shopping (신발) 사러 가다 **treat someone to ~** ~를 사주다, 대접하다
worn out 닳다, 헤지다

KEY EXPRESSIONS

1 **월요일에는 어떤 스케줄도 잡지 않는다**
don't schedule anything on Monday
우리는 보통 스케줄 schedule을 명사로만 사용하지만 이 문장에서처럼 동사로도 많이 써요. schedule a meeting on Monday '월요일에 미팅 일정을 잡다', don't schedule anything on Monday morning '월요일 오전에는 아무 일정도 잡지 않는다' 이렇게 써보세요.

2 **너에게 맛있는 식사를 대접하다** **treat you to a good meal**
treat는 '누구에게 한 턱 쏘다, 대접하다, 먹을 것이나 마실 것을 사다'라는 뜻을 가지고 있는데요, treat 누구 뒤에 뭘 살 건지를 이어서 쓰면 돼요. 그러니까 〈treat 누구 a meal〉은 밥을 사는 거고, 〈treat 누구 a dinner〉는 저녁을 사는 거죠. 그런데 treat에는 '어떻게 대하다, 다루다'라는 뜻도 있어서요. How is life treating you?라고도 많이 하는데, '요새 사는 게 어때?'라는 말이예요.

3 **~가 헤지다, 너덜너덜해지다** **be worn out**
옷이나 신발 같은 것이 '닳다, 해지다'에 딱 맞는 말이 worn out이에요. worn out은 명사 앞에 써서 worn-out boots, worn-out jacket처럼 헤진 무엇이라고 형용사로 쓰기도 하는데, 이때는 중간에 하이픈을 넣어서 worn-out이라고 써요. worn out은 사람이 지쳤다고 할 때도 쓰는데요, I'm worn out. '나 녹초야.' You must be absolutely worn out. '너 일을 너무 많이 해서 완전히 지쳤겠다.'처럼 말해요.

CHAPTER 4

핵심 패턴 091
~에 갈래?
Do you want to go to the ~?

도서관 갈래?
Do you want to go to the library**?**

장례식 갈래?
Do you want to go to the funeral**?**

신발 가게에 갈래?
Do you want to go to the shoe store**?**

상대방에게 어디에 가자고 제안할 때 쉽게 쓸 수 있는 패턴이에요. 문맥에 따라 다르지만, 가고 싶으면 상대방 혼자 가라는 뜻이 아니라, '같이 갈래?'의 의미로도 쓰여요.

핵심 패턴 092
게다가, 너는 나이에 비해서 꽤 ~하잖아.
Besides, you're quite ~ for your age.

게다가, 너는 나이에 비해 운동 잘 하잖아.
Besides, you're quite athletic **for your age**.

게다가, 너는 나이에 비해 돈에 대한 감각이 있잖아.
Besides, you're quite money savvy **for your age**.

게다가, 너는 나이에 비해 다리가 꽤 길잖아.
Besides, you're quite tall **for your age**.

상대방에게 무언가를 같이 하자고 제안할 때, 설득의 일환으로 쓸 수 있는 패턴이죠. '게다가 넌 나이에 비해서 꽤 이렇기도 하잖아.'라고 말하는 겁니다.

핵심 패턴 093
나랑 ~하러 갈 시간 있어?
Do you have time to go -ing with me?

나랑 신발 사러 갈 시간 돼?
Do you have time to go shoe shopp**ing with me?**

나랑 수영하러 갈 시간 돼?
Do you have time to go swimm**ing with me?**

주말에 나랑 스키 타러 갈 시간 돼?
Do you have time to go ski**ing with me** on the weekend**?**

나랑 같이 무언가를 하러 가자고 제안할 때 쓰는 필수적인 패턴입니다. Are you free to go -ing with me? 라고 해도 같은 뜻이에요.

I usually don't schedule anything on Monday.

영어로도 '너 내일 스케줄 있어?'라고 말해요?

Q

I usually don't schedule anything on Monday.에서 **schedule**은 '스케줄을 잡는다, 일정을 잡는다'라는 동사잖아요. 근데 우리말로 '스케줄 있냐?'고 할 때처럼 영어로도 **Do you have schedule?**이라고 하나요?

A

아니요. 영어로 명사로 쓰인 **schedule**은 일정이 잡힌 전체를 뜻하는 것으로, 하나하나의 일정을 가리키는 말이 아니에요. **What's on your schedule?** '너 스케줄 뭐 있어? 무슨 일정 있어?' **I don't have anything on my schedule.** '스케줄 하나도 없어.' **There's a lot on my schedule tomorrow.** '나 내일 스케줄이 많아.'처럼 말해요.

약속은 약속이지.

A deal is a deal.

같이 무엇을 하자고 해서 약속을 해놓고, 무슨 일이 있어도 지키려고 할 때, 혹은 약속은 약속이니까 무슨 일이 있어도 지켜야지…라고 할 때 **A deal is a deal.**이라고 해요.

약속했으니 쇼핑하러 가자고 하며

A	나랑 쇼핑하러 간다며.	A	You said you'd go shopping with me.
B	맞다. 약속은 약속이지.	B	You're right. **A deal is a deal.**

피자 먹고 일찍 자겠다고 하고

A	피자 먹으면 일찍 자겠다고 했잖니.	A	You said you'd go to bed early if we had pizza.
B	네, 아빠. 약속은 약속이죠.	B	I know, dad. **A deal is a deal.**

CHAPTER 4

UNIT 32 의논하기

자동차 보험, 어디에 가입할까? / 집안일, 우린 나눠서 해 / 납품업체에 날짜 맞춰달라고 하자

TRY IT IN ENGLISH

자동차 보험을 새로 가입해야 하는데 어느 보험으로 할까 하고 의논할 때, 집안일을 의논해서 나눠서 하자고 할 때, 그리고 고객에게 제대로 배송을 하기 위해 어떻게 하면 좋을지 의논할 때 영어로 자신 있게 말해보세요.

강의 32

션 여보, 자동차 보험료 견적 받은 거 리스트 있어?

신디 응, 여기.

션 고마워. 보험료 다 비교해봤어?

신디 응, 이게 조건이 제일 좋은 거 같아.

션 어디 보자. 보험료가 10 퍼센트 올랐네.

신디 맞아, 그런 것 같아.
그래도 그게 제일 싼 거야.

SITUATION 1 자동차 보험, 어디에 가입할까?

음원 32-1

자동차 보험을 새로 가입할 때 회사를 어디로 할까 고르는 내용입니다. 우리말 대화에 맞는 영어 문장들을 먼저 만들어서 말해본 다음에 QR코드를 찍어 대화문을 들으며 영어 대화문을 따라 읽어보세요.

Sean Honey, do you have **the list of car insurance premiums**?

Cindy Yes. Here they are.

Sean Thank you. Have you compared all the rates?

Cindy Yes, 094 **this one seems to be the most competitive.**

Sean Let me see. They **raised their rates by 10 percent**.

Cindy Yes, I'm afraid so.
But it's still the lowest premium.

VOCABULARY

insurance premium 보험료 **compare** 비교하다 **rates** 요율
competitive 경쟁력 있는 **competitive price** 경쟁력 있는 가격 **the lowest** 제일 낮은

KEY EXPRESSIONS

1 **보험료 견적 받은 리스트**

the list of car insurance premiums

어떤 것의 목록을 뜻하는 list 중에서 제일 많이 쓰는 게 wish list가 아닐까요? 그리고 온라인 쇼핑할 때 장바구니와 별도로 따로 모아 놓는 것을 wish list라고 하죠. premium에는 보통 '상품, 권리금, 고급'이라는 뜻 말고도 '보험료'라는 뜻도 있어요. 고객이 내는 돈은 '보험료' premium이고 사고가 났을 때 보험회사가 주는 돈은 '보험금' benefit이에요.

2 **제일 가격이 괜찮은, 제일 조건이 좋은**

the most competitive

competitive의 원래 뜻은 경쟁력이 있다는 건데요, 쉽게 생각하면 '조건이 좋다'가 됩니다. 명사형으로도 많이 쓰는데요, 경쟁력은 competitiveness, 가격 경쟁력은 price competitiveness라고 해요. 우리에게 익숙한 말, 경쟁은 competition인데 여기엔 시합, 대회라는 뜻도 있습니다.

3 **보험료를 10퍼센트 올리다**

raise their rates by 10 percent

시장에서 가격이 오른다는 건 rise, 내린다는 건 fall이라고 해요. 회사나 정부, 업체에서 가격을 인상한다는 건 raise나 increase를 쓰고, 인하한다는 건 reduce나 decrease라고 하죠. 그리고 가격이 폭락하면 plunge, plummet를 쓰고, 급등하면 jump 혹은 skyrocket을 써요. 얼마나 올린다는 건 by를 써서 by 10 percent, by 10 thousand won처럼 씁니다.

CHAPTER 4

SITUATION 2 집안일, 우린 나눠서 해

음원 32-2

같이 사는 룸메이트랑 집안일을 의논해서 서로 잘 하는 것을 맡아서 한다고 말하는 내용입니다. 우리말 대화에 맞는 영어 문장들을 먼저 만들어서 말해본 다음에 대화문을 들으며 따라 읽어보세요.

테일러 존, 룸메이트랑 사는 건 어때?
존 글쎄, 난 전혀 상관없어. 처음에는, 그래도 좀 긴장하게 되더라.
테일러 그게 생활습관 차이 때문이야 아님 집안일 때문이야?
존 사실 둘 다야. 나는 올빼미형이고 내 룸메는 새벽형이거든.
테일러 그렇군. 집안일은 교대로 하나?
존 그럼, 교대로 하지. 그러려고 집안일 목록을 만들었어.

Taylor John, what's it like to live with a roommate?
John Well, I don't mind at all.
At first, there was some tension, though.
Taylor Was it because of different lifestyles or because of chores?
John Both, actually. I'm a night owl, and my roommate is an early riser.
Taylor I see. **095** Do you guys take turns doing the chores?
John Yes, we do. We made a list of all the chores.

VOCABULARY

mind 신경 쓰다, 싫어하다 **tension** 긴장 **chores** 집안일, 하찮은 일
take turns 교대하다, 교대로 하다

KEY EXPRESSIONS

1 **긴장감, 갈등 some tension**

긴장에는 정신적인 것도 있고 물리적인 것도 있죠. 힘든 하루를 보내고 정신적 긴장을 푼다는 건 relieve tension after a hard day라고 할 수 있어요. 육체적 긴장은 muscle tension, 인종 간의 갈등은 racial tension이라고 합니다.

2 **밤에 늦게 자는 올빼미 타입 / 아침에 일찍 일어나는 타입**
a night owl / an early riser

e-commerce 시대의 새로운 풍속도로 early bird sale이라는 게 있죠? 일찍 사이트를 방문하는 사람에게 크게 할인을 해주는 행사인데, The early bird catches the worm. '일찍 일어나는 새가 벌레를 잡는다.'에서 응용한 거죠.

3 **집안일을 다 적은 목록을 만들다 make a list of all the chores**

읽을 책의 목록을 만들면 make a list of books to read, 실적 부진으로 해고할 영업사원들의 명단을 작성하면 make a list of underperformers, 쇼핑 목록을 작성하면 make a shopping list라고 하죠. 집안일을 가리키는 표현으로는, chores, house chores, domestic chores, daily chores가 있고요, 우편물 처리하는 것이나 공과금 등을 내는 것 등은 administrative chores라고 해요.

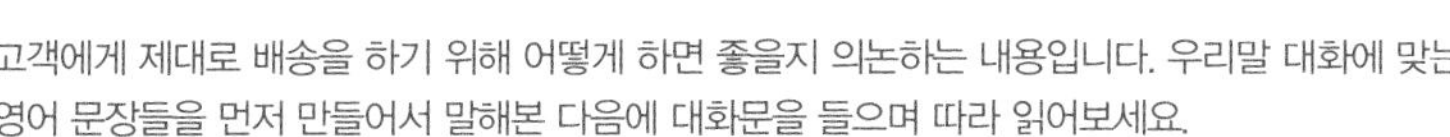

SITUATION 3 납품업체에 날짜 맞춰달라고 하자

고객에게 제대로 배송을 하기 위해 어떻게 하면 좋을지 의논하는 내용입니다. 우리말 대화에 맞는 영어 문장들을 먼저 만들어서 말해본 다음에 대화문을 들으며 따라 읽어보세요.

음원 32-3

잭 폴라, 잠깐 이야기 좀 할까?
폴라 그래, 무슨 일이야?
잭 주문 상품이 일부 배송되지 않았어. 고객들한테 변명거리가 더는 없어.
폴라 납품업체에 전화해서 일정 맞추라고 할게.
잭 고마워, 폴라.
폴라 언제까지 배송해야 하지?

Jack Paula, can I **talk with you for a moment**?
Paula Sure, what can I do for you?
Jack Some of the products have not been delivered yet.
We **can't make any more excuses** to our clients.
Paula Let me call our supplier to **get us back on schedule**.
Jack Thank you, Paula.
Paula 096 **When does this need to be done by?**

VOCABULARY

for a moment 잠깐 동안 **product** 상품, 제품 **deliver** 배달하다 **excuse** 핑계, 변명거리 **client** 고객 **supplier** 납품업체 **back on schedule** 다시 일정대로(하다, 추진하다, 돌아가다 등)

KEY EXPRESSIONS

1 **잠시 너랑 얘기를 나누다 talk with you for a moment**
꼭 가벼운 주제가 아니어도, 대화문에서처럼 업무적인 이야기를 하자고 할 때도 talk with you for a moment 말고도 '잠깐 얘기 좀 할까?'라는 의미로 Have a chat for a moment?이라고 하기도 해요. 우리말 채팅 창은 영어로 chatbox라고 하고, 예전에 많이 썼던 수다쟁이라는 말은 chatterbox라고 해요.

2 **변명거리를 더 만들어낼 수가 없다**
can't make any more excuses
누군가가 궁색한 변명을 늘어놓으면 I am sick of your poor excuses!라고 할 수 있고요, 직업 앞에 excuse를 붙여 쓰면 아예 다른 뜻이 돼서, '이름뿐인 XXX, 혹은 XXX로는 형편없다'가 돼요. He's a poor excuse for a lawyer. Why did you hire him? '그 사람은 변호사라고 할 수도 없어. 왜 그런 사람을 뽑았지?'처럼 말하죠.

3 **스케줄에 맞출 수 있게 해주다 get us back on schedule**
be on schedule은 스케줄대로 잘 해나가고 있는 것을 뜻하니까요, 다시 돌아간다는 뜻의 back을 넣어서 be back on schedule은 '다시 스케줄대로 움직이다, 진행하다, 추진하다'라는 뜻이고요. get someone back on schedule은 '그 사람을 다시 스케줄대로 움직일 수 있게 한다'는 말입니다.

CHAPTER 4

핵심 패턴 094 이게 제일 ~한 것 같아.
This one seems to be the most ~/the -est.

이게 조건이 제일 좋은 것 같아.
This one seems to be the most competitive.

이게 제일 신축성이 좋은 것 같아.
This one seems to be the most elastic.

이게 제일 최신 상품인 것 같은데.
This one seems to be the latest product.

상대방과 어떤 것에 대해 의논을 하면서, 제일 괜찮아 보이는 것을 가리키면서 쓸 수 있는 유용한 패턴입니다. 이제 제일 어때 보인다는 말을 형용사에 따라 the most ~ 혹은 the -est라고 쓰면 돼요.

핵심 패턴 095 너희는 돌아가면서 ~를 하니?
Do you guys take turns -ing?

집안일은 교대로 하나?
Do you guys take turns doi**ng** the chores**?**

너네 운전은 교대로 해?
Do you guys take turns drivi**ng?**

개 밥 주는 거 돌아가면서 하니?
Do you guys take turns feedi**ng** the dog**?**

집안일이든 회사 일이든 공동 생활에는 분담할 일이 많죠. 그리고 먼 거리를 운전하고 갈 때도 번갈아 운전하는 게 도움이 되죠. 이럴 때 쓰는 패턴이 take turns이고 뒤에는 동사 -ing형을 써요.

핵심 패턴 096 ~가 언제까지 다 마무리돼야 하나?
When does ~ need to be done by?

언제까지 이게 배송되어야 하지?
When does this **need to be done by?**

언제까지 분석을 마쳐야 하지?
When does the analysis **need to be done by?**

언제까지 선수 선발을 마무리해야 하지?
When does the player selection **need to be done by?**

모든 일에는 마감일이 있죠. 이때 주의할 점은 until이 아니라 by를 쓰는 거예요. 우리말로는 둘 다 언제까지 라고 해석하지만, until은 그때까지 어떤 행위가 이어진다는 말이고, by는 늦어도 그때까지는 행위가 종료된다는 뜻이에요.

SPEAKING GRAMMAR

When does this need to be done by?

끝에 by를 꼭 써야 하나요?

Q

이거 언제까지 끝내야 하느냐고 할 때, When does this need to be done by?라고 했는데요, 끝에 by를 꼭 써야 하나요?

A

쓰지 않아도 틀리지 않습니다. 하지만 의미가 살짝 달라요. When/What time does this need to be done by?라고 하면 by 그 시점, 즉 그때까지 완료되어야 하는 것을 묻는 말로, '언제까지' 혹은 '몇 시까지' 그게 끝나야 하느냐고 묻는 거고, When does this need to be done?이라고 하면 '이거 언제 끝나면 돼?' 라고 좀 더 넓게 묻는 거죠. 언제라는 시간의 폭은 넓으니까요.

LEVEL UP EXPRESSIONS

내가 좋은 조건으로 해줄게.
I can sweeten the offer.

다른 곳에서 제안한 것보다 더 좋은 조건으로 일을 주겠다는 말을 할 때 있죠? 참 고맙고 달콤한 말이죠. 이렇게 '내가 더 좋은 조건으로 해줄게.'라고 할 때 **I can sweeten the offer.**라고 할 수 있어요.

근무 조건을 제시할 때

A 내가 좋은 조건으로 해줄게. 금요일에 집에서 일하는 건 어때?
B 아, 이제야 구미가 당기네.

A **I can sweeten the offer.** What if I let you work from home on Fridays?
B Oh, now that's something I'm interested in.

여행을 가자고 설득하면서

A 내가 구미가 당길 얘기를 해주지. 호텔비는 내가 낼게.
B 거 좋지. 가자, 여행!

A **I can sweeten the offer.** I'll pay for the hotel.
B I can't say no to that! Let's do this trip!

UNIT 33 동의 구하기

나이 드니까 무거운 옷이 싫지? / 더우니까 시원한 거 사 먹자 / 다 못 키우니까 나눠주자

TRY IT IN ENGLISH

나이 드니까 무거운 옷이 싫지 않냐고 동의를 구할 때, 더우니까 시원한 거 사 먹자고 동의를 구할 때, 애완동물을 힘들어서 다는 못 키우니까 나눠주자고 동의를 구할 때 영어로 자신 있게 말해보세요.

강의 33

헬렌 있잖아? 나 좀 늙는 것 같애.

린다 나두야. 그렇지만 받아들여야겠지.
근데 나이 먹는 게 꼭 나쁜 것만은 아니야.

헬렌 난 옷 살 때, 얼마나 무거운지 들어봐.

린다 하하, 무슨 말인지 알겠다.
나도 무거운 옷은 못 입겠다니까.

헬렌 가방도 마찬가지야. 들고 다니기 가벼운 게 더 나아.

SITUATION 1 나이 드니까 무거운 옷이 싫지?

음원 33-1

나이 드니까 무거운 옷이 싫지 않느냐고 동의를 구하는 내용입니다. 우리말 대화에 맞는 영어 문장들을 먼저 만들어서 말해본 다음에 QR코드를 찍어 대화문을 들으며 영어 대화문을 따라 읽어보세요.

Helen You know what? I feel like I'm getting old.

Linda Me, too. But I think we have to accept that. But getting old **isn't all bad.**

Helen When buying clothes, I pick them up to **see how heavy they are.**

Linda Haha. I totally understand you. I can't wear **something that weighs too much.**

Helen It's the same for bags. **097** I prefer carrying light ones.

VOCABULARY

You know what? 있잖아? **accept** 받아들이다 **get old** 나이 먹다
not all bad 나쁘기만 한 건 아니다

KEY EXPRESSIONS

1 **그렇게 나쁘지만은 않은**

be not all bad

be not all bad는 '나쁘지만은 않다'라는 뜻인데요, 조금 다른 표현으로 be not half bad '과히 나쁘진 않다, (생각보다) 괜찮다'가 있어요. Actually, the party wasn't half bad. '실은 파티가 생각보다는 괜찮더라.'처럼 말하죠. all이 들어가는 완전히 다른 말로 and all that jazz가 있는데, 그 뜻은 '뜻밖에도', '그리고 기타 등등'이라는 뜻으로, I'm fed up with work, meetings, and all that jazz. '일이고 회의고 기타 등등 다 지겨워 죽겠다.'처럼 말합니다.

2 **얼마나 무거운지 확인하다**

see how heavy they are

'확인하다'는 see의 뜻 여러 가지 중에서 '보다' 다음으로 중요한 뜻이에요. 예를 들어, Can I see your ticket? 표를 구경하겠다는 게 아니라 확인하겠다는 의미죠. 비슷한 뉘앙스로 확장된 또 다른 뜻은 '확실하게 하다'인데요, Don't worry. I'll see to it that everything is okay. '내가 다 확실하게 점검할 테니 걱정 마.' Please see that the lights are switched off before you leave. '나가기 전에 불 다 껐는지 확실히 해.' 등으로 말할 수 있어요.

3 **무게가 너무 많이 나가는 것**

something that weighs too much

상대방에게 몸무게를 묻는 말로는 What do you weigh? How much do you weigh? 등이 있고요, 어떤 것의 무게를 잰다고 할 때, He weighed potatoes on the scales. (감자를 저울에 올려 무게를 쟀다.)처럼 말해요.

SITUATION 2 더우니까 시원한 거 사 먹자

음원 33-2

더우니까 시원한 거 사 먹자고 동의를 구하는 내용입니다. 우리말 대화에 맞는 영어 문장들을 먼저 만들어서 말해본 다음에 QR코드를 찍어 대화문을 들으며 영어 대화문을 따라 읽어보세요.

닉 자기야, 저녁 뭐 먹지?
주디 글쎄, 외식할까?
밥하기엔 너무 덥다.
닉 그래 그럼. 먹고 싶은 거 있어?
주디 시원한 국수, 냉면이나 쫄면 같은 거 어때?
닉 좋네. 국수 잘하는 집 알아.
주디 좋아! 가자.

Nick Honey, what's for dinner?
Judy Well, how about we **eat out tonight**?
It's **too hot to cook.**
Nick Okay, then. What are you craving?
Judy Cold noodles **098** **like** naengmyeon **or** jjolmyeon?
Nick Sounds good. I know **a good place for them.**
Judy Cool! Let's go.

VOCABULARY

eat out 외식하다 **crave** 무엇이 너무 먹고 싶다, 당긴다, 간절히 원하다
cold noodles 시원한 국수 **cool** 좋다, 멋지다

KEY EXPRESSIONS

1 **오늘 저녁에 나가서 사 먹다 eat out tonight**

out은 말 그대로 밖에서 무엇을 한다는 뜻으로 외식을 포함한 모든 활동에 써요. 실제로 London의 유명한 잡지 TimeOut은 연극, 영화, 스포츠, 각종 행사, 외식 등 집 밖에서 즐길 수 있는 일체의 activity를 부문별 순위를 매깁니다. 젊은 층이 압도적으로 좋아하는 잡지라고 해요. 외식을 하면 eat out이고, 집에서 먹으면 eat in이라고 해요.

2 **너무 더워서 요리를 할 수가 없는 too hot to cook**

'너무 ~해서 …하기 힘들다'는 너무나 많이 듣고 쓰는 표현이지만, too가 들어간 약간 헷갈리는 표현은 too good to be true일 것 같습니다. 말 그대로 '이거 실화임?'이라는 의미로, 어떤 게 믿기지 않는다는 뜻이죠. 어떤 상황에서는 이게 사실인지 의심이 좀 간다는 뜻으로 쓰이기도 해요.

3 **그러기에 딱 좋은 곳 a good place for them**

'어떤 것을 하기에 딱 좋은'이라는 표현으로 〈a good 무엇 for 활동〉이라고 다양하게 쓸 수 있어요. 텐트를 치기에 좋은 장소는 a good spot for a tent, 바비큐 하기 좋은 곳은 a good place for a barbecue, 하이킹 하기 딱 좋은 때는 a very good time for hiking이라고 해요.

SITUATION 3 다 못 키우니까 나눠주자

음원 33-3

힘들어서 다는 못 키우니까 고양이를 나눠주자고 동의를 구하는 내용입니다. 우리말 대화에 맞는 영어 문장들을 먼저 만들어서 말해본 다음에 QR코드를 찍어 대화문을 들으며 영어 대화문을 따라 읽어보세요.

라이언 사진 좀 봐. 고양이가 여덟 마리네.
팸 야, 정말 하나같이 다 귀엽다. 다 키울 거야?
라이언 아니, 다 못 키우지. 우리 나눠주자구.
왜, 하나 키우고 싶어?
팸 응. 하나 키웠으면 좋겠어.
라이언 어떤 걸로?

Ryan Look at this picture. We **have eight kittens.**
Pam 099 Oh, they're all so cute.
Are you going to **keep them all**?
Ryan No, we can't. We're going to **give them away.**
Do you want one?
Pam Yes, I'd love to have one.
Ryan Which one do you want?

VOCABULARY

kitten 새끼 고양이 **give them away** 나눠주다

KEY EXPRESSIONS

1 **새끼 고양이가 8마리 있다 have eight kittens**

어미 고양이는 cat이라고 하고 새끼 고양이는 kitten이라고 하는데요, 이렇게 동물의 새끼를 가리키는 말로는 dog – puppy 강아지, cow – calf 송아지, chicken – chick 병아리, sheep – lamb 새끼 양, pig – piglet 새끼 돼지, duck – duckling 새끼 오리 등이 있어요.

2 **그것들을 다 키우다 keep them all**

keep에는 어떤 것을 가지고 있다는 말 말고도, 동물을 기른다, 키운다는 뜻도 있습니다. 물건을 keep한다고 할 때는 그것을 버리거나 없애지 않고 가지고 있다는 의미가 돼요. 예를 들어, '혹시 모르니까 이거 가지고 계세요.'라는 의미로 Please keep this just in case.라고 말을 합니다.

3 **나눠주다 give them away**

give away의 기본적인 뜻은 '거저 준다'는 말이에요. 명사형 giveaway는 말 그대로 그냥 나눠주는 물건, 증정품, 사은품을 뜻합니다. 그러나 여기서 더 나아가면, 조금 은밀하게, 드러내고 싶지 않은 진실을 드러낸다/발설한다는 뜻도 있는데요, She tried to smile, but her voice gave her away. '미소를 지으려고는 했지만, 목소리에서 다 드러나더라.'처럼요.

핵심 패턴 097

난 ~하는 게 더 좋아.
I prefer -ing.

난 들고 다니기 가벼운 게 더 좋더라.
I prefer carry**ing** light ones.

난 혼자 집에서 쉬는 게 더 좋던데.
I prefer rest**ing** at home alone.

난 로코영화 보는 게 더 좋더라.
I prefer watch**ing** romantic movies.

prefer는 문법책에는 어떤 다른 것보다 이것을 더 좋아한다고 비교하면서 써야만 하는 걸로도 나오는데요, '다른 무엇보다'라는 부분을 빼고, '난 뭐뭐하는 걸 더 좋아해, 뭐뭐하는 게 더 좋아'라고 할 때 이 패턴처럼 말해요.

핵심 패턴 098

A나 B같은 거 말이지?
(You mean) ~ like A or B?

시원한 국수, 냉면이나 쫄면 같은 거 어때?
(You mean) Cold noodles **like** naengmyeon **or** jjolmyeon**?**

좀 격렬한 거, 스쿼시나 탁구 같은 거 어때?
(You mean) Something intense **like** squash **or** table tennis**?**

아웃도어, 등산이나 자전거 같은 거 어때**?**
(You mean) Outdoor sports **like** hiking **or** cycling?

누가 어떤 명사를 써서 이야기했을 때 구체적인 예를 들며 상대방이 이런 걸 말하는 건가? 하고 확인할 때 있죠? 시원한 거 먹자는 말에… '그럼 냉면이나 쫄면 같은 거?'처럼요.

핵심 패턴 099

어머, 하나같이 다 ~하다.
Oh, they're all so ~.

어머, 정말 하나같이 다 귀엽다.
Oh, they're all so cute.

어머, 정말 죄다 눈에 확 띄네.
Oh, they're all so eye-catching.

와우, 정말 전부 다 환상적이야.
Oh, they're all so fantastic.

말하는 대상이 여럿일 때, 그리고 그 대상이 한결같이 좋거나 싫고, 예쁘거나 미울 때 쓰는 패턴이에요. 그리고 그 대상이 한결같이 어떠하니 감탄사 Oh를 앞에 넣어 말하죠.

I know a good place for them.

place의 뜻은 다양한가 봐요.

Q

I know a good place for them.에서 **a place**는 식당을 가리켰는데요, 다른 문장에서는 **a place**가 집도 되고, 공간도 되고, 장소도 되고, 피크닉 할 곳도 되던데요… 뜻이 이렇게 많나요?

A

네, 맞습니다. **a place**는 기본적으로 어떤 것을 하는 장소라는 뜻인데요, 구체적으로 말하면 물어보신 내용에 있는 것들을 다 가리킬 수 있어요. 문맥상 집에 대해 말할 때는 집이 되고, 카페나 식당 얘기를 하고 있었으면 그것을 가리키죠. 그리고 피크닉이나 파티, 모임 등을 할 장소에 대해 말할 때는 **a place**가 그런 장소를 가리키는 말이 됩니다. **I know a good place for them.**이라는 문장만 보여주며 여기서 **a place**가 뭐게요?라고 묻는 건 우문이에요. 문맥이 있어야 뭔지 알 수 있으니까요.

LEVEL UP
EXPRESSIONS

놓치지 마.
Don't let her(him) get away.

아까운 인재, 혹은 탐나는 직원이나 누군가를 잘못하면 놓칠 수도 있다고 생각될 때 '그 사람 절대 놓치지 마.'라는 말을 **Don't let her(him) get away.**라고 할 수 있어요.

좋은 조건을 제시해서 잡으라고 할 때

A 이 일을 못해주겠다고 하는데.
B 절대 놓치지 마. 더 좋은 조건을 제시해.

A He said he couldn't take this job.
B **Don't let him get away.**
Offer him a better deal.

떠나려는 여자를 잡으라고 할 때

A 난 그녀가 이 여자구나 싶더라.
이제 그녀는 파리로 떠나.
B 절대 놓치지 마. 넌 할 수 있어.

A I thought she was the one.
Now she's moving to Paris.
B **Don't let her get away.**
You can make this work!

CHAPTER 4

UNIT 34 공감하기

인생, 심각하게 살 필요 없어 / 워라밸 잊었어? / 애들 크는 건 순식간이야

TRY IT IN ENGLISH

인생, 별 거 아니니 심각하게 살 필요 없다는 말에 공감할 때, 워라밸이 중요하다며 지금을 살자는 말에 공감할 때, 애들 크는 건 순식간이라며 '사는 게 뭔지?'라고 하는 것에 공감할 때 영어로 자신 있게 말해보세요.

강의 34

테일러 우리 엄마는 일찍 결혼하지 말라고 노래를 부르셔.
여기저기 많이 가보고 많이 해봐야 한다는 거지.

존 좋은 말씀이야.
경험이 진짜 의미 있는 거잖아.

테일러 맞아, 현재에 충실해야 해.

존 정말이지 인생을 너무 심각하게 받아들이면 안 돼.

테일러 그렇지만 이번 주에 우리 할 일은 진지하게 하자고.

SITUATION 1 인생, 심각하게 살 필요 없어

음원 34-1

인생을 그렇게 심각하게 살 필요 없다고 하는 말에 공감하는 내용입니다. 우리말 대화에 맞는 영어 문장들을 먼저 만들어서 말해본 다음에 QR코드를 찍어 대화문을 들으며 영어 대화문을 따라 읽어보세요.

Taylor My mother always tells me not to marry young.
She says I should go to many places and do many things.

John That's good advice.
Experiences can be **very meaningful to us.**

Taylor Right. We should **live in the present.**

John 100 We certainly shouldn't take **life** too **seriously.**

Taylor But we should take work seriously this week.

VOCABULARY

marry young 일찍 결혼하다 **experience** 경험 **meaningful** 의미 있는
take 받아들이다 **seriously** 진지하게, 심각하게

KEY EXPRESSIONS

1 **우리에게 아주 큰 의미가 있는**

very meaningful to us

meaningful은 의미가 있다는 말인데요, 미묘한 뜻의 차이로도 써요. Without data, we cannot make a meaningful comparison. 데이터 없이는, 유의미한, 즉 제대로 비교를 할 수가 없다는 말이고, They want a chance to do meaningful work.에서 meaningful은 '중요한'이라는 뜻, 그리고 I want a meaningful relationship.에서는 '진지한'이라는 뜻이에요.

2 **현재에 충실하며 살다**

live in the present

현재에 충실하며 산다는 표현으로는 live in the present, live the present, live now, live every moment of your life to the fullest and be grateful 등이 있어요. 이 문장과 반대되는 말은 과거나 미래에 사는 것인데요, 미래에 산다는 건 상상 속에 빠져 있다는 뜻이에요. He lives in a fantasy world. '그 사람은 환상 속에 살아.' You must stop living in the past. '과거에 얽매여 있지 마.'

3 **인생을 너무 심각하게 받아들이다**

take life too seriously

take는 우리가 인생을 받아들이는 태도를 표현할 때 쓸 수 있어요. 유명한 팝송 Take it to the limit one more time은 '끝 가는 데까지 가봐, 한 번 더'라고 외치는 내용이고, 위 대화문에서는 반대로 Don't take life too seriously. 힘을 빼고 편하게 살라고 하고 있죠. 즉, Take it easy.하라는 겁니다.

CHAPTER 4

SITUATION 2 워라밸 잊었어?

일만이 아니라 자기 자신과 가족도 중요하다는 말에 공감하는 내용입니다. 우리말 대화에 맞는 영어 문장들을 먼저 만들어서 말해본 다음에 대화문을 들으며 따라 읽어보세요.

음원 34-2

폴라 내 생각에, 성공하려면 일을 열심히 해야 돼.
숀 하지만 자기 자신과 가족보다 일이 먼저면 안 돼.
폴라 균형 잡기가 쉽지는 않지.
숀 '세월 가는 게 순식간'이라고들 하잖아.
폴라 '세월 빠르다'는 말이지.
숀 맞아. 이제 이야기 그만 하고 다시 일하자.
폴라 그래. 커피 타임 좋았어.

Paula **101** I think it's truly essential to work hard to succeed.
Sean But you shouldn't **prioritize work over your family or yourself.**
Paula It's hard to **maintain a balanced life.**
Sean You know what they say? "Years pass **in the blink of an eye.**"
Paula In other words, "Time flies."
Sean Okay. Enough talk. Let's get back to work.
Paula Good idea. I enjoyed our coffee break.

VOCABULARY

essential 필수적인 **succeed in -ing(something)** 성공하다 **prioritize** 우선 순위를 두다
priority 우선 순위 **balanced life** 균형 잡힌 삶 **get back to something** 다시 ~하다

KEY EXPRESSIONS

1 **가족과 나 자신보다 일을 더 우선시하다**
prioritize work over your family or yourself

몇 년 전부터 우리는 워라벨을 외치며 살고 있지만, 옛날에는 Priority was given to work over family. 일이 가족보다, 그 무엇보다 우선순위에 있었답니다. 지금은 Priority should now be given to family. 중요한 순위에 가족이 올라가 있죠.

2 **균형 잡힌 삶을 살아가다** **maintain a balanced life**

balanced life는 '균형 잡힌 삶'이라는 뜻인데요, 여기서 balanced는 형용사이고, balance는 '균형'이라는 뜻의 명사도 되고, 동사로도 쓰여요. 균형을 잡기가 힘들다는 말로 It's hard to balance.라고 하기도 하고, balance 뒤에 무엇과 무엇을 넣어서 무엇과 무엇의 균형을 잡는다는 의미로도 써요.

3 **눈깜짝할 사이에** **in the blink of an eye**

이 표현은 다양한 문맥에서 쓰입니다. 눈깜짝할 사이에 행복했던 순간이 사라진다면 My happiness can disappear in the blink of an eye.라고 하고, 결혼식이 순식간에 끝났다라는 말은 Our wedding day was over in the blink of an eye.라고 합니다.

SITUATION 3 애들 크는 건 순식간이야

음원 34-3

애들 크는 건 순식간이라며 세월이 덧없다는 것에 공감하는 내용입니다. 우리말 대화에 맞는 영어 문장들을 먼저 만들어서 말해본 다음에 대화문을 들으며 따라 읽어보세요.

릭 애들은 너무 빨리 자라.
주디 알아, 프레드가 벌써 열 살이라니.
릭 태어난 게 엊그제 같은데 말야.
주디 그러게. 아이가 우리 곁에 있는 시간을 최대한 즐기자고.
릭 나이 먹으면 우리하고 시간을 많이 보내게 되지 않을 거잖아?
주디 그렇지, 음. 지금은 그 생각하고 싶지 않아.
릭 주말에 캠핑이나 갈까?

Rick Kids are growing up way too fast.
Judy I know. Fred is 10 already.
Rick I feel like he was born just yesterday.
Judy Me too. **102** Let's make the most of the time we have with him.
Rick He won't want to spend as much time with us when he's older, right?
Judy Right. Awww... I don't want to think about that now.
Rick Shall we go camping on the weekend?

VOCABULARY

feel like ~처럼 느껴진다, 기분이 ~하다 **go camping** 캠핑 가다

KEY EXPRESSIONS

1 **너무너무 빨리 커버리다 grow up way too fast**

'너무'를 뜻하는 way too는 미국 사람들이 시도 때도 없이 쓰는 말이에요. '엄청', '완전'을 입에 달고 사는 것 같습니다. fast는 부사로도 쓰여서 Why are you driving so fast? '왜 이렇게 차를 빨리 몰아?' Kids grow up fast. '아이들은 빠르게 커가지.'

2 **우리랑 전처럼 많은 시간을 함께 보내지 않으려고 할 것이다 won't want to spend as much time with us**

여기서 won't는 wouldn't와 달리 가정법이 아니라, 미래에 생길 일이지만 거의 그럴 수밖에 없다는, 없을 것이라는 현실적인 이야기를 하는 거예요. 아이들이 크면 각자 자기네들의 삶을 사느라 바빠 부모님과 함께 하고 싶어도 그럴 수 없는 게 현실이니까요.

3 **그 생각은 하고 싶지 않다 don't want to think about that**

생각하기도 싫으면 〈don't want to think about 무엇〉이라고 하는데요, 말을 하기 싫을 때는 I don't want to talk about it.이라고 하죠. 좀 더 구체적이고 전문적인 내용에 대해 생각하거나 말을 한다고 할 때는 about 말고 on을 써요. 예를 들어 민주주의에 대한 글을 기고하면 about democracy, 전문서라면 on democracy라고 하죠.

핵심 패턴 100 정말이지 ~를 너무 …하게 받아들이면 안 돼.
We certainly shouldn't take ~ too ...

정말이지 인생을 너무 심각하게 받아들이면 안 돼.
We certainly shouldn't take life **too** seriously.

이 시험은 정말 가볍게 여기면 안 돼.
We certainly shouldn't take this test **too** lightly.

어렸을 때는 데이트하는 걸 너무 진지하게 생각하지 않아도 돼.
We certainly shouldn't take casual dating **too** seriously when we're young.

좋은 일도 안 좋은 일도 다 지나가는 거니까 일희일비할 필요 없다는 건 성숙한 태도죠? 그런데 너무 어떻게 뭐뭐하지 말라는 말이라기보다는 '~하면 안 되지 않을까?'하고 사려 깊게 말할 수 있는 패턴입니다.

핵심 패턴 101 ~하는 게 정말 필수적이야.
I think it's truly essential to ~.

내 생각에, 성공하려면 일을 열심히 해야 돼.
I think it's truly essential to work hard to succeed.

내 생각에, 회사를 우선 순위에 둬야 할 것 같아.
I think it's truly essential to put the company first.

내 생각에, 하루 두 시간은 운동을 해야 할 것 같아.
I think it's truly essential to exercise 2 hours a day.

뭔가 필수적인 걸 확인할 때 쓰는 패턴이에요. 그렇지만 이때도 그렇다고 단정짓지 말고 예의 바르게 나는 이렇게 생각한다 정도의 느낌으로 말해보세요.

핵심 패턴 102 ~를 최대한 잘 즐겨보자, 이용하자, 활용하자.
Let's make the most of the time ~.

아이가 우리 곁에 있는 시간을 최대한 즐기자구.
Let's make the most of the time we have with him.

남은 시간을 최대한 잘 활용해보자.
Let's make the most of the time we have left.

여기서 어차피 꼼짝도 못하니까 이 시간을 잘 이용해보자.
Let's make the most of the time that we're stuck here.

우리는 모두 제한된 시간 속에서 살아가기 때문에 그 시간을 잘 보내야겠죠. 현실적으로 잘 활용하다는 뜻으로도, 최대한 즐기자고 할 때도 이 패턴을 쓸 수 있어요.

tell me not to ~ VS. tell me to not ~

to를 not 앞에 써요? 뒤에 써요?

Q

'우리 엄마가 나더러 일찍 결혼하지 말라고 하셨다.'라는 말을 My mother always tells me not to marry young.이라고 했는데요, 어떤 다른 문장에서는 tell 누구 뒤에 to not ~이라고 썼더라고요. 이건 틀린가요?

A

아닙니다. 그것도 맞아요. 누구에게 무엇을 하라고 할 때는 〈tell 누구 to 동사원형〉이라고 쓰고, 하지 말라고 할 때는 〈tell 누구 not to 동사원형〉이라고 쓰는데요, 〈tell 누구 to not 동사원형〉이라고 써도 역시 누구에게 무엇을 하지 말라는 뜻이에요. 약간 의미가 더 강해집니다. My mother always tells me not to marry young. 대신 My mother always tells me to not marry young.이라고 할 수도 있는 거죠.

LEVEL UP
EXPRESSIONS

내 말이 그 말이야. 내 생각이 딱 그래.

I couldn't have said it better myself.

어떤 사람과 이야기를 하는데 그 사람이 내가 하려던 말을 하는 경우가 있죠. 그럴 때 우리는 '전적으로 동감이야'라고 말하기도 하고 분위기에 따라 '누가 아니래', '내 말이…'라고도 하죠. 이럴 때 영어로 **I couldn't have said it better myself.**라고 할 수 있어요.

가족이 제일 소중하다는 말에

A	인생에서 가족보다 소중한 건 없어.	**A**	There's nothing more precious in life than family.
B	전적으로 동감이야.	**B**	**I couldn't have said it better myself.**

일보다 중요한 게 많다는 말에

A	인생에는 일보다 중요한 게 있어.	**A**	There's more to life than work.
B	내 말이.	**B**	**I couldn't have said it better myself.**

CHAPTER 4

UNIT 35 상의하기

중고차, 어떻게 고르지? / 어떤 일을 해야 행복할까? / 휴가 어디로 가지?

TRY IT IN ENGLISH

중고차를 어떻게 고르냐고 상의할 때, 어떤 일을 해야 행복할까 하고 상의할 때, 휴가는 어디로 가는 게 좋을지 상의할 때 영어로 자신 있게 말해보세요.

강의 35

제이크 바바라, 나 중고차를 사기로 했어.

바바라 직거래, 아니면 딜러한테?

제이크 직거래.

바바라 그렇지만 차 상태를 모르잖아?
제대로 작동하는지 어떻게 확인할 거야?

제이크 아빠가 괜찮은 차 구하는 거 도와주신댔어.
고급 엔지니어시니까, …

SITUATION 1 중고차, 어떻게 고르지?

중고차를 어떻게 고르냐고 상의하는 내용입니다. 우리말 대화에 맞는 영어 문장들을 먼저 만들어서 말해본 다음에 QR코드를 찍어 대화문을 들으며 영어 대화문을 따라 읽어보세요.

음원 35-1

Jake Barbara, I decided to **buy a used car**.

Barbara Are you going to **buy one from an owner or a dealer**?

Jake From an owner.

Barbara But you won't know the condition of the car.

103 How will you check if it's working properly?

Jake My father said he would help me find a good one. He's **an experienced engineer**, so…

VOCABULARY

decide 결정하다 **owner** 소유주 **dealer** 중개인 **condition of the car** 차의 상태 **properly** 제대로, 적절하게, 반듯하게

KEY EXPRESSIONS

1 **중고차를 사다**

buy a used car

중고차는 used car말고도 second-hand car라고도 해요. 그리고 또 전에 다른 주인이 있었다는 뜻으로 pre-owned car라고도 합니다.

2 **차주인한테서 사거나 자동차 딜러한테 차를 사다**

buy one from an owner or a dealer

중고차는 through a variety of outlets 다양한 유통 채널을 통해 거래되죠. independent car dealers 독립 매매업체를 통해 사기도 하고, leasing offices 리스 회사를 통해서 살 수도 있어요. 그리고 auctions 경매를 통해 사기도 하고, between individuals 개인 간의 직거래로 사기도 합니다.

3 **능숙한 엔지니어, 최고의 엔지니어**

an experienced engineer

경험이 많으면 experienced를, 경험이 없으면 inexperienced를 써요. 그리고 engineer 엔지니어는 엔진 기술자만이 아니라 도로, 교량, 기계를 설계하고 건축하는 고급 기술자를 뜻하기도 하므로, 기계공이나 정비사를 의미하는 mechanic과는 기술 수준과 범위에서 큰 차이가 있습니다. engineering은 이러한 고급 기술을 다루는 학문, 즉 공학을 가리키는데요, 여러 가지 공학 중에서, 토목공학은 특이하게 civil engineering라고 합니다.

SITUATION 2 어떤 일을 해야 행복할까?

음원 35-2

어떤 일을 해야 행복할까 하고 상의하는 내용입니다. 우리말 대화에 맞는 영어 문장들을 먼저 만들어서 말해본 다음에 QR코드를 찍어 대화문을 들으며 영어 대화문을 따라 읽어보세요.

그레그 리타, 나 이 회사 합격 통보 왔어.
리타 정말? 축하축하!
월급은 얼마야?
그레그 그렇게 많지 않아, 하지만 일이 마음에 들어.
리타 그럼 더 생각할 것도 없네.
젊어서는 좋아하는 걸 해야지.
그레그 그 말 고마워. 내가 듣고 싶었던 말이야.

Greg Rita, I **got a job offer from this company**.
Rita Really? Congrats!
What's **the monthly salary**?
Greg It's not that high, but I like this job.
Rita Then don't **give it a second thought**.
104 You should do what you love when you're young.
Greg Thanks for saying that. That's what I wanted to hear.

VOCABULARY

job offer 합격 통보 **congrats (congratulations)** 축하할 때 쓰는 말
monthly salary 월급 **second thought** 재고, 다시 생각해보는 것

KEY EXPRESSIONS

1 **이 회사에서 취직 합격 통보를 받다**
get a job offer from this company
우리는 합격 통보를 받고, 선거에 나가서 뽑히는 순간 그 지위를 확보하지만, 영어권에서는 회사가 빈 자리 줄 테니 받으라고 제안하는 거고 당에서는 대통령 후보직을 받으라고 제안을 하는 겁니다. 결정은 개인이 하는 거죠. 그래서 job offer라고 하는 거예요. 수락하는 건 accept한다고 하죠.

2 **한 달 월급 the monthly salary**
급여는 salary, wages, pay라고 표현하고, 주급은 weekly ~, 월급은 monthly ~, 연봉은 annual ~을 붙여요. 월급날은 payday라고 하고요. salaryman은 콩글리시입니다.

3 **다시 한번 생각해보다 give it a second thought**
second thought는 두 번 생각한다는 뜻으로 on second thought '다시 생각해보니', without a second thought '더 생각할 것도 없이'라는 표현도 있어요. 〈give it 무엇〉은 독특하고 실용적인 표현인데요, '어떤 것을 해봐, 시도해봐'라는 뜻으로 give it a go, give it a try, give it a shot처럼 씁니다.

SITUATION 3 휴가 어디로 가지?

휴가를 어디로 갈지 상의하는 내용입니다. 우리말 대화에 맞는 영어 문장들을 먼저 만들어서 말해 본 다음에 QR코드를 찍어 대화문을 들으며 영어 대화문을 따라 읽어보세요.

음원 35-3

루시 자기야, 여름 휴가 계획 세우자.
댄 여름 휴가? 이제 겨우 3월이야.
루시 계획은 일찌감치 세우는 게 최고야.
댄 그래 그럼. 이번 여름에 뭐 하고 싶어?
루시 전부터 핀란드 가보고 싶었어. 도시 몇 군데 가보자.
댄 좋아. 그럼 언제쯤 휴가 낼 수 있는지 알아볼게.

Lucy Honey, let's **plan our summer vacation**.
Dan Summer vacation? It's only March.
Lucy It's best to **plan far in advance**.
Dan All right. What do you want to do this summer?
Lucy I've wanted to go to Finland for a long time.
Let's visit several cities in Finland.
Dan Okay. Then 105 I'll find out when I can **take some days off.**

VOCABULARY

in advance 미리 **far in advance** 일찌감치 **day off** 쉬는 날 **take a day off** 하루 쉬다

KEY EXPRESSIONS

1 **여름 휴가 계획을 세우다** **plan our summer vacation**

실무적인 것을 말할 때는 plan보다 planning도 많이 씁니다. I'm planning to apply for ~. 처럼, 어디에 지원하려고 한다는 의미로 현재진행형으로도 쓰지만 marketing planning 마케팅 기획, sales planning 판매 기획, network planning 네트워크 기획 등으로도 써요.

2 **훨씬 더 미리 계획하다** **plan far in advance**

'미리'는 in advance, 미리보다 '훨씬 일찍'이면 far in advance라고 해요. 반대로 '늦게'라고 할 때는 late를 써요. 정해 놓은 스케줄을 기준으로는 ahead of schedule '일정보다 일찍', 아니면 behind schedule '일정보다 늦게'라고 하고요, '시대를 앞선'이라는 말은 ahead of the times라고 합니다.

3 **며칠 휴가를 내다** **take some days off**

휴무, 휴가를 가리킬 때 off를 넣어서, 휴무 day off, 월차를 내거나 하루 쉰다는 것은 take a day off, 일주일 휴가를 가면 take a week off라고 합니다. 휴가라는 단어를 쓰지 않아도 되는 거죠. 어떤 사람이 휴무라고 할 때는 He's off duty. 휴가 중이면 He's on leave. 출장 중이면 He's on a business trip.이라고 해요.

핵심 패턴 103
~인지 아닌지 어떻게 확인할 건데?
How will you check if ~?

제대로 작동하는지 어떻게 확인할 거야?
How will you check if it's working properly**?**

걔가 혼자 열심히 공부하는지 어떻게 확인할 건데?
How will you check if he studies hard on his own**?**

그 사람들이 일을 제대로 하는지 어떻게 확인할 건데?
How will you check if they're doing their job correctly**?**

일을 제대로 하려면 계획도 잘 세워야 하지만, 진행이 잘 되는지 확인하는 것도 그에 못지 않게 중요하죠. 이럴 때 쓰는 패턴이에요.

핵심 패턴 104
네가 ~하는 걸 해야지.
You should do what you ~.

젊어서는 좋아하는 걸 해야지.
You should do what you love when you're young.

평생 꿈 꾸던 걸 해야지.
You should do what you have dreamed about all your life.

내면의 네가 이야기하는 걸 해야지.
You should do what you hear from inside of you.

누구에게 조언할 때 내 생각이 아니라 그 사람 입장에서, 그 사람이 좋아하거나 잘 하는 걸 하는 게 좋다고 격려할 때 쓰는 패턴이에요. should는 가벼운 조언이나 충고, 혹은 제안을 할 때도 쓰는 말이죠.

핵심 패턴 105
언제 ~할 수 있는지 알아볼게.
I'll find out when I can ~.

언제쯤 휴가 낼 수 있는지 알아볼게.
I'll find out when I can take some days off.

언제쯤 후속 미팅을 할 수 있을지 알아볼게.
I'll find out when I can have a follow-up meeting.

언제쯤 건강 검진받을 수 있을지 알아볼게.
I'll find out when I can have a medical check-up.

할 일이 있는데 내가 그걸 언제 할 수 있을지 알아보겠다고 할 때 이 패턴을 써보세요. 비슷한 패턴으로, I'll see what I can ~.도 있어요. 내가 어떻게 해줄 수 있는지 약속을 할 수는 없지만 알아보겠다는 뜻이에요.

SPEAKING
PRONUNCIATION

I decided to buy a used car.

use와 used의 발음이 궁금해요

Q

I decided to buy a used car.에서 **used**의 **s**의 발음은 /**z**/인 것 같은데요, **use**의 발음은 또 다른 것 같고… **use, used**에서 나는 발음을 알려주세요.

A

네, 먼저 **use**는 동사로도 쓰이고, 명사로도 쓰이고요, **used**는 형용사예요. 동사로 쓰일 때 **use**의 **s** 발음은 /**z**/입니다. 그리고 **use**가 명사일 때 **use**의 **s**의 발음은 /**s**/예요. 그리고 형용사인 **used**에 있는 **s**의 발음은 /**s**/입니다. 이 문장들을 정확한 발음으로 해보세요. **Do you use**(동사) **chopsticks? What's the use**(명사) **of this cable? I decided to buy a used**(형용사) **car.**

LEVEL UP
EXPRESSIONS

진짜 이렇게 하고 싶은 거 맞아?
Is this what you really want?

친한 친구나 동료가 어떤 결정을 내리는데 어쩐지 속마음은 다른 데 가 있는 것처럼 느껴질 때, 그때 우리는 진심으로 걱정이 되죠. 친구가 실수하는 건 아닌지 하고요. 혹시라도 친구 판단이 잠시 흐려졌는지 모르니 한 번 더 확인하고 싶을 때 이렇게 물어보세요.

어떤 일을 하겠다고 할 때

A 이 일 할까 봐. 지루할 거라는 건 아는데, …
B 정말 이거 하고 싶은 거 맞아?

A I think I'm going to take this job. I know it's boring, but...
B **Is this what you really want?**

상대방의 결정이 걱정될 때

A 너 진짜 이렇게 하고 싶은 거 맞아?
B 응. 충분히 생각했어.

A **Is this what you really want?**
B Yes. I've thought long and hard about this.

CHAPTER 4

UNIT 36 초대하기

집밥 먹으러 와 / 강아지들 데리고 와 / 너네 밴드 구경가도 돼?

TRY IT IN ENGLISH

집밥 먹으로 오라고 초대할 때, 강아지들도 데리고 오라고 초대할 때, 밴드 구경오라고 초대할 때, 영어로 자신 있게 말해보세요.

강의 36

바이올렛 매트, 내일 저녁에 올 수 있어?
매트 그럴 걸. 무슨 일 있어?
바이올렛 김치 담근 게 잘 돼서, 좀 주려구.
매트 야, 생각 깊은 것 좀 봐.
바이올렛 친구 좋다는 게 뭔데.
분명히 집밥이 그리울 거고.
매트 니가 최고다.

SITUATION 1 집밥 먹으러 와

음원 36-1

친구에게 집밥 먹으러 오라고 초대하는 내용입니다. 우리말 대화에 맞는 영어 문장들을 먼저 만들어서 말해본 다음에 QR코드를 찍어 대화문을 들으며 영어 대화문을 따라 읽어보세요.

Violet Matt, can you come over tomorrow night?

Matt I guess so. What's going on?

Violet I made some delicious kimchi, so I'd like to **give you some**.

Matt Awww... you're **so thoughtful**.

Violet That's what friends are for.
And **106** I'm sure you **miss homemade food**.

Matt You're my best friend.

VOCABULARY

come over 놀러 오다, 들르다 **delicious** 맛있는 **homemade food** 집밥

KEY EXPRESSIONS

1 **너한테 좀 주다, 나눠주다**

give you some

여기에서의 some은 대명사예요. 즉 앞에 나온 명사, kimchi를 가리키는 거죠. I've just made a pot of coffee. Would you like some? '커피를 내렸는데 좀 마실래?' Do you know where the pencils are? There are some in the drawer. '연필 어디 있는지 알아? 서랍 안에 몇 자루 있을 거야.'처럼 써요.

2 **아주 배려심이 깊은, 생각이 깊은**

so thoughtful

좋은 사람을 묘사하는 형용사들이 여러 개 있습니다. thoughtful 생각이 깊은 사람들이라면 대개 considerate 배려할 줄 알고, understanding 이해심이 깊고, caring 보살필 줄 알고, sympathetic 공감하는 능력도 있죠.

3 **집밥이 그립다, 집밥을 먹고 싶다**

miss homemade food

homemade는 집에서 만들었다는 뜻이 확장되서 집밥을 보통 homemade food라고 하는데요, '허술한', '전문적이지 않고 풋내기 냄새가 나는'이라는 뜻도 있어요. homemade style of writing은 미숙한 글솜씨를 가리키는 말입니다. 그리고 homemade는 '국산'이라는 뜻도 있어서요, 영국의 내무부 장관은 Minister of the Home Office라고 해요.

강아지들 데리고 와

음원 36-2

강아지들을 데리고 오라고 초대하는 내용입니다. 우리말 대화에 맞는 영어 문장들을 먼저 만들어서 말해본 다음에 대화문을 들으며 따라 읽어보세요.

주디 한 주가 끝나는 게 너무 좋아.
닉 나도야. 이번 주말에는 메리랑 좀 놀까?
주디 프레드와 켈리도 부르는 게 어때?
닉 걔네 개도? 좋지.
주디 우리 다 같이 모인 거 좀 됐잖아.
닉 당장 프레드한테 문자 해야지.
주디 당신, 지금 밤 열한 시 반이야. 내일 문자 보내.

Judy **107** I love it when the week winds down.
Nick Me, too. Let's **spend some time with Mary** this weekend.
Judy Why don't we call Fred and Kelly over?
Nick And their dog, too? That sounds nice!
Judy It's been a while since we all **got together.**
Nick Let me text Fred right now.
Judy Hey, it's 11:30 at night. **Text him** tomorrow.

VOCABULARY

wind down 한 주가 끝나가다 **get together** 모이다 **text** 문자 보내다

KEY EXPRESSIONS

1 **메리와 시간을 함께 보내다**
spend some time with Mary

spend time with는 누구랑 시간을 보낸다는 뜻으로, 비슷한 뜻의 동사로는 kill도 있고 pass도 있는데 pass를 쓸 때는 pass the time이라고 the를 넣어 말하는 게 일반적입니다. 그런데 시간을 잘 보내는 게 아니라 헛되이 시간을 보내겠다면 idle one's time away라고 해요.

2 **모이다, 만나다 get together**

get together는 모인다는 동사로도 쓰이지만 조촐한 모임, 가볍게 만나는 것이라는 명사로도 쓰여요. 함께 모이는 것 중에서도 오랜만의 모임은 reunion이라고 하죠. 명절에 가족들이 모이는 것은 family reunion이라고 해요.

3 **그에게 문자를 보내다 text him**

text 뒤에 바로 누구를 넣어서 그 사람에게 문자를 하거나 톡을 한다는 뜻이 돼요. 술 마시고 술 기운에 전 여친, 전 남친에게 문자를 하는 건 drunk text라고 해요. 음주운전 drunk driving처럼 앞에 drunk를 넣어서요.

SITUATION 3 너네 밴드 구경가도 돼?

음원 36-3

친구가 하는 밴드에서 연주하는 걸 보러 가고 싶다고 말하는 내용입니다. 우리말 대화에 맞는 영어 문장들을 먼저 만들어서 말해본 다음에 대화문을 들으며 따라 읽어보세요.

샐리 마이크, 오늘 굉장히 들떠 있네.
마이크 맞아. 우리 밴드 연습할 거거든.
샐리 너네 밴드? 어, 너 기타 치던 그 밴드?
왜 나는 안 불렀어?
마이크 조만간 꼭 부를게.
다른 애들한테 먼저 물어보고.
샐리 당근이지.

Sally Mike, you seem very excited today.
Mike I am. My band is going to practice together.
Sally Your band? Ahh… That one you play guitar in?
How come you never invited me?
Mike 108 I promise I'll invite you sometime soon.
Let me ask the other guys first.
Sally Sure thing.

VOCABULARY

excited 흥분한, 들뜬 **practice** 연습하다 **sometime soon** 조만간
sure thing 물론이지, 당근이지

KEY EXPRESSIONS

1 **네가 기타를 치는 그거, 그 밴드?**
That one (band) you play guitar in?

one은 앞에 나온 하나의 명사를 가리키는 거예요. 버스가 만원이어서 다음 걸 타기로 했다는 말을 The bus was so crowded that we decided to catch a later one.이라고 할 수 있어요. 그리고 예전에는 운동할 때는 play football, 악기 연주할 때는 play the piano라고 악기 앞에 the를 쓰라고 했지만 요즘은 악기 앞에 the를 생략하는 경우가 많아요.

2 **조만간 너를 초대하다 invite you sometime soon**

sometime은 미래 혹은 과거의 어느 시점이라는 뜻으로 어떤 말과 결합하느냐에 따라 의미가 달라져요. sometime ago '얼마 전에', sometime soon '조만간' sometime next week '다음 주쯤'처럼요.

3 **다른 친구들에게 먼저 물어보다 ask the other guys first**

first는 '첫번째의'라는 뜻으로도 쓰이고 '우선, 처음으로'라는 뜻으로도 쓰여요. I'll join you but I need to make a phone call first. '나도 같이 갈 건데, 우선 전화 좀 해보고.'에서처럼 '무엇보다 먼저'라는 뜻으로 쓰이지만, The book was first published in 2000. '그 책이 2000년도에 처음 출간되었어.'에서처럼 '처음에'라는 뜻도 있답니다.

핵심 패턴 106 분명히 네가 ~할 것 같아. I'm sure you ~.

분명히 집밥이 그리울 거야.
I'm sure you miss homemade food.

분명히 너는 사람을 많이 만날 수 있는 일을 찾는 거잖아.
I'm sure you are looking for a job with lots of chances to meet many people.

분명히 너 아스날 팬이잖아.
I'm sure you are an Arsenal fan.

친한 친구나 동료가 어떻다는 걸 확실히 알고 있을 때 쓰는 패턴이에요. 공감하는 내용일 수도 있고, 진로 문제에 관해 격려해주는 것일 수도 있고, 친밀감을 나타내는 것일 수도 있어요.

핵심 패턴 107 ~할 때 너무너무 좋다. I love it when ~.

한 주가 끝나가면 기분이 좋아.
I love it when the week winds down.

리포트 하나 끝날 때마다 기분이 너무 좋아.
I love it when every time I complete a paper.

새 파트너와 계약할 때 기분이 좋아.
I love it when we sign an agreement with a new partner.

'난 이럴 때 정말 좋더라'라는 의미로 이 패턴을 쓰시면 되는데요, I like it when ~이라고도 해요. 그리고 반대로 '난 이럴 때 참 싫더라'라고 할 때는 I hate it when ~라고 합니다.

핵심 패턴 108 내가 꼭 ~할게. I promise I'll ~.

조만간 꼭 부를게.
I promise I'll invite you sometime soon.

이번 주말에 꼭 술 살게.
I promise I'll buy you a drink this weekend.

이번에는 꼭 담배 끊을게.
I promise I'll quit smoking this time.

우리는 바쁘게 살다 보면 약속을 남발해놓고 잊어버리는 일도 많은데요, 깜박할 땐 하더라도, '내가 꼭 뭐뭐 할게'라고 약속할 때 이 패턴을 써보세요.

come in ~ VS. come to ~ VS. come over VS. come up VS. come down

각각의 쓰임과 의미를 정확하게 모르겠어요.

Q

내일 저녁에 우리 집으로 올 수 있느냐고 할 때 **Can you come over tomorrow night?**라고 했는데요, 어디로 오라고 할 때 **come in, come to, come over, come up, come down** 등을 다 쓰는 것 같은데 의미와 쓰임이 어떻게 다른가요?

A

네, **come**은 '어디로 오다'라는 뜻이죠. '어디로 들어오라고 하거나 회사나 사무실 안으로 들어오다, 출근하다, 일하러 오다'라고 할 때는 **come in to work**라고 많이 하고, 어딘가로 오라고 할 때 즉, '우리 아파트로 올래?'처럼 수평적인 이동을 말할 때는 **Will you come to my apartment?** 혹은 **Will you come over to my apartment?**라고 해요. 그리고 어디로 오는데, 수평적인 개념이 아니라 위로 올라오라는 뜻이면 **come up**을, 아래로 내려오라고 할 때는 **come down**을 써요.

LEVEL UP
EXPRESSIONS

다시 돌아오셔서 좋아요.
It's good to have you back.

어떤 사람이 잠시 어딘가에 갔다가 돌아왔든, 아팠다가 다 낫고 돌아왔든, 다시 돌아오면 반갑게 맞으면서 '다시 돌아오셔서 기뻐요.'라고 인사를 하잖아요? 이럴 때 영어로 **It's good to have you back.**라고 할 수 있어요.

아팠다가 다시 출근한 동료에게

A	여러분 모두 보고 싶었어요.	A	I missed seeing you all.
B	다시 돌아오셔서 좋아요.	B	It's good to have you back.

외국에 갔다가 돌아온 사람에게

A	일자리를 찾으러 외국에 가 있느라고 못 왔었어요.	A	I haven't been over since I left for my job overseas.
B	다시 돌아오셔서 좋아요. 보고 싶었어요.	B	It's good to have you back. We missed you.

CHAPTER 4

UNIT 37 질문하기

지금을 잘 사는 방법? / 아름다운 모발… 모근을 말려봐 / 협상의 비결, 그것이 궁금해?

TRY IT IN ENGLISH

지금을 잘 살려면 어떻게 해야 할지 질문할 때, 머리 말릴 때 어떻게 하면 좋을지 질문할 때, 협상은 어떻게 해야 잘 할 수 있는지 질문할 때 영어로 자신 있게 말해보세요.

강의 37

린다 잭, 어떻게 해야 더 나은 삶을 살 수 있을까?
잭 거기에 대한 좋은 글 하나 읽었어.
린다 좋은 팁이라도 있나?
잭 그 글에, 디프레스 됐다면 과거에 살고 있는 거래.
린다 걱정거리가 있다면?
잭 그건 미래에 살고 있는 거고.
요점은 지금 이 순간을 살며 감사하는 거래.

SITUATION 1 지금을 잘 사는 방법?

지금을 잘 살려면 어떻게 해야 할지 질문하는 내용입니다. 우리말 대화에 맞는 영어 문장들을 만들어서 말해본 다음에 QR코드를 찍어 대화문을 들으며 영어 대화문을 따라 읽어보세요.

음원 37-1

Linda Jack, 109 how do you think we can live a better life?

Jack I read a good article about that.

Linda Are there some great tips in it?

Jack It says that if you're depressed, you're living in the past.

Linda What if I feel worried?

Jack That means you're living in the future.
The point is that we should live in this moment and feel grateful.

VOCABULARY

article (신문, 잡지, 책의) 글, 기사, 논설 **tip** 팁, 조언, 정보 **depressed** 우울한
worried 걱정하는 **grateful** 감사하는

KEY EXPRESSIONS

1 **더 나은 삶을 살다, 더 잘 살다**

live a better life

여기에서의 live는 사는 방식을 가리켜요. 일반적인 삶을 산다는 건 live a normal life, 조용히 살면 live a quiet life, 생긴 대로 산다는 표현은 live my life in my own way라고 하고, 동화책의 맨 끝에 늘 나오는 말처럼, '그리고 그들은 행복하게 잘 살았대요.'는 And they lived happily ever after.라고 하죠.

2 **이 순간에 집중해서 살다**

live in this moment

지금 이 순간에 집중해서 산다는 말을 live in this moment라고 해요. '지금을 즐겨라'라는 말로 enjoy this moment, enjoy your life, seize the day 등이 있죠. 영어는 아니지만 카르페디엠도 있고요.

3 **감사해하다**

feel grateful

어떤 기분이 들고 어떤 감정이 생기는 걸 feel 뒤에 형용사를 써서 말하죠. ⟨I'm feeling 형용사⟩처럼 진행형으로 말하기도 해요. 감사하다는 뜻으로는 grateful도 쓰고, thankful도 써요. 그리고 누구에게 감사하면 ⟨to 누구⟩라고 하고, 어떤 이유로 감사하면 ⟨for 무엇⟩이라고 연결해서 말합니다.

SITUATION 2 아름다운 모발… 모근을 말려봐

건강하고 아름다운 모발로 가꾸려면 어떻게 해야 하는지 묻고 답하는 내용입니다. 우리말 대화에 맞는 영어 문장들을 만들어서 말해본 다음에 대화문을 들으며 따라 읽어보세요.

음원 37-2

주디 바바라, 헤어스타일이 좀 다르네? 다른 스타일을 해보려고 그러는 거야?
바바라 아냐, 드라이어가 고장 나서 머리를 못 말렸어.
주디 아아~. 난 그냥 수건으로 말리는데.
바바라 머리 감은 후엔 모근까지 말려야 해.
그렇게 해야 모발이 계속 건강하게 돼.
주디 몰랐네. 나는 드라이어 열기가 머리에 안 좋다고 생각했어.

Judy Barbara, your hair looks different.
Are you **trying a new look**?
Barbara No. I couldn't dry my hair because my hair dryer broke.
Judy I see. I just **use a towel to dry my hair**.
Barbara After washing your hair, you should **dry the roots**.
110 It'll help your hair stay healthy.
Judy I didn't know that. I thought the heat from the dryer wasn't good for hair.

VOCABULARY

break 고장 나다 **should** ~하는 게 좋다 **stay healthy** 건강한 상태를 유지하다

KEY EXPRESSIONS

1 **새로운 스타일을 시도해보다 try a new look**

new look은 1947년 크리스티앙 디오르가 발표한 옷을 이렇게 부르기 시작했다는 데서 유래했다는데요, 한 마디로 새로운 유행스타일, 새로운 스타일이라는 넓은 뜻으로 쓰입니다. The old factory has taken on a new look. '낡은 공장이 새로운 모습으로 탈바꿈했다.' I'm going to be happy with the new look. '스타일을 바꾸면 기분이 좋아질 거야.'처럼 말할 수 있어요.

2 **수건으로 머리를 말리다 use a towel to dry my hair**

무엇을 어떤 용도로 쓴다고 할 때 〈use 무엇 to 동사원형〉으로 말해요. dry하면 우리는 '말리다' 라는 뜻도 떠오르고 동시에 머리 말릴 때 쓰는 '드라이어'도 떠올리는데요… 머리를 말리는 드라이어는 영어로 hair dryer 혹은 blow dryer라고 해요.

3 **모근을 말리다 dry the roots**

모근은 a hair root라고 하는데요, 머리를 심는 임플란트라는 단어를 머리카락에도 써요. 머리를 심는 것을 hair transplant라고 합니다. 그리고 관용적으로 하는 말 중에서, 부끄러워서 얼굴이 귓볼까지 빨개졌다고 할 때 She blushed to the roots of her hair.라고 해요.

SITUATION 3 협상의 비결, 그것이 궁금해?

음원 37-3

협상은 어떻게 해야 잘 할 수 있는지 질문하는 내용입니다. 우리말 대화에 맞는 영어 문장들을 만들어서 말해본 다음에 대화문을 들으며 따라 읽어보세요.

제이크 숀, 바이어한테 가격을 제시하라고 할까?
숀 아냐, 제이크, 그건 별로야. 우리가 먼저 가격을 제시해야 돼.
제이크 알았어. 그 사람들 5만 불 이상은 쓰지 않겠다고 했어.
숀 그쪽 초기 제안을 그대로 받을 순 없지.
제이크 협상하기 쉽지 않네.
숀 걱정 마, 제이크. 이제 일 막 시작했잖아.

Jake Sean, **111** is it okay to let our buyers suggest prices?
Sean No, Jake, it's not a good idea.
We should be **the first to suggest a price**.
Jake I see. They said they wouldn't spend more than $50,000.
Sean We shouldn't **accept their initial offer**.
Jake It's **hard for me to negotiate**.
Sean Don't worry, Jake. You've just started working here.

VOCABULARY

suggest a price 가격을 제시하다 **initial offer** 1차 제안 **negotiate** 협상하다

KEY EXPRESSIONS

1 **먼저 가격을 제안하는 쪽, 제시하는 쪽**
the first to suggest a price
협상을 하거나 제안을 할 때 먼저 무얼 하는 쪽은 the first to ~라고 하고, 나중에, 혹은 마지막으로 무엇을 하는 쪽은 the last to ~라고 해요.

2 **처음 제시한 가격을 받아들이다, 수용하다**
accept their initial offer
accept the offer는 누구의 어떤 회사나 대상의 제안을 받아들인다는 것인데요, initial은 '최초의'라는 뜻이고, initiate은 '개시하다, 시작하다'라는 뜻, 그리고 initiation은 '개시' 외에 '입회, 가입'이라는 뜻도 있어요. initial에는 정부 간, 회사 간 공식 계약서의 '가 조인'이라는 뜻도 있어서, 넓은 의미로 다양하게 쓸 수 있습니다.

3 **협상을 하는 게 힘든, 어려운 hard for me to negotiate**
〈hard for 누구 to 동사원형〉은 '누가 무엇을 하기가 힘들다'는 뜻으로 다양하게 확장해서 쓸 수 있어요. '힘들다'와 비슷한 뜻으로, hard 대신에 다른 단어를 써서 difficult (어려운) for me to ~, unbearable (참을 수 없는) for me to ~, disgusting (역겨운) for me to ~도 많이 씁니다. negotiation은 외래어화된 말로 '네고'라는 단어는 우리말처럼 자주 쓰죠. 협상 가능한 것은 negotiable, 협상 불가는 non-negotiable이라고 해요.

핵심 패턴 109 어떻게 하면 ~할 수 있을까? How do you think we can ~?

어떻게 해야 더 나은 삶을 살 수 있지?
How do you think we can live a better life**?**

어떻게 해야 완벽한 직업을 구할 수 있지?
How do you think we can find a perfect job**?**

어떻게 해야 새로운 시장에 접근할 수 있지?
How do you think we can approach new markets**?**

상대방의 조언을 구하는 패턴인데요, think가 없이 말할 때는 How can we ~? 라고 하고, do you think를 넣으면 '네가 생각하기에'라는 뜻이 되고 어순은 How do you think we can ~? 으로 바뀝니다.

핵심 패턴 110 ~가 …할 수 있게 해줄 거야. It'll help ~ …

그렇게 하면 모발 건강을 유지하는 데 좋을 거야.
It'll help your hair stay healthy.

그렇게 하면 네 언어 실력이 유지될 거야.
It'll help you maintain your language ability.

그렇게 하면 회사가 흑자를 유지하는 데 좋을 거야.
It'll help the company stay in the black.

help는 돕는다는 뜻이니까요, 무언가가 어떻게 되도록 도와준다고 할 때 이 패턴을 쓸 수 있어요. help 뒤에 도움을 받는 그 무엇을 쓰고, 이어서 동사원형을 쓰면 됩니다.

핵심 패턴 111 ~가 …하게 두어도 될까? Is it okay to let ~ …?

바이어한테 가격을 제시하라고 할까?
Is it okay to let our buyers suggest prices**?**

그 사람한테 미팅 장소를 고르라고 할까?
Is it okay to let him choose where to meet**?**

그 댁에 날짜를 정하라고 할까요?
Is it okay to let them select the date**?**

'누가 뭐뭐하게 둬도 될까?'라고 할 때 이 패턴을 쓸 수 있는데요, let 대신에 make를 쓰면 '누군가에게 하지 않을 수 없게 시켜도 될까'라는 거고, get은 말을 잘 해서 '그 사람이 스스로 하게끔 하는 게 어떨까'하는 겁니다. get을 썼을 때는 누구 다음에 to 동사원형을 써요.

great tips in it VS. great tips on it

언제 in it을 쓰고, 또 언제 on it을 쓰나요?

Q

좋은 팁이, 방법이, 요령이나 비결이 있는지 물을 때 **Are there some great tips in it?**이라고 했는데요, 어디서 보니까 **tips** 뒤에 〈**on** 무엇〉이라고 썼던데 둘 다 맞나요?

A

네, 둘 다 맞습니다. 하지만 뜻은 완전히 달라요. **Are there some great tips in it?**의 뜻은, **Are there some great tips** '좋은 팁이 있든', **in it** '그 안에', **in the article?** '그 기사 안에?'가 되어, **in it**이 그 안에, '책이나 영상이나 기사나 어떤 매체 안에'라는 뜻이에요. 그런데 '어떻게 하면 행복하게 살 수가 있을까? 좋은 비결 좀 알려주세요.'라고 한다면 **Please give me great tips on living a happy life.**라고 해요. 무엇에 대한 **tip**이라고 할 때는 〈**tips on** 무엇〉이라고 합니다.

LEVEL UP
EXPRESSIONS

철자를 알려주실래요?

Can you spell that for me?

Sean이나 **Jake**처럼 철자가 분명하면 몰라도 고유 명사는 처음 들으면 생소한 경우가 많죠. 길 이름도 그렇고 사람 이름도 그렇고 처음 들을 때는 분명하게 확인할 필요가 있어요. 우리도 /ㅐ/, /ㅔ/가 헷갈리니까 '아이요? 어이요?' 하잖아요.

이름의 철자를 부탁할 때

A	이름의 철자가 어떻게 되는지 알려주실래요?	A	**Can you spell your name for me?**
B	J–E–S–S–Y–L–N입니다.	B	J–E–S–S–Y–L–N

거기 이름을 물어볼 때

A	그 길은 제 지도 앱에 안 나오는데요. 철자가 어떻게 되는지 알려주실래요?	A	Your street doesn't come up in my maps app. **Can you spell that for me?**
B	길 이름은 킹스데일이에요, K–I–N–G–S–D–A–L–E.	B	The street name is Kingsdale, K-I-N-G-S-D-A-L-E.

CHAPTER 4

UNIT 38

같이 하기

우리 늘 앉던 곳에 자리 잡아봐 / 이사하는 거 도와줄게 / 산에 가자고? 가자!

TRY IT IN ENGLISH

우리 늘 앉던 곳에 자리 잡자고 할 때, 친구가 이사하는 거 도와줄 때, 산에 같이 가자고 할 때 영어로 자신 있게 말해보세요.

강의 38

(전화로)

수지 안녕, 대니. 지금 어디 있어?

대니 지하철 타는 중이야.

수지 좋아. 조금 후에 보자. 차 한 잔 하면서 얘기해.

대니 나보다 먼저 도착하면 얘기하기 좋은 자리 찾아봐.

수지 그래. 우리한테 딱인 자리 알지.
이야기할 게 많아.

대니 나 이거 말고 다른 일정 없어.

SITUATION 1 우리 늘 앉던 곳에 자리 잡아봐

우리 늘 앉던 곳에 자리 잡자고 말하는 내용입니다. 우리말 대화에 맞는 영어 문장들을 만들어서 말해본 다음에 QR코드를 찍어 대화문을 들으며 영어 대화문을 따라 읽어보세요.

음원 38-1

(On the phone)

Susie Hello, Danny. Where are you now?

Danny I'm getting on the subway.

Susie Okay. See you soon. Let's chat over coffee.

Danny If you get there before me, please find a good place to talk.

Susie All right. I know a perfect place for us.
112 There's a lot we should talk about.

Danny There's nothing else on my schedule but this.

VOCABULARY

get on ~ 무엇을 타다 **chat** 담소 **get** 도착하다

KEY EXPRESSIONS

1 **지하철을 타다**

get on the subway

어떤 것을 탄다고 할 때 get을 써서 get on a bus, get on a boat, get on a train처럼 말해요. 택시나 자동차에는 get in a taxi, get in a car처럼 get in을 쓰고요. 미국 지하철은 subway지만 영국 지하철은 tube라고 하고, 정식 명칭은 underground입니다. 참고로 영국에서 subway는 지하 보도를 가리켜요. 샌드위치 Subway는 미국 브랜드인데, 장사가 잘 되면서 원래의 Pete's Super Submarine Sandwich에서 Sub를 떼고 '방식'이라는 Way를 붙여 만든 말이라고 합니다.

2 **커피를 마시며 수다를 떨다, 얘기를 나누다**

chat over coffee

커피 등을 마시며 얘기를 나눌 때는 chat 뒤에 over를 써요. 수다쟁이 chatterbox처럼 chat를 수다로만 생각하면 안 됩니다. 요즘 회사원들은 업무 이야기를 할 때에도 Have a chat for a minute? '잠깐 얘기 좀 할까요?'와 같은 표현을 자주 씁니다.

3 **이것 말고는 다른 스케줄이 없는**

nothing else on my schedule but this

할 일이 있을 때는 on my schedule이라고 하고, 안건으로 뭔가가 있다, 의제로 상정되어 있다는 말은 on the agenda라고 해요. 그리고 nothing but은 only라는 의미입니다.

SITUATION 2 이사하는 거 도와줄게

이사하는 걸 도와주겠다는 내용입니다. 우리말 대화에 맞는 영어 문장들을 만들어서 말해본 다음에 대화문을 들으며 따라 읽어보세요.

음원 38-2

매트 직장 근처에 아파트를 구해야겠어.
지니 정말? 이삿짐 센터 부를 거야?
매트 아니, 돈이 좀 부족해.
지니 그럼 내가 짐 나르는 거 도와줄게.
매트 고마워. 나랑 쇼핑도 좀 가줄래?
생활용품 좀 사려고.
지니 물론이지. 생활용품점 좋은 데 하나 알아.

Matt I decided to **get an apartment near my workplace.**
Jinny Really? **113** Are you going to hire a mover?
Matt No, I don't have enough money.
Jinny Then I'll **help you move your things.**
Matt Thank you, Jinny. Can you go shopping with me, too?
I want to **buy some household supplies.**
Jinny Sure. I know a good store for that.

VOCABULARY

hire 사람을 쓰다 **mover** 이삿짐 운송업자 **household supplies** 생활용품

KEY EXPRESSIONS

1 **우리 회사 근처에 아파트를 구하다, 얻다**
get an apartment near my workplace
아파트는 집 안에 가구가 있고 없고에 따라 furnished, unfurnished로, 방 수에 따라 원룸은 efficiency, a studio apartment라고 하고, 방이 있으면 방의 개수에 따라 one bedroom, two bedrooms, three bedrooms라고 해요. 그리고 미국 주소에 아파트 호수를 쓸 때는 #을 써서 표시합니다. 예를 들어, 501호는 #501라고 표기해요.

2 **네가 짐을 옮기는 걸 도와주다** **help you move your things**
이삿짐을 옮기는 건 move라는 말을 쓰고, 우리가 이삿짐 센터라고 부르는 업체나 직원은 mover라고 해요. 그리고 이삿짐을 운반하는 운반차, 트럭은 moving van이라고 합니다.

3 **생활용품을 사다** **buy some household supplies**
household의 쓰임새도 은근히 많은데요, 독신 가구, 1인 가구는 single household라고 하고, 경제학 용어로 가계수입은 household income이라고 해요. 그리고 한 사람만 경제활동을 하는, 돈벌이를 하는 가정은 single-income household라고 하고, 가정에서 소비하는 에너지는 household energy use, 대가족은 large household, 집안일은 household chores라고 합니다.

SITUATION 3 산에 가자고? 가자!

친구와 함께 산행에 관해 의논하는 내용입니다. 우리말 대화에 맞는 영어 문장들을 만들어서 말해 본 다음에 대화문을 들으며 따라 읽어보세요.

음원 38-3

브래드 내일 만나는 거 언제가 제일 좋지?
니키 난 일찍 일어나. 아침 여섯 시 어때?
브래드 좀 빨라. 일곱 시가 어때?
니키 괜찮지.
브래드 편한 신발 신고, 진도 안 돼.
니키 나 등산 초보 아니거든!
브래드 그냥 확인하는 거야.

Brad **114** **When is the best time to** meet tomorrow?
Nicky I'm up early. How does 6 a.m. sound?
Brad That's rather early. How about 7 instead of 6?
Nicky I could **head out** then.
Brad Make sure to **wear comfortable shoes**. No jeans, either.
Nicky I'm no **novice hiker**!
Brad I'm just making sure.

VOCABULARY

instead of ~ ~대신에 **hiker** 등산을 하는 사람, 하이킹을 하는 사람 **novice** 초보, 초보자

KEY EXPRESSIONS

1 **나가다, 출발하다 head out**

head out은 '어디로 가다, 출발하다'라는 뜻 말고도 '어딘가로 멀리 간다'는 뜻도 있어요. Summer is a time to head out to the beach and do some swimming. '여름은 바닷가로 나가서 수영하는 계절이다.'처럼요. head out to sea는 '출항하다'라는 의미입니다.

2 **편안한 신발을 신다 wear comfortable shoes**

wear는 옷만이 아니라 몸에 걸치는 것에는 거의 다 쓸 수 있어요. 옷을 입는 건 wear clothes, 신발을 신는 건 wear shoes, 양말을 신으면 socks, 안경을 쓰면 wear glasses, 헤드폰을 쓰면 headphones이라고 해요. 어떤 색을 입는지도 표현할 수 있는데요, '내가 보통 검은색이나 회색, 갈색을 입고 빨간색은 거의 안 입는다.'라고 하면 Usually I wear black, grey, or brown, but never red.라고 해요.

3 **등산 초보 novice hiker**

novice의 원래 뜻은 기독교 초심자, 개종자였는데요, 점점 넓은 의미로 쓰이면서 일반적인 초보자를 가리키게 되었어요. '초심자든 경험자든 누구나'라고 할 때 all people, novice or experienced라고 하고, 뭔가를 배우는데 초보자이면 a novice learner, 정치 신인은 a political novice라고 해요.

CHAPTER 4

핵심 패턴 112 우리가 ~할 게 많아. There's a lot we should ~.

이야기할 게 많아.
There's a lot we should talk about.

손님 맞이하는 데 준비할 게 많아요.
There's a lot we should prepare for the guest's visit.

오늘 파티 전에 끝내야 할 일이 많아요.
There's a lot we should finalize before the party today.

누구와 함께 하는 것 역시 사적인 일부터 공적인 일까지 범위가 무척 넓죠. 여기서도 should는 '~하는 게 좋겠다'는 뉘앙스예요. have to보다 부드러워요.

핵심 패턴 113 ~를 부를 거야? Are you going to hire a ~?

이삿짐 센터 부를 거야?
Are you going to hire a mover**?**

가사도우미 쓸 거야?
Are you going to hire a maid**?**

아르바이트생 쓸 거야?
Are you going to hire a part-timer**?**

employ는 주로 정규직을 채용한다는 뉘앙스인데 hire는 비정규직이나 건당, 시간당 계약 관계가 성립하는 경우에도 써요. 이삿짐 센터, 가사도우미 등을 부른다고 할 때 이 패턴을 쓸 수 있어요.

핵심 패턴 114 언제 ~하는 게 제일 좋니? When is the best time to ~?

내일 만나는 거 언제가 제일 좋아?
When is the best time to meet tomorrow**?**

너희 부모님 찾아 뵙는 거 언제가 제일 좋을까?
When is the best time to visit your parents**?**

가격 제시하는 거 언제가 제일 좋을까?
When is the best time to suggest our price**?**

무슨 일이든 제일 좋은 때가 있죠? 그때를 물어보고 확인할 때 이 패턴을 써보세요. 경우에 따라서는, 구체적으로 When is the best day(요일)? When is the best month(월)?라고도 해요.

SPEAKING
PRONUNCIATION

I'm up early.

early, world, curl, pearl 등의 발음이 어려워요.

Q

That's rather early.에서 **early**를 발음하는 게 어려워요. **r**에 대한 걸 찾아보면 혀를 굴리라고 하는데 어떻게 굴리라는 거죠?

A

하하하. 아니에요. 혀를 굴리는 게 아니에요. 그것 잊어버리시고, 잘 들어보세요. **r**이 음절이나 단어의 뒤에 있을 때 그러니까 **round, really, train, surround**에서처럼 **r** 뒤에 모음이 있을 때는 입을 /우/처럼 오므린 상태에서 벌리면서 /롸운드/, /뤼을리/, /츄뤠인/, /써롸운드/처럼 발음하고요. **early**에서처럼 **ea**라는 모음 뒤에 있을 때는 **r** 발음을 하기 위해 혀가 목구멍 쪽으로 뒤로 가요. 그리고 이어서 **l** 발음을 하기 위해 다시 혀가 앞쪽으로 와서 입천장, 윗니 뒤쪽에 닿죠. 혀가 바쁘겠죠? 미국식 영어 **rl**의 발음은 다 이렇게 하시면 됩니다.

LEVEL UP
EXPRESSIONS

한번 해보자.
Let's give it a try.

뭔가를 해볼까 싶어도 마음이 내키지 않거나 두렵거나 해서 나중에 하지 뭐…라고 포기하는 경우도 많은데요, 왠지 변화가 필요할 때, 늘 하던 것에서 벗어나볼 필요를 느낄 때 **Let's give it a try!** '한번 해보지 뭐!'라고 하면서 도전을 해보는 것도 좋겠죠?

발레를 해보자고 할 때

A 발레, 재미있을 것 같다.
B 그래. 우리 같이 해보자!

A Ballet sounds like a lot of fun.
B Yeah. **Let's give it a try!**

암벽 등반을 해보자고 할 때

A 너 암벽 등반 해봤어?
B 아니. 우리 같이 해보자!

A Have you ever been rock climbing?
B No. **Let's give it a try!**

CHAPTER 4

UNIT 39 한턱내기 · 선물 주기

스포츠 타월 네가 써 / 한국에 온 거 환영 턱 쏠게 / 윤달 생일… 축하해주자

TRY IT IN ENGLISH

스포츠 타월을 쓰라고 빌려줄 때, 한턱낼 때, 생일을 축하할 때 영어로 자신 있게 말해보세요.

강의 39

마이크	바바라, 땀을 많이 흘리네.
바바라	응, 살 빼려고 조깅을 두 시간을 했더니. 아이고… 수건 갖고 오는 걸 깜빡했네.
마이크	내 가방에 하나 있을 거야. 여기.
바바라	고마워. 이거 스포츠 타월이야?
마이크	응. 이거 정말 빨리 말라.

SITUATION 1 스포츠 타월 네가 써

음원 39-1

땀을 많이 흘리는 친구에게 스포츠 타월을 쓰라고 빌려주는 내용입니다. 우리말 대화에 맞는 영어 문장들을 만들어서 말해본 다음에 QR코드를 찍어 대화문을 들으며 영어 대화문을 따라 읽어보세요.

Mike Barbara, you're **sweating a lot**.

Barbara Yeah, I jogged for two hours to lose weight.
Oh, no... I forgot to bring a towel.

Mike 115 I think I have one in my bag. **Here you go.**

Barbara Thank you. Is this a sports towel?

Mike Yes. That **dries really quickly**.

VOCABULARY

sweat 땀 흘리다 **lose weight** 살 빼다/빠지다 **sports towel** 스포츠 타월

KEY EXPRESSIONS

1 **땀을 많이 흘리다**
sweat a lot

sweat는 땀을 흘린다는 말인데요, '너 땀을 많이 흘리는구나.' You're sweating a lot.처럼 현재진행형으로도 많이 써요. 땀이 많다는 말은 sweaty라고 하고, sweater는 땀이 날 정도로 따뜻한 옷이라는 뜻이겠죠? 진짜 땀을 많이 흘리려면 sweating room '한증막'에 가면 되겠죠.

2 **여기 있어.**
Here you go.

Here 뒤에 쓰는 말이 대명사일 때와 명사일 때 어순도 달라지고 의미도 달라집니다. 대명사가 올 때는 〈Here 대명사+동사〉의 순서로 쓰고, 명사가 올 때는 〈Here 동사+명사〉의 순서로 써요. 즉, '자, 여기 있어.'라는 뜻으로 Here you go. Here you are.라고 하고 '저기 버스 온다. 저기 택시 가네.'를 Here comes a bus. There goes a taxi.라고 해요.

3 **아주 빨리 마르다**
dry really quickly

dry는 '마르다', 혹은 '말린다'라는 뜻으로 써요. 뒤에 목적어가 없으면 '마르다'라는 뜻으로 쓰인 거죠. 그리고 quickly와 같은 부사 앞에 강조하는 말로는 really, so, very, too, way too 등이 있어요. 아주 빨리 마른다는 말이죠.

SITUATION 2 한국에 온 거 환영 턱 쏠게

한국에 온 환영 턱을 낸다는 내용입니다. 우리말 대화에 맞는 영어 문장들을 만들어서 말해본 다음에 대화문을 들으며 따라 읽어보세요.

음원 39-2

그레그 만나서 반가워, 폴라.
폴라 만나서 반가워, 그레그. 난 여기 교환학생이야.
그레그 그렇구나. 여기서 얼마나 공부할 계획이야?
폴라 6개월. 내년 5월까지 있을 거야.
그레그 필요한 거 있으면 언제든지 말해.
폴라 고마워. 저녁 같이 먹을까, 한식으로?
그레그 좋고 말고. 내가 괜찮은 집 데리고 갈게.

Greg Nice to meet you, Paula.
Paula Nice to meet you, too, Greg.
I'm an exchange student here.
Greg I see. **116** How long are you planning to study here?
Paula For six months. I'll **be here until next May**.
Greg Don't hesitate to **ask me for help** anytime.
Paula Thank you. Can we **eat some Korean food for dinner**?
Greg Absolutely. I'll take you to a good restaurant.

VOCABULARY

exchange student 교환학생 **hesitate** 주저하다, 망설이다

KEY EXPRESSIONS

1 **내년 5월까지 여기에 있다 be here until next May**

어떤 행동이 언제까지 이어진다는 뜻으로는 until을 쓰고, 언제까지 어떤 일을 완료한다고 할 때는 by를 써요. 예를 들어, 내가 여기에 일요일까지 있을 거라고 할 때는 until을 써서 I'll be here until Sunday.라고 하고 이 보고서를 이번 주 일요일까지 마쳐야 한다면 This report should be done by this Sunday.라고 해요.

2 **나에게 도움을 청하다 ask me for help**

〈ask someone for 무엇〉은 request, require처럼 무언가를 요청한다는 뜻이에요. ask for someone처럼 ask for 뒤에 사람을 쓰면 사람을 요청하는 거니까 결국 그 사람을 만나보겠다는 의미죠. 누군가가 매니저와 얘기를 좀 하려고 문 앞에 와 있다면 There's someone at the door asking for the manager.라고 해요.

3 **저녁으로 한국음식을 먹다 eat some Korean food for dinner**

뭔가를 먹는데 '어떤 식사로'라고 할 때, for dinner '저녁으로', for brunch '브런치로', for a snack '간식으로' 등으로 써요. 그리고 음식의 종류를 건강에 안 좋은 것부터 순서대로 나열해보면 junk food, fast food, canned food, baby food, vegetarian food, organic food, super food, healthy food가 되겠죠?

SITUATION 3 윤달 생일… 축하해주자

음원 39-3

윤달 생일을 축하해주는 내용입니다. 우리말 대화에 맞는 영어 문장들을 만들어서 말해본 다음에 대화문을 들으며 따라 읽어보세요.

엘리 오늘 생일인 사람 누군지 알아?
숀 당장 생각나는 사람은 없어.
아, 다시 생각해보니 톰인 것 같아.
엘리 생일이 4년에 한 번 오는 건 별로 안 좋을 거야.
숀 윤년 때문에?
엘리 그래. 2월 29일이 없으면 생일을 어떻게 기념할까.
숀 아마 28일에 하지 않을까 싶네.

Elly Do you know anyone who has a birthday today?
Sean 117 **No one off the top of my head.**
Oh, on second thought, I think Tom does.
Elly It must be rough having a birthday once every four years.
Sean Because it's a leap year?
Elly Yeah. I wonder how he celebrates when there is no February 29th.
Sean I guess he probably celebrates on the 28th.

VOCABULARY

off the top of my head 당장 떠오르는 **rough** 불편한, 속상한
once every four years 4년에 한 번

KEY EXPRESSIONS

1 **오늘 생일인 사람 anyone who has a birthday today**

'뭐뭐하는 누구'라고 할 때 anyone who ~라고 하는데요, 이 달에 생일이 있는 사람은 someone who has birthday this month라고 하고, 윤일에 생일이 있는 사람은 someone who has a birthday on a leap day라고 해요.

2 **다시 생각해보니 on second thought**

second thought는 재고, 다시 생각하는 것을 가리켜요. '다시 생각해보니'라는 말을 on second thought, upon second thought, without a second thought라고 하는데요, '더 생각할 것도 없이'의 뜻이 되겠죠. on을 넣은 표현으로, on the spur of the moment '갑자기, 그 순간의 충동에 못 이겨'라는 것도 있어요. spur는 말의 박차를 가리키는 말로, 박차를 차는 순간 말이 그대로 튀어나가듯 한다는 의미입니다.

3 **윤년 a leap year**

leap year는 '윤년'인데요, 그 날이 지나면서 요일을 하나 leap 뛰어넘는 것에서 유래되었다고 해요. 윤년에만 오는 바로 그 날, 2월 29일은 the leap year day라고 하고, 평년은 a common year, an average year라고 합니다.

내 …에 ~가 있을 것 같아.
I think I have ~ in …

내 가방에 하나 있을 거야.
I think I have one **in** my bag.

가방에 충전기가 하나 더 있을 거야.
I think I have an extra charger **in** my bag.

서랍에 귀마개가 있을 거야.
I think I have earplugs **in** the drawer.

어떤 물건을 어디다 둔 것 같다는… 확실하지는 않지만 그럴 것 같다는 말을 자주 쓰죠? 그럴 때 이 패턴을 써보세요. 문맥에 따라 have 대신 left를 써도 됩니다. 어디에 둔 것 같다는 말이에요.

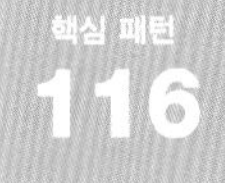

얼마나 ~할 거야?
How long are you -ing?

여기서 얼마나 공부할 계획이야?
How long are you plann**ing** to study here**?**

한국에는 얼마나 있을 건데?
How long are you stay**ing** here in Korea**?**

여기서 얼마나 일하려고?
How long are you work**ing** here**?**

상대방이 지금 하고 있는 것을 얼마나, 얼마 동안 할 건지 물어볼 때 이 패턴을 써보세요. ~ are you -ing?가 지금 무언가를 하고 있는지를 묻는 말로만 쓰이는 게 아니라 무엇할 예정인 것을 뜻하기도 하거든요.

당장 퍼뜩 떠오르는 ~.
~ off the top of my head.

당장 생각나는 사람은 없어.
No one **off the top of my head**.

당장 떠오르는 답이 없네.
I can't think of the answer **off the top of my head**.

그 사람 이름이 딱 떠오르지 않네.
I can't think of his name **off the top of my head**.

깊이 생각하지 않거나 사실 관계를 확인해보지 않고 그 순간 떠오르는 생각을 표현할 때 이 패턴을 써보세요.

I think Tom does.

does는 무슨 뜻이죠?

Q

Do you know anyone who has a birthday today?라는 질문에 **I think Tom does.** 'Tom인 것 같은데요.'라고 할 때 **does**를 썼는데요, **Tom**인 것 같다는 말이니까 **is**를 쓰는 거 아닌가요?

A

아니에요. **I think Tom does.**에서 **does**는 **has**의 의미입니다. 이렇게 앞에 나왔던 동사를 대신해서 **does, do, did, am, are, is, was, were**라고 쓸 수 있는데요. 중요한 건 이전에 나온 문장에서의 **be**동사를 가리키는 거냐, 일반동사를 가리키는 거냐예요. **Do you know anyone who has a birthday today?**의 답으로 **Tom**이 **has a birthday today**인 것 같다는 말로 **has** 대신에 **does**를 써서 **I think Tom does.**라고 한 거고, '우리 중에 누가 제일 바쁘지?', '**Mike**인 것 같은데요'라고 한다면 **Who do you think is the busiest among us? I think Mike is.**라고 이때는 **is**를 쓰죠.

LEVEL UP
EXPRESSIONS

네가 저번에 샀잖아.

You got it last time.

우리나라 사람들은 한 번이라도 상대가 더 사면 미안해서인지 꼭 다음에는 자기가 사려고 하죠. 식당에서도 남들한테 민폐를 끼치거나 말거나 기를 쓰고 지갑 꺼내느라고 난리인데요, 이런 상황에서 **You got it last time.**이라고 하면서 계산하시면 되겠네요.

이번에는 내가 사겠다고 하면서

A 저녁 살게.
B 안 돼! 저번에 샀잖아.

A Let me get dinner.
B No way! You got it last time.

커피값을 내가 내겠다고 하면서

A 커피 값 왜 계산했어?
B 잊었어? 저번에 네가 샀잖아?

A Why did you pay for the coffee?
B Don't you remember?
You got it last time.

CHAPTER 4

UNIT 40 위안해주기

네게 꼭 맞는 일, 찾을 수 있어 / 언제쯤 좋은 거 사보나 / 아무리 먹어도 넌 살이 안 찌는구나

TRY IT IN ENGLISH

상대방에게 꼭 맞는 일을 찾을 수 있다고 위안해줄 때, 언제고 좋은 걸 살 수 있다고 친구를 위안해줄 때, 아무리 먹어도 살이 안 찐다고 상대방을 위안해줄 때 영어로 자신 있게 말해보세요.

강의 40

팸 존, 하고 싶었던 일이 뭐야?

존 뭐가 좋았는지 뭘 잘했는지 모르겠어. 그저 졸업하고 일을 하고 싶었어.

팸 알 것 같아. 직업이 없으면 불안정하다고 느꼈을 거야. 그렇지만 자기한테 맞는 일을 하는 게 더 중요한 것 같아.

존 이상적으론 그렇지만 현실은…

팸 포기하지 마. 그저 여기서 일하는 건 잠정적인 거라고 생각해.

SITUATION 1 네게 꼭 맞는 일, 찾을 수 있어

음원 40-1

네게 꼭 맞는 일을 찾을 수 있다고 위안해주는 내용입니다. 우리말 대화에 맞는 영어 문장들을 만들어서 말해본 다음에 QR코드를 찍어 대화문을 들으며 영어 대화문을 따라 읽어보세요.

Pam John, what was your dream job?
John I didn't know what I liked or what I was good at.
I just wanted to get a job after graduation.
Pam I understand. You must've felt unstable without a job.
But I think having the right job is more important.
John Ideally, yes. But the reality is…
Pam Don't give up. 118 Just think of working here as a temporary thing.

VOCABULARY

dream job 꿈에 그리던/그리는 일 **the right job** 자신에게 맞는 일 **give up** 포기하다
temporary 잠정적인

KEY EXPRESSIONS

1 **졸업하고 취직을 하다**
get a job after graduation
졸업하기 전의 학생들을 가리키는 말을 볼까요? undergraduate student는 학부 학생, graduate student는 대학원생, 그리고 postgraduate student는 대개 박사과정생을 가리켜요. graduate를 동사로 쓸 때는 〈graduate from 학교 이름〉으로 써요. 더스틴 호프만이 주연한 '졸업'은 오역이고, 원제가 The Graduate이니까 '졸업생'이에요. 좀 어색하죠?

2 **직업이 없어서 불안해하다**
feel unstable without a job
unstable은 뭔가의 이유로 심정적을 불안한 것을 가리키는데요, 불안정한 성격은 unstable personality라고 하고 불안정한 상태는 unstable condition, 오락가락 하는 날씨는 unstable weather, 불안정한 경제 상황은 unstable economy이라고 해요.

3 **임시적인 일**
a temporary thing
임시직(의), 잠정적인 건 temporary라고 하고, 반대로 정규직(의), 영구적인 건 permanent를 써요. 우리가 미용실에서 하는 파마를 perm이라고 하죠? 이것도 permanent에서 나온 말로, 한 번 하면 오래 가니까 이렇게 말하는 거고요, 영구치를 permanent teeth라고 해요.

SITUATION 2 언제쯤 좋은 거 사보나

음원 40-2

언제고 좋은 걸 살 수 있다고 친구를 위안하는 내용입니다. 우리말 대화에 맞는 영어 문장들을 만들어서 말해본 다음에 대화문을 들으며 따라 읽어보세요.

(댄은 실직 상태이다.)

댄 어제 저녁 콘서트 중계방송 봤어?
잭 아니, TV 망가졌어.
댄 망가져? 안 됐군.
잭 망가지는 일에 익숙해.
댄 그래. 내가 뭘 직접 고치는 거 넌덜머리가 난다.
잭 안 망가지는 걸 살 만큼 여유가 있으면 좋으련만.
댄 누가 아니래.

(Dan is in between jobs.)

Dan Did you watch the broadcast of the concert last night?
Jack No, my TV is broken.
Dan Broken? That's a bummer.
Jack I'm used to things breaking on me.
Dan Yeah, I'm sick of having to fix things myself.
Jack 119 I wish I could afford things that didn't always break.
Dan I totally agree with you.

VOCABULARY

broadcast 중계, 방송 **fix** 고치다, 수리하다 **break** 망가지다, 고장 나다 **totally** 전적으로

KEY EXPRESSIONS

1 **공연 중계방송을 보다 watch the broadcast of the concert**

watch의 기본적인 뜻은 TV나 영화를 보거나, 경기장에서 경기 등을 직접 본다는 거지만 '주의하다, 경계하다'라는 뜻으로도 아주 많이 쓰입니다. 자주 쓰는 표현으로 Watch the dog 개 조심, 지하철에서 계단 조심하라는 문구로 Watch your step. 등이 있어요. 그런데 영국 지하철에서는 기차와의 틈을 조심하라고 Mind the gap.이라고 쓰여 있어요.

2 **고장 난 물건들을 내가 직접 고치는 게 진절머리 난**
sick of having to fix things myself

〈sick of 무엇〉은 무엇이 혹은 무엇하는 것이 지겹다는 뜻이고 tired of도 같은 뜻이에요. 좀 더 강조해서 sick and tired of ~라고도 말해요.

3 **전적으로 동감이야. I totally agree with you.**

상대방의 말에 전적으로 동감이라고 할 때 쓰는 표현인데요, 이렇게 격하게 공감할 때 I couldn't have said it better myself.라고도 하고, You can say that again.이라고도 해요.

SITUATION 3 아무리 먹어도 넌 살이 안 찌는구나

아무리 먹어도 넌 살이 안 찌는구나 하고 위안하는 내용입니다. 우리말 대화에 맞는 영어 문장들을 만들어서 말해본 다음에 대화문을 들으며 따라 읽어보세요.

음원 **40-3**

패트릭 배고파 돌아가시겠네.
신디 진정해. 저녁시간 다 됐어.
패트릭 간식거리 있어?
신디 아니. 난 간식 잘 안 먹어.
내가 먹보라는 거 너도 알잖아.
패트릭 무슨 소리야.
얼마나 좋아 보이는데.
그런데도 어떻게 그렇게 날씬할 수가 있니.

Patrick I'm so hungry that I could eat a horse.
Cindy Settle down. It's almost dinner.
Patrick Do you have anything to snack on?
Cindy Not really. I try to avoid snacking.
You know I'm a big eater.
Patrick Come on. You look great.
120 It's unbelievable that you stay so slim.

VOCABULARY

almost 거의 **avoid** 피하다, 자제하다 **settle down** 진정하다
stay slim 날씬한 몸을 유지하다

KEY EXPRESSIONS

1 **저녁시간이 거의 다 된 almost dinner**

almost를 쓸 때는 어순에 주의하세요. almost 같이 얼마나 자주, 얼마 만에 한 번씩을 가리키는 것을 빈도부사라고 하는데요, often, sometimes, rarely, never 등 이런 단어들은 문장 안에 be동사나 조동사가 있으면 I am almost ready. '거의 준비 다 됐어.', I have almost decided. '나 거의 결정했어.'처럼 그 뒤에 쓰고, 일반동사가 있을 때는 그 앞에 써요. I almost cried.처럼요.

2 **뭐라도 좀 군것질할 것 anything to snack on**

snack이라는 단어를 보면 '간식, 군것질 거리'라는 명사가 떠오르죠? 우리가 거의 우리말처럼 '스낵'이라는 말을 쓰니까요. 그런데 이 단어가 동사로도 쓰여요. '어떤 것을 먹다, 군것질하다'라고 할 때 snack on 뒤에 뭔가를 써서 말하죠.

3 **대식가, 엄청 많이 먹는 사람 a big eater**

대식가를 가리키는 말로는 big eater가 있고요, 소식가를 가리키는 말로는 light eater가 있어요. 그리고 미식가는 epicure, gourmet, gourmand이라고 표현하죠.

핵심 패턴 118
~하는 걸 그냥 …라고 생각해.
Just think of -ing/N as (a) ...

그저 여기서 일하는 건 잠정적인 거라고 생각해.
Just think of work**ing** here **as a** temporary thing.

챔피언십 리그에서 뛰는 건 그저 워밍업이라고 생각해.
Just think of play**ing** in the championship league **as a** warm-up.

사장님이 죽겠다고 하시는 건 그저 자기 비판이겠거니 생각해.
Just think of the boss's gloomy words **as** self-criticism.

뭔가에 대해 너무 심각하게 받아들이지 말라고 상대를 위로하거나 마음의 짐을 덜어줄 때 이 패턴을 써보세요. 썩 만족스럽지 않은 일자리나 상사나 어른의 심한 질책에 대해서도 이 패턴을 쓸 수 있어요.

핵심 패턴 119
~를 살(할) 여유가 좀 있었으면 좋겠다.
I wish I could afford ~.

안 망가지는 걸 살 만큼 여유가 있으면 좋으련만.
I wish I could afford things that didn't always break.

자기한테 고급 주택을 사줄 여유가 있으면 좋으련만.
I wish I could afford to buy you a mansion.

세계일주 유람선 여행할 여유가 있으면 좋으련만.
I wish I could afford an around-the-world cruise for us.

지금 현실이 내가 바라는 것과 반대되는 상황에서 아쉬워할 때 이 패턴을 써보세요. 어떤 것을 감당하거나 유지하거나 살 수 있는 형편이 안 된다는 말입니다. 가능성이 있는 상황에서는 hope를 쓰시고요.

핵심 패턴 120
어떻게 넌 그렇게 ~할 수가 있니.
It's unbelievable that you ~.

그렇게 날씬한 건 믿기지 않아.
It's unbelievable that you stay so slim.

그 사람들 이름을 전부 기억하고 있다니 믿기지 않아.
It's unbelievable that you still remember all their names.

이 짧은 시간에 그 모든 디테일을 익히다니 믿을 수 없어.
It's unbelievable that you mastered all the details in such a short time.

뭔가가 아주 좋고 훌륭하거나 놀랍고 충격적일 때 모두 이 패턴을 쓸 수 있습니다. 그러니까 좋은 것에 대해서든 안 좋은 것에 대해서든 다 쓸 수 있는 패턴이에요.

SPEAKING
PRONUNCIATION

I try to avoid snacking.

try의 발음이 /트라이/가 아닌 것 같아요.

Q

I try to avoid snacking.의 발음을 들어보니까 **try**를 /트라이/가 아니라 /츄라이/하고 하는 것 같은데요, **try**를 이렇게 발음하는 게 맞아요?

A

네, 맞습니다. **try, train, tree, trouble** 등 **tr**이 있는 단어의 발음은 /츄/처럼 나요. 왜냐고요? 그게 발음하기가 더 쉽거든요. 그래서 각각 /츄롸이/, /츄뤠인/, /츄뤼/, /츄뤄블/처럼 발음합니다. 그리고 또 **dr**이 있는 단어들 **dry, dream, drew, drain** 등도 마찬가지예요. /쥬롸이/, /쥬륌/, /쥬루/, /쥬뤠인/처럼 발음하면 자연스러운 미국식 영어발음이 됩니다.

LEVEL UP
EXPRESSIONS

그래도 그건 자랑스러워할 만한 일이야.

It's still something to be proud of.

10등 하던 사람한테는 **2**등이 아니라 **5**등도 감지덕지인데, 맨날 **1**등을 하다 보니 **2**등은 창피해 하기도 하고 그러죠? 그럴 때 이렇게 말해주세요. 그래도 그건 자랑스러워할 만한 거라고요. **100**억 부자가 망해서 **10**억 알거지(?)가 된 경우도 마찬가지로 이렇게 말할 수 있어요.

2등 했다고 기가 죽어 있는 사람에게

A	내가 2등밖에 못 했다는 게 믿기지 않아.	**A**	I can't believe I came in 2nd place.
B	그래도 2등이면 자랑할 만한 일이야.	**B**	**It's still something to be proud of.**

더 잘할 수 있었다고 자책하는 사람에게

A	이건 내 최고는 아니야. 더 잘 할 수 있었는데.	**A**	This wasn't my best work. I could have done better.
B	그래도 그건 자랑스러워할 만한 일이야.	**B**	**It's still something to be proud of.**

CHAPTER 4

CHAPTER 5

협조와 협업을 통해 더 나은 관계로 나아가기

Improving Your Relationship through Cooperation

UNIT 41 계획 짜기

조용한 곳에 가서 좀 쉴까? / 인터넷에서 집 좀 알아보자 / 스페인어? 내가 가르쳐줄게

TRY IT IN ENGLISH

조용한 곳에 가서 좀 쉬자고 여행 계획을 짤 때, 인터넷에서 집 좀 알아보자고 하면서 이사 계획을 짤 때, 그리고 스페인어를 배울 계획을 짜줄 때 영어로 자신 있게 말해보세요.

강의 41

해리 샐리, 어디 특별히 여행가고 싶은 데 있니?

샐리 글쎄, 조용한 곳이면 좋겠어.

해리 사람들 북적대지 않는 데 말이지?

샐리 바로 그거야. 사람이 너무 많으면 분위기 해치잖아.

해리 맞아. 여름에 진짜 조용하고 근사한 데 있대.

샐리 어딘지 말해봐. 이 열기에서 좀 벗어나보자.

SITUATION 1 조용한 곳에 가서 좀 쉴까?

음원 41-1

어디로 여행을 갈까 하다가 조용한 곳에 가서 좀 쉬자고 계획을 짜는 내용입니다. 우리말 대화에 맞는 영어 문장들을 먼저 만들어서 말해본 다음에 QR코드를 찍어 대화문을 들으며 영어 대화문을 따라 읽어보세요.

Harry Sally, 121 do you have any special place you want to travel to?

Sally Well, I want to travel to a quiet place.

Harry Somewhere **not overly crowded**, right?

Sally Exactly. Too many people may **spoil the atmosphere**.

Harry Right. I've heard of a quiet place that's really cool in summer.

Sally Can you tell me where that is?
I'd love to **get away from this heat**.

VOCABULARY

overly 지나치게, 심하게 **spoil** 망치다 **get away from ~** ~에서 벗어나다, 도망치다
heat 열기, 더위

KEY EXPRESSIONS

1 **너무 붐비지는 않은, 너무 사람이 많지는 않은**

not overly crowded

overly는 '아주, 지나치게, 너무'라는 뜻으로 very, too, too much와 같은 뜻이에요. 상대방이 너무 지적을 자주 하는 편이거나 늘 비판하는 투로 말할 때, I think you're being overly critical.라고 할 수 있고, '내가 고양이는 그다지 좋아하지 않는다.'는 말을 I'm not overly fond of cats.라고 할 수 있어요.

2 **분위기를 망치다, 분위기를 해치다**

spoil the atmosphere

분위기를 atmosphere라고 하는데요, 이 단어를 넣어서 흔히 쓰는 말은 The atmosphere was tense. '분위기가 안 좋았어.' The heated atmosphere of the conference. '회의 때 열띤 분위기였어.' 등이에요. atmosphere는 분위기라는 뜻도 되지만 a shop with a Parisian atmosphere '파리 감성의 상점'처럼 어떤 장소나 상황이 주는 느낌이라는 뜻도 있어요.

3 **이 열기에서, 더위에서 벗어나다**

get away from this heat

get away는 '어디에서 벗어나다'라는 뜻 말고도, 더 넓은 뜻으로 '휴양을 가다' 혹은 '어디에서 도망치다'라는 뜻도 돼요. 두 단어를 붙여서 getaway라고 써도 의미는 똑같이 '휴양지, 도주'입니다. 또 하나, '도주 차량'을 영어로 a getaway car라고 해요.

SITUATION 2 인터넷에서 집 좀 알아보자

이사를 갈 집을 인터넷과 앱으로 찾아보는 내용입니다. 우리말 대화에 맞는 영어 문장들을 먼저 만들어서 말해본 다음에 대화문을 들으며 따라 읽어보세요.

음원 41-2

트레이시 그래서, 어제 본 아파트 어때?
다니엘 너무 시끄럽고 어두워. 차도 많이 지나다니고.
트레이시 어어, 꽤 시끄러운 동네구나.
다니엘 응. 그리고 볕이 전혀 안 들어. 어디서 더 좋은 아파트를 찾지?
트레이시 인터넷에서 좀 찾아보자.

Tracy So, what do you think about the apartment you saw yesterday?
Daniel It was too noisy and too dark.
There were so many cars going by.
Tracy Oh, it must be a pretty noisy area.
Daniel Yes. And no sunlight comes through the windows.
122 Where should I look to find a better apartment?
Tracy Let's search on the Internet for some places.

VOCABULARY

go by 지나가다 **pretty** 꽤 **sunlight** 햇빛 **search** 찾아보다, 검색하다

KEY EXPRESSIONS

1 **너무 시끄럽고 너무 어두운 too noisy and too dark**

too는 이렇게 뒤에 형용사만 쓸 수도 있고, too noisy to live in처럼 무엇을 하기에 너무 어떻다고 쓰거나 too noisy for our baby처럼, 누구에게 너무 어떠하다고 쓰기도 합니다. 문장 끝에 too를 쓰면 also의 뜻으로, also보다는 조금 부드러운 말이에요. He's smart, handsome, and friendly, too. '그 사람은 똑똑하고 잘 생겼고, 성격까지 좋아.'처럼요.

2 **창문으로 햇볕이 하나도 안 들어오다**
no sunlight comes through the windows

come through는 뒤에 쓰는 말에 따라 다양한 의미가 돼요. come through an operation은 '수술 받고 회복하다'라는 뜻이고 come through in the clutch는 '위기를 극복하다'라는 뜻이거든요. 그리고 sunlight이 들어간 표현들로, 한 줄기 햇빛은 bar of sunlight, 약한 햇빛은 pale sunlight, 강렬한 햇살은 intense sunlight, 직사광선은 direct sunlight이라고 해요.

3 **인터넷으로 찾아보다 search on the Internet**

Internet이 들어간 표현으로는, over the Internet 인터넷을 통해, Internet access 인터넷 접속, Internet connection 인터넷 접속, Internet protocol은 인터넷 프로토콜이지만 보통 IP라고 하죠. 인터넷으로 찾아본다고 할 때 search on 대신에 surf도 쓰죠.

SITUATION 3 스페인어? 내가 가르쳐줄게

음원 41-3

스페인어를 배우고 싶어 하는 친구에게 책을 사주면서, 자기가 알고 있는 스페인어를 알려주겠다고 하는 내용입니다. 우리말 대화에 맞는 영어 문장들을 먼저 만들어서 말해본 다음에 대화문을 들으며 따라 읽어보세요.

로이 스페인어 하니?
미란다 아니, 배워볼까 생각은 하고 있었지만.
로이 스페인어 쉬워. 내가 가르쳐줄게.
미란다 고마워. 언제 시작할 수 있을까?
로이 지금 당장 할까?
미란다 하지만 책은 필요하잖아?
로이 짜잔! 너 주려고 이미 하나 샀지.

Roy Do you speak Spanish?
Miranda Well, I've been thinking about learning Spanish, but no.
Roy Spanish is easy. 123 I'd be happy to teach you.
Miranda Oh, thank you. How soon can we begin?
Roy How about right now?
Miranda But don't we need a book?
Roy Tada! I already bought a Spanish book for you.

VOCABULARY

how soon 얼마나 빨리, 언제쯤 **right now** 당장 **Tada** 짠 **already** 벌써, 이미

KEY EXPRESSIONS

1 **스페인어를 배워볼까 생각 중이다**
think about learning Spanish
think about 무엇은 어떤 일을 할 가능성을 고려해보는 것을 말하죠. 그래서 다른 곳에 살다가 서울로 이사를 갈까 진지하게 고민을 했었다면 We did think about moving to Seoul.이라고 하고, 창업을 할까 종종 고민 중이라면 I've often thought about starting my own business.이라고 해요.

2 **책이 필요하다, 책이 있었으면 좋겠다** **need a book**
need는 기본적으로 뭔가가 혹은 어떤 사람이 필요하다는 말이죠. 그런데 그 필요한 이유는, 그게 없으면 뭘 못 하거나, 계속하지 못하거나, 생존을 못하기 때문인데 이런 이유를 〈to 동사원형〉 혹은 〈for 무엇〉이라고 이어서 쓸 수 있어요.

3 **너한테 줄 스페인어 책을 사다** **buy a Spanish book for you**
누구에게 뭘 사준다는 말을 두 가지 방법으로 표현할 수 있어요. 예문과 같은 형식으로 buy a Spanish book for you라고 할 수도 있고 buy you a Spanish book이라고 할 수도 있어요. 그리고 for 대신에 from을 쓰면 누구한테서 무엇을 산다는 뜻이에요.

핵심 패턴 121 특별히 ~하고 싶은 데 있어? Do you have any special place you ~?

어디 특별히 여행가고 싶은 데 있니?
Do you have any special place you want to travel to**?**

어디 특별히 프로포즈하고 싶은 장소 있니?
Do you have any special place you want to propose at**?**

어디 특별히 결혼식 올리고 싶은 데 있니?
Do you have any special place you want to hold your wedding ceremony at**?**

뭔가를 할 장소를 정하려고 계획을 짤 때 상대방은 특별히 어디를 생각하고 있는지 물을 때 이 패턴을 써보세요.

핵심 패턴 122 ~는 어디서 찾으면 되지? Where should I look to ~?

어디서 더 좋은 아파트를 찾지?
Where should I look to find a better apartment**?**

어디서 지난 시즌 어웨이 키트를 구하지?
Where should I look to find the last season's away kit**?**

어디서 바벨 스쿼트 하는 요령을 찾아볼 수 있지?
Where should I look to get some tips for barbell squats**?**

뭔가를 찾아야 하는데 어디에서 찾을 수 있을까 싶을 때 이 패턴을 써보세요. 'to 이하를 하려면 어디에서 찾아보면 될까'라는 뜻이에요.

핵심 패턴 123 기꺼이 ~를 해줄게. I'd be happy to ~.

내가 가르쳐줄게.
I'd be happy to teach you.

내가 캐치볼 받아줄게.
I'd be happy to be your partner for a game of catch.

너 없는 동안 강아지 내가 봐줄게.
I'd be happy to keep an eye on your puppy while you're away.

상대방이 혼자 하기 힘들거나 자리를 비울 일이 있어 대신 일 처리를 해줄 때 이 패턴을 써 보세요. 도움 받는 사람의 마음의 짐도 덜어줄 수 있고 상대방을 돕는 나도 기분이 좋아질 거예요.

SPEAKING PRONUNCIATION

Exactly.

exactly의 발음을 어떻게 하면 될까요?

Q

Exactly.의 발음을 아무리 들어봐도 **t**소리가 안 들려요. 왜 그렇죠?

A

네, 제대로 잘 들으신 거 맞아요. **Exactly.**에서처럼 자음이 세 개 이상 이어지면(**c, t, l, y**), 중간에 있는 **t**소리가 발음이 안 돼요. 미국 영어에서요. **-ctly**로 끝나는 단어들은 다 그렇게 **t**가 안 들리게 발음되죠. **directly, correctly, perfectly**도 다 그래요. 그리고 **certainly, Manhattan, curtain** 등을 발음할 때는 **t**소리가 안 나고, 혀끝을 입천장, 윗니 뒤에 댄 상태에서 /ㅡ은/이라는 소리가 나죠.

LEVEL UP EXPRESSIONS

지금 필요한 게 바로 이거야.

That's exactly what I need right now.

사람 마음은 대개 비슷해서 어떤 상황에 처하면 반응도 비슷해지죠. 일에 치이면 잠깐이라도 벗어나고 싶고, 숨막힐 정도로 더우면 아이스크림이나 아이스커피를 한 잔 해야 할 텐데 바로 이 순간, 내 앞에 있는 사람이 그렇게 필요한 걸 먼저 말해주네요. 그럴 때 이 말을 써보세요.

휴가가 필요하다고 할 때

A 얼마간 좀 벗어나야겠어.
B 지금 필요한 게 바로 이거야.

A I just need to get away for a while.
B **That's exactly what I need right now.**

아이스크림을 먹고 싶다고 할 때

A 이거 어때? 아이스크림 한 컵.
B 지금 필요한 게 바로 그거야.

A You know what sounds good? A bowl of ice cream.
B **That's exactly what I need right now.**

CHAPTER 5

UNIT 42 화해하기 · 화해시키기

우리, 사이가 틀어졌어 / 그때 거짓말해서 미안해 / 결혼기념일을 깜빡하다니

TRY IT IN ENGLISH

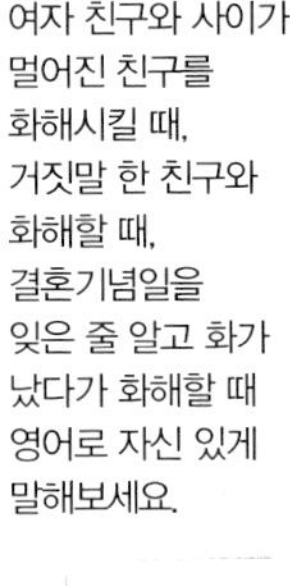

여자 친구와 사이가 멀어진 친구를 화해시킬 때, 거짓말 한 친구와 화해할 때, 결혼기념일을 잊은 줄 알고 화가 났다가 화해할 때 영어로 자신 있게 말해보세요.

강의 42

다니엘 트레이시, 최근에 너 리사랑 함께 있는 거 못 본 거 같은데. 무슨 일 있어?

트레이시 사실 우리 좀 틀어졌어.

다니엘 그래? 무슨 일인데?

트레이시 그 이야긴 하고 싶지 않아.

다니엘 그래, 알았어. 내가 뭐 해줄 건 없어?

트레이시 지금은 없어, 그래도 고마워.

SITUATION 1 우리, 사이가 틀어졌어

여자 친구와 사이가 멀어진 친구를 마음으로 돕는 내용입니다. 우리말 대화에 맞는 영어 문장들을 먼저 만들어서 말해본 다음에 QR코드를 찍어 대화문을 들으며 영어 대화문을 따라 읽어보세요.

음원 42-1

Daniel Tracy, I think I haven't seen you around Lisa lately. What's up?

Tracy Actually, we had a falling out.

Daniel Did you? What happened?

Tracy 124 I don't feel like talking about it.

Daniel Okay, I see. Is there anything I can do to help?

Tracy Not now, but thank you.

VOCABULARY

lately 요새, 최근에 **falling out** 사이가 나빠진 것, 틀어진 것

KEY EXPRESSIONS

1 **누가 요새 통 안 보이다**

haven't seen 누구 around

〈see 누구 around〉라고 하면 꽤 자주, 혹은 정기적으로 누구를 보기는 하는데 그 사람과 말하는 사이까지는 아니라는 뜻이에요. I don't know who he is, but I've seen him around. '누군지는 모르는데, 오다가다 본 적 있어.'처럼요. 인사로 See you around.라고 하는 건 '또 보자.'라는 가벼운 말이에요.

2 **누구와 사이가 틀어지다**

have a falling out

fall out의 기본 뜻은 뭔가가 떨어져 나간다는 말이에요. 툭하면 사람들이랑 의견이 갈려서 싸우는 사람에겐 He's always falling out with people.이라고 하고, 약 때문에 머리카락 등이 빠지면 The drugs made her hair fall out.이라고 해요. 명사형인 falling out은 사이나 관계가 틀어진 것을 뜻해요.

3 **그것에 대해 얘기를 나누다, 얘기를 해보다**

talk about it

같은 talk about이라도 그 내용은 일상적인 것일 수도 있고 심각한 것일 수도 있어요. 날씨에 대해서 얘기하는 걸 좋아한다면, They love to talk about the weather.이라고 하고, talk about 뒤에 전문적이거나 일과 관련된 걸 넣어서 Shall we talk about our contract? '계약 얘기 좀 해볼까요?'처럼도 말하죠.

SITUATION 2 그때 거짓말해서 미안해

내가 거짓말을 했던 친구와 화해하는 내용입니다. 우리말 대화에 맞는 영어 문장들을 먼저 만들어서 말해본 다음에 대화문을 들으며 따라 읽어보세요.

음원 42-2

케빈 야, 한동안 연락 없더니.
제시카 뜬금없이 전화해서 미안해. 어떻게 된 건지 같이 이야기하고 싶었어.
케빈 굳이 그럴 거 있니. 네가 실수하긴 했지만, 실수야 다 하는 건데.
제시카 하지만 너한테 거짓말해서 괴로웠어.
케빈 그땐 그게 옳다고 생각해서 그런 거잖아.

Kevin Hey, I **haven't heard from you** in a while.
Jessica Sorry for **calling randomly**.
125 I was hoping we could talk about what happened.
Kevin There's nothing to talk about.
You made a mistake, and **mistakes happen**.
Jessica But I feel so bad about lying to you.
Kevin You did what you thought was right at the time.

VOCABULARY

randomly 되는 대로, 뜬금없이 **lie to** ~에게 거짓말하다 **at the time** 그때

KEY EXPRESSIONS

1 **누구에게서 연락이 안 오다 haven't heard from 누구**

hear from은 개인적으로 연락을 받는다, 누구한테서 소식을 듣는다는 게 일반적인 뜻이지만, 경찰이 제보를 기다린다는 내용으로 Police want to hear from anyone who has any information.이라고 쓸 수도 있어요. 그리고 메일이나 편지를 마무리할 때 격식을 차리면서, I look forward to hearing from you. '빠른 회신을 바랍니다.'라고 많이 쓰죠.

2 **뜬금없이 전화하다 call randomly**

random은 분명한 기준이나 계획, 목적, 패턴이 없다는 뜻이에요. 그러니까 call randomly의 우리말 의미는 느닷없이, 뜬금없이, 갑자기가 되죠. random을 넣어서 자주 쓰는 표현은 random drug testing은 무작위로 하는 약물 테스트, 몇 발의 시험 발사가 이루어졌다. A few random shot was fired. 방문 고객 중에서 무작위로 몇 명을 뜻하는 a random selection of visitors 등이 있어요.

3 **실수는 늘 생긴다 mistakes happen**

주어 mistakes는 happen과 아주 많이 써요. '그런 실수는 늘 일어나는 거지 뭐.' Mistakes like that happen all the time. 그리고 '실수를 한다'고 할 때는 make와 쓰는데요, '우리는 모두 실수를 해.' We all make mistakes.는 툭하면 쓰는 표현입니다. mistake 앞에 다양한 말을 넣어 terrible mistake, the biggest mistake 등도 많이 씁니다.

SITUATION 3 결혼기념일을 깜박하다니…

배우자가 결혼기념일을 잊은 줄 알고 화가 났다가 화해하는 내용입니다. 우리말 대화에 맞는 영어 문장들을 먼저 만들어서 말해본 다음에 대화문을 들으며 따라 읽어보세요.

음원 **42-3**

크리스 여보, 오늘 밤 당신 너무 조용하네. 당신 괜찮아?
사라 안 괜찮아, 오늘이 우리 기념일인 걸 잊어버리다니, 화가 안 풀려.
크리스 알아, 하지만 일은 너무 바빴지, 어머니는 시내에 나오셨지…
사라 당신 핑계 대는 거 지겨워. 난 그저… 잠깐, 이거 뭐야?
크리스 결혼 기념 선물.

Chris Hey, you've been really quiet tonight. Is everything all right?
Sarah No, I'm still mad at you for **forgetting our anniversary** today.
Chris I know, I was **so busy at work**, and my mother was in town, and...
Sarah 126 I'm tired of your excuses. I just wish... wait, what's this?
Chris This is your **anniversary present**.

VOCABULARY

mad at ~ ~에게 화나다 **anniversary** 결혼기념일 **anniversary present** 기념일 선물

KEY EXPRESSIONS

1 **결혼기념일을 깜박하다 forget one's anniversary**

anniversary는 다양한 동사들과 같이 쓰입니다. 결혼 10주년을 축하할 때는 Can I congratulate you on reaching your tenth anniversary?라고 하고, 우리가 10주년을 자축했다면 We celebrated our tenth wedding anniversary.라고 해요. anniversary는 기일을 가리키기도 해서, Yesterday marked the second anniversary of his death. '그 분 돌아가신 지 10주기였다.'라고도 씁니다.

2 **회사에서, 일 때문에 너무 바쁜 so busy at work**

'일하는 중이다, 회사에 있다'라고 할 때 at work를 써요. busy at work는 '일 때문에 바쁘다'라는 말이고 keep at work '쉬지 않고 일한다'는 뜻이에요. while at work '작업 중에, 일하다가'라는 말이고, hard at work 열심히 일한다는 말입니다. 그리고 be back at work 다시 일을 시작하다, See you at work. '회사에서 보자.'도 많이 쓰는 표현이에요.

3 **기념일 선물 anniversary present**

생일 선물은 birthday present, 크리스마스 선물은 Christmas present이고, 결혼 선물은 wedding present이죠. 선물을 준다고 할 때는 보통 give나 get을 써서 He gave me a present. He got me a present. '그가 나에게 선물을 줬다.'처럼 말해요. 그림을 선물을 받았으면 I was given this painting as a present. I got this painting as a present.라고 하고요. 지금 선물을 열어봐도 되느냐는 말은 Can I open this present now?라고 합니다.

핵심 패턴 124 ~하고 싶지 않아. I don't feel like -ing.

그 이야긴 하고 싶지 않아.
I don't feel like talk**ing** about it.

배부르게 먹고 싶지 않아.
I don't feel like eat**ing** heavily.

오늘은 헬스장 가고 싶지 않아.
I don't feel like go**ing** to the gym today.

지금 이 순간의 느낌, 뭔가를 하기 싫다는 기분을 나타낼 때 이 패턴을 써보세요. 평소에 좋아하던 것도 어떨 땐 전혀 당기지 않을 때가 있잖아요? '하기 싫어, 먹기 싫어'라고 할 때 쓰세요.

핵심 패턴 125 ~하고 싶었어. I was hoping we could ~.

어떻게 된 건지 같이 이야기하고 싶었어.
I was hoping we could talk about what happened.

다시 같이 일할 수 있게 되기를 바랬어.
I was hoping we could work together again.

오해를 풀 수 있지 않을까 했어.
I was hoping we could clear the air.

지금 이 순간의 생각으로 어떻게 하고 싶다는 게 아니라 이전부터 무엇 하고 싶었다고 할 때 이 패턴을 쓸 수 있어요. 상대와의 관계에 대해 이 말을 쓰면 그만큼 상대에게 가까이 다가가고 싶다는 뜻이 되고요.

핵심 패턴 126 ~가 지겨워. I'm tired of ~.

당신 핑계 대는 거 지겨워.
I'm tired of your excuses.

너 거짓말하는 거 지겨워.
I'm tired of your lying.

너 바쁜 척하는 거 지겨워.
I'm tired of your pretending to be busy.

누가 뭔가를 하는 게 싫증나고 넌덜머리가 난다는 말을 하고 싶을 때 이 패턴을 써보세요. tired 대신에 sick이나 sick and tired를 써도 됩니다.

SPEAKING
PRONUNCIATION

I don't feel like talking about it.

토킹어바웉? 토킨어바웉? 어떤 게 맞는 발음이죠?

Q

I don't feel like talking about it.의 발음을 할 때요. talking about을 /토킹어바웉/이 아니라 /토킨어바웃/, /토키너바웉/처럼 발음하기도 하던데 왜 그렇죠?

A

네, 미국식 영어에서 -ing가 붙은 단어를 n의 발음으로 하는 건 흔해요. 인사로 How are you doing?이라고 할 때도 doing을 /두잉/ 말고 /두인/ 혹은 /두은/이라고 발음하는 경우가 아주 많답니다. 그러니까 I don't feel like talking about it.에서도 talking about에서 talking을 talkin으로 발음하는 거죠. 비슷하게, What are you thing about?에서 thinking about도 thinkin about처럼 즉, /띵낀어바웉/, /띵키너바웉/이라고 들리는 경우가 많을 거예요.

LEVEL UP
EXPRESSIONS

한번 생각해보자.

Let's figure this out together.

어떤 문제가 있거나 해결이 안 되는 게 있을 때 우리는 곰곰이 생각하죠. 답을 찾기 위해서, 원인을 찾기 위해서, 또 미로에서 빠져나가기 위해서. 그렇게 애를 써서 해결책을 찾는 걸 **figure out**이라고 해요. 그걸 같이 해보자고 할 때 이렇게 말해보세요.

왜 싸웠는지 문제를 찾아보자고 할 때

A 우리가 왜 그렇게 싸웠는지 모르겠네.
B 같이 한번 되짚어보자.

A I don't know why we've been fighting so much.
B **Let's figure this out together.**

뭔가를 같이 만들어보자고 할 때

A 어떻게 캐비닛을 만들지?
B 같이 한번 생각해보자구.

A How do we build this cabinet?
B **Let's figure this out together.**

CHAPTER 5

UNIT 43 사과하기

늦잠 자서 이제 일어났어 / 다른 분으로 착각했네요 / 회의 때 내가 엉뚱한 소리를 했어

TRY IT IN ENGLISH

늦잠 자고 이제야 일어나서 사과할 때, 다른 사람으로 착각하고 사과할 때, 회의 때 지나친 말을 한 데 대해 사과할 때 영어로 자신 있게 말해보세요.

강의 **43**

(전화로)

테일러 아, 이런! 또 늦잠 잤네.

존 알람 안 맞춰 놨어?

테일러 맞춰 놨는데, 잠결에 껐나 봐.

존 놀랍네. 너 알람 소리 못 듣고 자는 적 없잖아.

테일러 그렇지? 그리고 예비로 하나 더 맞춰 놓는 걸 깜빡했어. 정말 미안해.

존 여기까지 오는 데 얼마나 걸릴 것 같애?

SITUATION 1 늦잠 자서 이제 일어났어

음원 43-1

늦잠 자고 이제야 일어나서 사과하는 내용입니다. 우리말 대화에 맞는 영어 문장들을 먼저 만들어서 말해본 다음에 QR코드를 찍어 대화문을 들으며 영어 대화문을 따라 읽어보세요.

(On the phone)

Taylor Oh, no! I overslept again.

John Didn't you set an alarm?

Taylor I did, but I must have turned it off in my sleep.

John I'm surprised. You never sleep through your alarm.

Taylor Right? And I forgot to set a backup alarm.
I'm terribly sorry about this.

John 127 How long do you think it is going to take for you to get here?

VOCABULARY

oversleep 늦잠 자다 **turn off** 끄다 **in my sleep** 잠결에 **terribly** 몹시, 아주

KEY EXPRESSIONS

1 **늦잠 자다**

oversleep

oversleep은 늦잠을 잔다는 말인데요, 늦게까지 자는 건 똑같지만, 일부러, 늦게까지 느긋하게 작정을 하고 자는 건 sleep in이라고 해요. oversleep은 실수가 되겠지만, sleep in은 휴식이 될 겁니다.

2 **알람을 맞추다, 알람 소리를 못 듣고 자다**

set an alarm, sleep through the(one's) alarm

alarm을 몇 시로 맞춘다고 할 때 〈for 몇 시〉라고 해요. I set the alarm for 7 o'clock.처럼요. 알람이 꺼졌는데도 아직 자고 있었다면 I was still asleep when the alarm went off.라고 하고, 알람 소리를 못 듣고 자버렸다면 I slept through the alarm.이라고 해요.

3 **잠결에 꺼버리다**

turn it off in one's sleep

알람이 울리는 소리를 듣고 잠결에 꺼버렸다는 걸 I turned it off in my sleep.라고 해요. in one's sleep은 '자다가, 잠결에'라는 말인데요, 자면서 말을 하는 것 즉, 잠꼬대를 한다는 건 talk in one's sleep이라고 하고, 잠을 자는 채로 돌아다니는 건 walk in one's sleep이라고 합니다.

SITUATION 2 다른 분으로 착각했네요

음원 43-2

누군가를 다른 사람으로 착각한 후 사과하는 내용입니다. 우리말 대화에 맞는 영어 문장들을 먼저 만들어서 말해본 다음에 대화문을 들으며 따라 읽어보세요.

닉	안녕하세요. 오늘 미팅 나오신 거죠. 혹시 로라 존스?
여자	네? 뭐라고요?
닉	제가 오늘 만나기로 한 여자분 같아서요.
여자	아니에요. 저는 친구 기다리고 있어요.
닉	아, 죄송합니다. 착각했네요.
여자	괜찮아요. 금방 만나시길 바래요.

Nick	Excuse me. 128 I guess you're my blind date today. Do you happen to be Lora Jones?
Girl	Sorry? What did you say?
Nick	I think you're **the girl I'm supposed to meet** today.
Girl	I don't think so. I'm **waiting for my friend.**
Nick	Oh, I'm sorry. I made a mistake.
Girl	It's okay. I hope you **find your date** soon.

VOCABULARY

blind date 미팅하기로 한 상대방 **mistake** 실수 **date** 데이트 상대방 **soon** 곧, 금방

KEY EXPRESSIONS

1 **내가 만나기로 한 여자 the girl I'm supposed to meet**

be supposed to ~는 어떤 일을 해야 하거나 하지 말아야 하는 경우에, 혹은 어떻게 하기로 한 일에 써요. 호텔 규정에 따라 11시에 퇴실을 해야 한다면 We're supposed to check out by 11 o'clock.이라고 하고, '거기에 몇 시까지 가면 되죠?'는 What time am I supposed to be there?라고 해요.

2 **친구를 기다리다 wait for my friend**

wait for 누구는 누구를 기다린다는 말인데요. 그냥 '기다려'라고 할 때 쓰는 표현이 몇 개 있어요. Wait.이라고 할 수도 있고, Hold on.이라고도 하죠. 기본적으로 wait는 얼마 동안 기다리는지 상관없이 쓰는 말이고, Hold on은 잠시 기다리라고 할 때 쓰죠. 그리고 참으면서 기다리라는 의미로는 Hang on.이라고 합니다.

3 **데이트할 사람을 찾다 find one's date**

date는 데이트를 한다고 할 때 '데이트'라는 명사의 의미도 있고, '데이트를 하다'라는 동사로도 쓰이고, '데이트를 하는 상대방'을 가리키기도 해요. 내일 데이트가 있으면 I've got a date with him tomorrow night.이라고 하고, 파티에 내가 사귀는 사람을 데리고 가도 되느냐는 말은 Can I bring a date to the party?라고 합니다. 요즘 누구 만나느냐고 할 때 Who are you dating?이라고 할 수 있고요.

SITUATION 3 회의 때 내가 엉뚱한 소리를 했어

회의 때 했던 말에 대해 사과하는 내용입니다. 우리말 대화에 맞는 영어 문장들을 먼저 만들어서 말해본 다음에 대화문을 들으며 따라 읽어보세요.

음원 43-3

숀　회의 때 내가 말한 것에 대해 사과하고 싶어.
신디　그럴 필요 없어.
숀　그런 식으로 비판한 거 미안해.
신디　아니야. 좋은 지적 많이 해준 걸.
숀　그렇게 말해줘서 고마워.
다른 사람들은 너처럼 이해심이 없는데.
신디　난 항상 개선 방법을 찾잖아.

Sean　129 **I want to apologize for what I said in the meeting.**
Cindy　There's no need to.
Sean　I feel sorry for criticizing you **the way I did**.
Cindy　No, you **made many good points**.
Sean　Thanks a lot for saying that.
Not everyone is **as understanding as you**.
Cindy　I'm always looking for ways to improve.

VOCABULARY

apologize 사과하다　**criticize** 비판하다　**understanding** 다른 사람의 어려움에 공감하는　**improve** 개선하다

KEY EXPRESSIONS

1 **내가 했던 식으로 the way I did**

여기서 way는 어떤 일을 하는 방법이나 매너, 스타일을 의미해요. 친절하게 말하는 사람에게는 He always speaks in a friendly way.라고 하고, 아버지가 아버지 방식대로 자식을 사랑한다면 Your father loves you in his own way.라고 할 수 있어요. the way I did라고 한 것은, 숀이 신디를 비판한 방식이 꽤 직선적이었다는 느낌이 드는 말입니다.

2 **여러가지 좋은 얘기를 해주다 make many good points**

이때의 point는 어떤 일의 좋고 나쁜 점을 가리켜요. 어떤 물건이 잘 팔리는 이유 중의 하나가 가격이 싼 거라면 The low price is one of its selling points.라고 합니다.

3 **상대방처럼 이해심이 많은 as understanding as you**

understanding은 이해심이 있는, 즉, 남에 대해 공감 능력이 있고 다른 사람의 아픔이나 문제를 친절하게 보듬는다는 뜻입니다. 비슷한 뉘앙스를 가진 말로 '사려 깊은' thoughtful, '배려심이 있는' considerate, '다정하게 챙겨주는' caring, '동정심이 있는' sympathetic 등이 있어요.

핵심 패턴 127 ~하는 데 얼마나 걸릴 것 같아? How long do you think it is going to take for you to ~?

거기까지 가는 데 얼마나 걸릴 것 같아?
How long do you think it is going to take for you to get here**?**

파일 다시 올리는 데 얼마나 걸릴 것 같아?
How long do you think it is going to take for you to reupload the file**?**

보고서 마치는 데 얼마나 걸릴 것 같아?
How long do you think it is going to take for you to complete the report**?**

빨리빨리를 입에 달고 사는 우리 나라 사람들이 아주 많이 쓰는 말, 얼마나 걸리는지 물을 때 이 패턴을 써보세요. 이 문장에서 do you think를 생략해도 되는데 그때는 How long is it going to take ~?라고 해야 해요.

핵심 패턴 128 ~이신 것 같은데요. I guess you're ~.

오늘 미팅 나오신 거죠.
I guess you're my blind date today.

여기 책임자 맞으시죠.
I guess you're the person in charge here.

이 일에 적격이신 것 같아요.
I guess you're the right person for this position.

상대방이 어떤 사람이 맞는 것 같아 보일 때 이 패턴을 써보세요. 누구이시죠? 맞죠? 이런 느낌으로요. 〈You must be 누구.〉라고 하기도 해요.

핵심 패턴 129 내가 ~한 것에 대해 사과하고 싶어. I want to apologize for (what I) ~.

회의 때 내가 말한 것에 대해 사과하고 싶어.
I want to apologize for what I said in the meeting.

네 여친한테 한 행동에 대해 사과하고 싶어.
I want to apologize for what I did to your girlfriend.

내가 가로챈 것에 대해 사과하고 싶어.
I want to apologize for stealing.

상대방에게 뭔가 사과할 게 있을 때 쓸 수 있는 패턴인데요, 사과할 내용은 for 뒤에 쓰고, 사과의 내용이 명사면 명사를, 동사가 포함된 구문이면 what 뒤에 주어, 동사를 넣어 말해보세요.

I feel sorry for criticizing you the way I did.

의미가 정확히 뭐죠?

Q

the way I did의 정확한 의미를 모르겠어요. **the way**는 '방법'이라고 해석하나요?

A

방법이라기보다는 '그렇게 하는 것' 정도로 생각해보세요. 예를 들어 **I love you just the way you are.**는 무슨 뜻이죠? 네, 맞아요. '나는 네 모습 그대로가 좋아, 그냥 너라서 좋아.' 잖아요? 또 **I like the way you talk.**라고 하면 '어쩜 넌 말을 그렇게 하니, 말을 참 예쁘게 해.'라는 의미가 되고, **What do you think about the way I dance?**는, '나 이렇게 춤추는 거 어떤 거 같아? 괜찮나?'예요. 그러니까 우리말로 어떤 방법이라고 생각하지 마시고, 그렇게 뭐뭐하는 것 정도로 자연스럽게 이해하세요.

LEVEL UP
EXPRESSIONS

다시는 그런 일 없을 거야.

It won't happen again.

사람은 누구나 실수를 하죠. 지각도 하고, 아는 문제인데도 틀리고, 과장님 지시를 잘못 알아들어서 엉뚱한 데서 헤매고. 그런 실수를 한 후에 다시는 그런 일 없을 거라고 다짐을 하는 말입니다. 미안함과 반성하는 마음을 가득 담아서 하는 거죠.

다시는 안 늦겠다고 할 때

A 다음에는 늦지 마.
B 걱정하지 마세요. 다시는 그런 일 없을 거예요.

A Please don't be late next time.
B Don't worry. **It won't happen again.**

다시는 실수하지 않겠다고 할 때

A 실수해서 미안해. 다시는 그런 일 없을 거야.
B 걱정 마. 늘 있는 일이야.

A Sorry about the mistake. **It won't happen again.**
B Don't worry. These things happen.

CHAPTER 5

UNIT 44 정정하기

아, 개인 메일도 안 되네 / 많이 사시면 할인을 더 해드릴게요 / 결혼식은 가야 할 텐데…

TRY IT IN ENGLISH

회사 메일이 안 돼서 개인 메일로 보내 달라고 정정할 때, 한두 개가 아니라 많이 사면 할인해 준다고 가격을 정정할 때, 결혼식 참석 여부를 정정할 때 영어로 자신 있게 말해보세요.

강의 44

웬디 다음 프로젝트에 관한 이메일을 못 찾겠어.
네가 나한테 보내줄 수 있을까?

숀 그래. 지금 바로 보낼게.
네 개인 메일로 보낼까?

웬디 응, 그래주라.
회사 메일 지금 다운됐어.

숀 이런, 네 개인 메일도 다운이네.
이걸 너한테 보낼 다른 방법 있을까?

SITUATION 1 아, 개인 메일도 안 되네

음원 44-1

회사 메일이 안 돼서 개인 메일로 보내달라고 정정하는 내용입니다. 우리말 대화에 맞는 영어 문장들을 먼저 만들어서 말해본 다음에 QR코드를 찍어 대화문을 들으며 영어 대화문을 따라 읽어 보세요.

Wendy I can't find the email about our next project.
Can you **forward it to me**?

Sean No problem. I'll forward it to you right now.
Do you want me to send it to your **personal email address**?

Wendy Yes, please. My work email is **currently down**.

Sean Oh, your personal email address doesn't work, either.
130 Is there another way I can send it to you?

VOCABULARY

email about ~ ~에 관한 이메일 **personal email** 개인 메일 **work email** 업무용 메일 **work** 작동하다, 기능을 하다

KEY EXPRESSIONS

1 **그것을 누구에게 보내다**

forward it to 누구

forward는 '어떤 것을 보내다, 어떤 것을 누구에게 보내다'라는 말이에요. '우체국에서 내 우편물 좀 잘 부쳐줄래?' Would you make sure that you forward my mail promptly?와 같이 말하기도 하고, 이메일이나 문서, 자료 등을 보낼 때도 쓰는데요, 우리는 외래어로 '포워드해달라'라고도 하죠? 격식을 차리는 문장에서는 경력을 개발한다는 의미로 It's a good chance to move my career forward.라고 쓰기도 해요.

2 **사메일, 개인계정의 메일**

personal email address

요즘 회사에서 보안상의 이유로 개인적인 메일을 외부로 보내는 것이 안 되는 곳이 많죠? 회사에서 쓰는 메일 말고 사적인 계정의 메일을 personal email address라고 해요. '사적인'이라는 뜻의 personal을 넣어 개인적인 질문을 할 때 May I ask you a personal question?라고 하거나, 사적인 질문에는 답을 안 하겠다고 I don't answer questions about my personal life.라고 할 수도 있죠. 본인 외엔 개봉 금지인 우편물에 Personal and Confidential이라고 표기합니다.

3 **지금 다운된 currently down**

currently는 now와 비슷하지만 약간 다른 뜻인데요, now는 지금 이 순간, at the moment는 상황이 곧 변할 것 같은 짧은 이 순간, 그리고 currently는 이 순간의 상황이 어떤지 설명할 때 써요. 또 at present는 이 순간의 상황이 그리 길게 가지 않는다는 뉘앙스이고, for the time being은 문제가 해결되면 임시 조치가 끝난다는 의미에서 얼마간이라는 표현입니다.

CHAPTER 5

SITUATION 2 많이 사시면 할인을 더 해드릴게요

한두 개가 아니라 많이 사면 할인해준다고 가격을 정정하는 내용입니다. 우리말 대화에 맞는 영어 문장들을 먼저 만들어서 말해본 다음에 대화문을 들으며 따라 읽어보세요.

음원 44-2

(휴가 중 가게에서)

미란다 이 접시 얼마예요?
점원 하나에 5유로입니다.
미란다 좀 깎아주세요.
점원 접시를 몇 개나 사시게요?
미란다 열 개 필요하거든요.
점원 그럼 5프로 깎아드릴게요.
미란다 고맙습니다. 열 개 할게요.

(While on vacation, at a store)

Miranda How much are these coasters?
Clerk They are 5 euros each.
Miranda Can you give me a discount?
Clerk 131 How many coasters are you going to buy?
Miranda I need 10 of these.
Clerk Then I can give you a 5 percent discount.
Miranda Oh, thank you. I'll take them.

VOCABULARY

on vacation 휴가 중인 **coaster** 접시, 받침대 **each** 하나에 **take** 사다

KEY EXPRESSIONS

1 **이거 열 개 10 of these**

초등학교 들어가서 숫자 세는 법을 처음 배우면 사람 두 명, 나무 한 그루, 연필 열 자루, 강아지 두 마리, 집 열 채 이렇게 세죠? 영어책에는 한 그루의 나무, 열 자루의 연필… 이렇게 되어 있어요. 영어로 어떤 거 몇 개는 〈숫자 of ~〉, 10 of these처럼 쓰세요. '몇 개요?'라고 물을 때는 How many of them?이라고 합니다.

2 **누구에게 5퍼센트 할인을 해주다**
give 누구 a (5 percent) discount

가격에 대해 주고받는 말들을 볼까요? 할인을 해달라고 할 때는 ask for a discount라고 하고, 할인을 받는 건 get a discount이죠. 그리고 누군가에게 할인가를 제시하는 건 offer someone a discount, 실제로 깎아주면 give someone a discount라고 해요. Staff are entitled to a 20% discount. '직원들은 20% 할인가가 적용됩니다.' They can buy products at a discount. '그래서 할인가로 살 수 있다.'처럼 말할 수 있어요.

3 **이거/이것들을 살게요. take it/them**

가게에서 물건 살 때 이렇게 말하면 돼요. I'll take it. I'll take them.이라고요. Notting Hill 노팅힐에서 줄리아 로버츠가 휴 그랜트 책방에서 이렇게 말하죠? I will take this one.

SITUATION 3 결혼식은 가야 할 텐데…

결혼식 참석 여부를 정정하는 내용입니다. 우리말 대화에 맞는 영어 문장들을 먼저 만들어서 말해 본 다음에 대화문을 들으며 따라 읽어보세요.

음원 44-3

닉 주디, 이 초대장 봤어?
리사가 다음 달에 결혼하네.
주디 그러게. 가야 할까?
걔 결혼식 놓치고 싶지는 않은데.
닉 하지만 우리 제주도까지 갈 형편이 안 되잖아.
주디 게다가 결혼식이 주말이 아니고 금요일이고.
그치만 우리 못 가면 실망할 텐데.

Nick Judy, did you **see this invitation**?
Lisa is getting married next month.
Judy I know.
Do you think we should go?
132 I'd hate to miss her wedding.
Nick But we **can't afford to fly to Jeju-do**.
Judy And the wedding is on Friday, not on the weekend.
But she'll be disappointed **if we can't make it**.

VOCABULARY

invitation 초대, 초대장, 초청장 **get married** 결혼하다 **miss** 놓치다, 못 보다
disappointed 실망하는

KEY EXPRESSIONS

1 **이 초대장을 보다 see this invitation**

see에는 어떤 것을 그냥 '눈으로 보다'라는 뜻 말고도 '확인하다'라는 뜻이 있어요. 여권이나 신분증을 보여달라는 말인 May I see your passport?, Can I see your ID?에서 see는 여권이나 신분증이 어떻게 생겼는지를 눈으로 보겠다는 게 아니고 신분을 확인하겠다는 거죠? 마찬가지로 대화문에서도 초대장에서 결혼식이 며칠인지 확인한다는 뜻이 될 수도 있겠죠.

2 **어디로 비행기 타고 갈 형편이 안 되다 can't afford to fly to 어디**

〈can't afford to 동사원형〉은 '어떤 것을 할 여유가 없다, 돈이 부족하다'는 말인데요, to 동사원형 말고 명사를 afford 뒤에 써도 됩니다. 월세나 방값을 낼 형편이 안 된다는 말을 I cannot afford the rent on my own.이라고 하는 것처럼요.

3 **우리가 못 가면 if we can't make it**

make it은 어디에 가는 데 성공하는 것, 어디에 갈 수 있게 되는 것을 뜻해요. 모임 등에 못 올 수도 있다고 한 친구가 와주면 I'm glad you made it today. '오늘 와줘서 기뻐.'라고 말할 수 있고요, '미안하지만 일요일에 못 갈 것 같다.'는 말은 I'm sorry, but I won't be able to make it on Sunday after all.이라고 할 수 있어요.

핵심 패턴 130 ~하기 위한 다른 방법이 있을까? Is there another way I can ~?

내가 너한테 메일을 보낼 다른 방법이 있나?
Is there another way I can send it to you**?**

지주한테 연락할 다른 길이 있을까?
Is there another way I can contact the landowner**?**

그 일 맡을 사람들을 충분히 확보할 다른 방법이 있을까?
Is there another way I can secure enough resources for the project**?**

일반적인 방법으로 문제가 해결되지 않아 다른 해결책, 대안을 찾을 때 이 패턴을 써보세요.

핵심 패턴 131 몇 개나 ~하려고? How many ~ are you going to ...?

접시를 몇 개나 사시려고요?
How many coasters **are you going to** buy**?**

몇 나라나 여행할 거야?
How many countries **are you going to** travel to**?**

이번 시즌에 사이트를 몇 개나 오픈하려고?
How many sites **are you going to** launch this season**?**

물건을 살 때처럼, 셀 수 있는 대상을 몇 개나 뭐뭐하려는지 물어볼 때 이 패턴을 써보세요.

핵심 패턴 132 ~하고 싶지 않은데 I'd hate to ~.

걔 결혼식은 놓치고 싶지 않은데.
I'd hate to miss her wedding.

죽치고 앉아 TV나 보면서 시간 보내긴 싫어.
I'd hate to spend time just watching TV.

아스날이 챔피언십으로 강등되는 건 끔찍해.
I'd hate to see Arsenal relegated to the Championship league.

어떤 것을 하고 싶지는 않은데 어쩌나 싶을 때 이 패턴을 써보세요. 어떤 것을 하고 싶을 때는 〈I'd like to 동사원형〉, 〈I'd love to 동사원형〉을 써서 말해요.

SPEAKING GRAMMAR

Is there another way I can send it to you?

another 대신 다른 표현을 써도 되나요?

Q

자료를 상대방에게 보낼 다른 방법이 있는지 물을 때요, **Is there another way I can send it to you?**라고 했는데, **another** 말고 **the other**나 **other**를 써도 되나요?

A

another, the other, the others 등의 쓰임이 헷갈리시죠? 깔끔하고 명쾌하게 알려드릴게요. **another**는 여러 개 있는 것 중에서 이것 말고 그냥 아무거나 다른 것을 가리켜요. 그리고 **the other**는 두 개 중에서 이것 말고 다른 남은 하나를 가리키고요. 그러니까 딱 두 개만 있을 때 이것 말고 다른 것이 **the other**인 거죠. 그리고 여러 개 중에서 이것 말고 나머지 전부를 가리키는 게 **the others**입니다. **other** 뒤에 복수명사를 쓰는 건, 이것 말고 다른 것들을 가리켜요. 나머지 전부는 아니고 그냥 다른 어떤 것들 혹은 어떤 사람들을요.

LEVEL UP EXPRESSIONS

다른 길이 있을 거야.

There must be another way.

뭔가를 하는 방법, 길은 한 가지만 있는 게 아니죠. 파일이 너무 커서 이메일로 못 보낸다면 혹시 압축을 하지 않았나도 확인해야 하고 그게 아니면 웹하드에 올릴 생각도 해봐야 하구요.

파일을 다른 방법으로 보내야 할 때

A 이 파일 너무 커서 이메일로는 못 보내겠는데?
B 다른 방법이 있을 거야.

A I can't send you this file by email. It's too big.
B **There must be another way.**

요가 말고 다른 운동을 찾아볼 때

A 나 요가 해봤어. 근데 아직 몸이 유연하지가 않아.
B 다른 길이 있을 거야. 필라테스는 해봤어?

A I've tried yoga. I am still not flexible.
B **There must be another way.** Have you tried Pilates?

UNIT 45 감사하기

USB 찾아주셔서 감사해요 / 헤드폰 선물 정말 좋아요 / 직접 만들어준 선물, 감동이야

TRY IT IN ENGLISH

USB를 찾아준 분께 감사할 때, 헤드폰 선물이 정말 마음에 들어서 감사할 때, 선물을 직접 만들어줘서 감사할 때 영어로 자신 있게 말해보세요.

강의 **45**

(길가에서 소녀가 뭔가를 찾는다.)

제이크 얘, 뭐 떨어뜨렸니?

소녀 네, 제 USB가 떨어졌어요. 작고 까만 거예요.

제이크 알았어. 내가 찾는 거 도와줄게.

(제이크가 우산을 내려놓고 잠깐 찾아본다.)

아, 이거?

소녀 고맙습니다.

(제이크가 우산을 놔둔 채 그냥 가려고 한다.)

잠깐만요. 이 우산 아저씨 거 아니에요?

제이크 아 맞아, 내 꺼네. 낮에 비가 그치면 자꾸 잃어버리네.

SITUATION 1 USB 찾아주셔서 감사해요

USB를 찾아준 아저씨께 감사하는 내용입니다. 우리말 대화에 맞는 영어 문장들을 먼저 만들어서 말해본 다음에 QR코드를 찍어 대화문을 들으며 영어 대화문을 따라 읽어보세요.

음원 45-1

(A girl is looking for something on the sidewalk.)

Jake Excuse me. Did you drop something?

Girl Yes, I **dropped my USB** stick. It's a small black one.

Jake Okay. I'll **help you find it**.

(Jake puts down his umbrella and looks around for a minute.)

Oh, is this it?

Girl Thank you.

(Jake starts to leave without taking his umbrella with him.)

Wait. **133** Isn't this umbrella yours?

Jake Oh, yes, that's mine. I often lose my umbrella **when it stops raining during the day**.

VOCABULARY

sidewalk 길가, 보도 **drop** 떨어뜨리다, 떨어지다 **put down** 내려놓다 **umbrella** 우산
look around 주위를 돌아보다 **during the day** 낮 동안에

KEY EXPRESSIONS

1 **누가 자기 USB를 떨어뜨리다**

drop one's USB stick

이 대화문에서 drop은 실수였지만 의도를 가지고 일부러 어떤 것을 떨어뜨리거나 두다라는 뜻으로도 쓰여요. 어떤 사람이 일부러 의자에 자기 가방을 놓았다면, He dropped his briefcase on a chair.라고 해요.

2 **누가 그것을 찾는 걸 도와주다**

help 누구 find it

help 뒤에 누구를 쓰고 이어서 to 동사원형을 쓰는 게 예전의 기본 문법이었는데요, 요즘은 거의 to를 빼고 그냥 help 누구 뒤에 동사원형을 써서 말해요. 여기서 도와준다는 건 불가능한 걸 가능하게 한다는 것이기도 하고 좀 더 쉽게 만들어준다는 의미도 됩니다.

3 **낮에 비가 그치면**

when it stops raining during the day

stop raining은 비가 오다가 그치는 걸 말하죠. 그리고 during the day는 '낮에'라는 말이고, '밤에'는 during the night이라고 해요. 누군가가 밤에는 집 밖으로 안 나가고 낮에만 그런다면, She only leaves her house during the day.라고 해요.

SITUATION 2 헤드폰 선물 정말 좋아요

엄마한테 헤드폰 선물을 받고 음질이 좋다고 기뻐하는 내용입니다. 우리말 대화에 맞는 영어 문장들을 먼저 만들어서 말해본 다음에 대화문을 들으며 따라 읽어보세요.

음원 45-2

헬렌 마이크, 새로 산 헤드폰 어때?
마이크 정말 마음에 들어요, 엄마. 고맙습니다.
헬렌 잘됐네. 하지만 음악 너무 크게 틀지 마.
안 그러면, 귀 나빠져.
마이크 안 그럴게요, 엄마. 이 헤드폰 소리가 정말 깨끗해요.
헬렌 네 헤드폰 잠깐 써도 될까?
밖에서 산책하면서 음악이 듣고 싶네.

Helen Mike, how do you like your new headphones?
Mike I really like them, Mom. Thank you.
Helen Good. But don't **play** your **music too loudly**.
Otherwise, your hearing is going to get worse.
Mike I won't, Mom. The **sound from these headphones** is so clear.
Helen 134 Can I use your headphones for a while?
I want to listen to some music **while taking a walk outside**.

VOCABULARY

loudly 시끄럽게 **otherwise** 그렇지 않으면 **get worse** 나빠지다 **outside** 밖에서

KEY EXPRESSIONS

1 **음악을 크게 틀다, 틀어놓다 play music too loudly**

여기서 play는 '(오디오의) 음악을 틀다'의 의미로 쓰인 거고요, 또 다른 play의 뜻은 '연주하다'이죠. 종교 음악을 연주하는 건 play sacred music, 외워서 연주하는 것, 아니면 즉흥적으로 하는 건 play music by ear, 악보 없이 연주하면 play without music이라고 해요.

2 **이 헤드폰에서 나오는 소리 sound from these headphones**

sound from은 소리가 어디에서 난다는 방향, 출처를 가리켜요. 그리고 sound of는 무엇의 소리라고 해서, 그 소리의 근원지를 나타내죠. 소리, 볼륨을 낮추라고 할 때는 Turn the sound down, Turn the volume down, Turn the TV down 등으로 말하고, 반대로 높이라는 건 turn up을 넣어 말해요.

3 **밖에 나가서 산책하면서 while taking a walk outside**

a walk는 산책하는 걸 말하죠. 해변가를 거닐자고 하면 Let's go for a walk on the beach. 도시를 걸어서 지나갔다는 건 She took a walk through the town.라고 해요. take a walk outside는 밖에서 산책을 하는 거고, 강아지를 산책시킨다면 She took her dog for a walk. 혹은 She walked her dog.라고 말해요.

SITUATION 3 직접 만들어준 선물, 감동이야

친구가 직접 만들어서 준 선물을 받고 감동하는 내용입니다. 우리말 대화에 맞는 영어 문장들을 먼저 만들어서 말해본 다음에 대화문을 들으며 따라 읽어보세요.

음원 45-3

테일러 네가 말하는 게 진짜인지 아닌지 잘 모르겠다.
앨런 뭐에 대해서?
테일러 내가 만들어 준 선물, 마음에 드는 건지 아닌지 말이야.
앨런 그거 만드는 데 며칠은 걸렸겠더라.
테일러 음, 열과 성을 다했지.
앨런 하하. 네 선물이 정말 마음에 든다고.
내가 그동안 진짜로 갖고 싶었던 거야.

Taylor **135** I can't tell if you're telling me the truth or not.
Allen About what?
Taylor About whether or not you really liked the present I made for you.
Allen It must've **taken you days to make that.**
Taylor Well, I did **pour my heart and sweat into it.**
Allen Haha. I mean I really liked your present.
That was exactly what I'd always wanted.

VOCABULARY

truth 사실, 진실 **pour** 쏟아붓다 **sweat** 땀, 노고 **present** 선물

KEY EXPRESSIONS

1 **누가 그것을 만드는 데 몇 일이 걸리다**

take 누구 days to make that

누가 무얼 하는 데 시간이 얼마나 걸린다는 표현으로 It took me 14 days to finish that. '내가 그거 다 하는 데 14일 걸렸어.'처럼 누가 무엇 하는 데 얼마나 걸린다고도 쓰고 It would take four months to build that house. '그 집 짓는 데 4개월은 걸릴 걸.'처럼 말하기도 해요.

2 **열과 성을 쏟아붓다**

pour my heart and sweat into it

열과 성을 뜻하는 heart and sweat과 비슷한 표현인 Blood, sweat and tears '피, 땀, 눈물'이라는 BTS의 노래가 있죠? 사실 이 말을 처음 쓴 사람은 영국의 윈스턴 처칠이라고 해요. 1940년 2차 대전 상황이 아주 안 좋을 때, I have nothing to offer but blood, toil, tears, and sweat. '제가 국민께 드릴 수 있는 건 피, 노력, 눈물, 그리고 땀 밖에 없습니다.'라고 아주 비장하게 말했다고 하죠.

핵심 패턴 133 이 ~ 네 거 아냐? Isn't this ~ yours?

이 우산 아저씨 거 아니에요?
Isn't this umbrella **yours?**

이 무릎보호대 네 거 아냐?
Isn't this shin guard **yours?**

이 지갑 네 거 아냐?
Isn't this wallet **yours?**

누가 지금 뭘 찾고 있거나 전에 찾았던 물건을 발견했을 때 이 패턴을 써서 말해 보세요. 상대방이 찾고 있는 게 이것 같은데 맞나? 하고 확인하는 질문입니다.

핵심 패턴 134 잠시 ~해도 돼? Can I ~ for a while?

네 헤드폰 잠깐 써도 돼?
Can I use your headphones **for a while?**

잠시 쉬어도 될까요?
Can I take a break **for a while?**

잠깐만 통화 좀 해도 될까요?
Can I make a phone call **for a while?**

상대방에게, 뭔가를 해도 되는지 양해를 구할 때 이 패턴을 써보세요. 상대방이 이해해주거나 허락해주지 않으면 실례라는 말이니까 꼭 기억했다가 써보세요.

핵심 패턴 135 ~인지 아닌지 분간을 못 하겠어. I can't tell if ~ or not.

사실대로 이야기하는지 아닌지 분간할 수가 없어.
I can't tell if you're telling me the truth **or not**.

그 사람이 나랑 맞는 사람인지 아닌지 분간을 못 하겠어.
I can't tell if he is the right person for me **or not**.

이 색깔이 네가 원하던 건지 아닌지 알 수가 없네.
I can't tell if this is your color **or not**.

시각적으로 어떤 것을 분간을 못할 때나 이성적인 판단을 못할 때도 이 패턴을 써 보세요. If 대신에 whether를 써도 됩니다.

The sound from these headphones is so clear.

from 대신 of를 써도 되나요?

Q

이 헤드폰에서 나오는 소리, 즉 음질을 말할 때 **the sound from these headphones**라고 했는데요, 여기서 **from** 대신에 **of**를 써도 되나요?

A

안 됩니다. 뜻이 달라져요. 〈**the sound from** 무엇〉은 그 무엇에서 나오는 소리를 가리키는 말로, **the sound from this TV, the sound from these earphones, the sound from these speakers**처럼 말하는 거고요, 〈**the sound of** 무엇〉은 무엇이 내는 소리를 가리켜요. 노래 제목으로 유명한 **the sound of silence, the sound of music** 혹은 **the sound of the waves, the sound of a flute, the sound of a siren**처럼 〈**the sound of** 무엇〉은 거기에서 나는 소리가 아니라 그것이 내는 소리를 말합니다.

LEVEL UP
EXPRESSIONS

이건 과분해.

This is too much.

선물을 주는데 싫다고 할 사람은 없겠죠. 하지만 내가 선물로 가볍게 은반지 정도를 생각하고 있는데 다이아몬드 반지를 사준다든가, 커피나 한 잔 사면 되지 뭐 하고 있는데 호텔 뷔페를 사겠다고 하면 "앗! 이렇게까지?" 할 수 있겠죠. 그때 이 말을 해보세요.

새 차를 뽑아준 사람에게

A 너한테 좋은 거 사주고 싶었어.
B 아니 새 차라니! 고마워.
과분한데.

A I wanted to get you something nice.
B A new car! Thank you.
This is too much.

다이아목걸이를 받고

A 자 이거 받아. 새 목걸이 좋아할 거라고 생각했어.
B 다이아? 왜 그랬어?
이건 너무 과분해.

A Here. I thought you'd like a new necklace.
B Diamond? You shouldn't have.
This is too much.

UNIT 46 칭찬하기

화초 정말 잘 키우네 / 내 평생 최고의 팬케이크다 / 면접 때 아주 잘했나 보구나

TRY IT IN ENGLISH

화초를 정말 잘 키운다고 칭찬할 때, 내 평생 최고의 팬케이크일 정도로 맛있다고 칭찬할 때, 면접 때 잘했다고 칭찬할 때 영어로 자신 있게 말해 보세요.

강의 46

닉	여보, 화초에 물 줬어?
제니	아니, 당신이 좀 해줄래?
닉	그래. 와, 이거 정말 빨리 큰다.
제니	당신 화초 키우는 데 소질이 있나 봐.
닉	왜 그렇게 생각해?
제니	당신은 때 되면 꼬박꼬박 물을 주잖아.
닉	당신은 나한테 집안일 시킬 줄을 안단 말이야.

SITUATION 1 화초 정말 잘 키우네

음원 46-1

화초를 정말 잘 키운다고 칭찬하는 내용입니다. 우리말 대화에 맞는 영어 문장들을 먼저 만들어서 말해본 다음에 QR코드를 찍어 대화문을 들으며 영어 대화문을 따라 읽어보세요.

Nick Honey, did you **water the plants**?
Jenny No. Can you?
Nick Okay. Wow. These plants are getting so tall.
Jenny I think you **have a green thumb**.
Nick What makes you think that?
Jenny 136 You never forget when to water them.
Nick You know **how to make me do the chores**.

VOCABULARY

water 물을 주다 **plants** 화초 **get ~** 어떻게 되다 **get tall** 키가 자라다
green thumb 식물 기르는 재능 **chores** 집안일

KEY EXPRESSIONS

1 **화초에 물을 주다**
water the plants
water가 동사로 쓰이면 물을 준다는 뜻이에요. '내가 없는 동안 우리 집 화분에 물 좀 줄래?'라는 말은 Will you water my houseplants while I'm away?라고 하고, '고양이 밥 먹이고 물 줬어?'라고 물을 때는 Has the kitten been fed and given water?라고 해요.

2 **식물을 잘 키우는 재능이 있다**
have a green thumb
green thumb은 식물을 기르는 재능이 있는 사람에게 써요. 그래서 have a green thumb은 화초를 잘 가꾼다는 말이죠. 형용사로 green-thumbed라는 말도 씁니다.

3 **어떻게 하면 내가 집안일을 잘 하게 할까를**
how to make me do the chores
chores는 집이나 회사를 깨끗하게 하고 제대로 돌아가게 하기 위해, 늘 혹은 정기적으로 하는 일을 말해요. 우리가 집안일을 분담해서 한다는 걸 We share the chores.라고 하고, 돌아가면서 한다면 We take turns doing the chores.라고 해요.

SITUATION 2 내 평생 최고의 팬케이크다

음원 46-2

내 평생 최고의 팬케이크일 정도로 맛있다고 칭찬하는 내용입니다. 우리말 대화에 맞는 영어 문장들을 먼저 만들어서 말해본 다음에 대화문을 들으며 따라 읽어보세요.

(식당에서)

헬렌 내가 먹어본 팬케이크 중 최고야.

댄 정말 그렇네.

헬렌 쉐프한테 레시피 좀 물어봐야겠어.

댄 네 덕에 근사한 맛집 하나 찾았다.

헬렌 이렇게 폭신폭신한 팬케이크는 먹어도 먹어도 질리지 않을 거야.

댄 나도 그래. 벌써 배가 부르네.

헬렌 그거 안 먹을 거면 내가 먹을까?

(At a restaurant)

Helen These are the best pancakes I've ever eaten.

Dan You can say that again!

Helen I have to ask the chef for the recipe.

Dan 137 Thanks to you, I've found a great new restaurant.

Helen I just can't get enough of these fluffy pancakes.

Dan Me, neither. I'm so full already.

Helen If you're not going to finish those, can I have them?

VOCABULARY

recipe 조리법 **fluffy** 폭신폭신한 **full** 배가 부른 **already** 벌써, 이미

KEY EXPRESSIONS

1 **내가 여태 먹어본 중에서 최고로 맛있는 팬케이크**
the best pancakes I've ever eaten

'내가 ~해본 것 중 제일 ~하다'라는 뜻으로 〈the 최상급 I've ever p.p.〉를 쓰죠. 어떤 사람이 내가 겪은 상사 중에 제일 이해심이 많은 사람이라고 할 때 She is the most understanding boss I've ever had.라고 해요.

2 **정말 그렇네!, 네 말이 맞네! You can say that again!**

상대방이 한 말에 대해 전적으로 동감할 때 쓰는 표현이에요. 같은 의미로 I couldn't have said it better myself.도 있어요. 반대로 You could've said it better.도 있는데요, '꼭 그렇게 말을 했어야 했니'라는 뜻이에요.

3 **요리사에게 요리법을 달라고 하다 ask the chef for the recipe**

쉐프한테 요리법, 레시피를 달라는 건, 이거 어떻게 만드는 건지 알려달라는 거예요. 〈Ask the chef how to cook 무엇〉 혹은 〈ask the chef how to make 무엇〉이라고 표현할 수도 있습니다. 그리고 요리사는 cook이라고도 하고 chef라고도 하죠.

SITUATION 3 면접 때 아주 잘했나 보구나

면접 때 잘 했다고 칭찬하는 내용입니다. 우리말 대화에 맞는 영어 문장들을 먼저 만들어서 말해 본 다음에 대화문을 들으며 따라 읽어보세요.

음원 46-3

(전화로)

제이크 바바라, 별 일 없어?

바바라 제이크, 나 채용 면접 본 거 기억해?

제이크 그럼, 연락 왔어?

바바라 왔어! 2차 면접 오래!

제이크 좋은 징조네. 네 인상이 좋았나 봐. 2차 면접은 어떻게 됐는데?

바바라 내가 아주 잘 보인 것 같아. 즉석에서 일자리를 주시더라고.

(On the phone)

Jake Hi, Barbara, what's up?

Barbara Jake, do you remember **the job interview I had**?

Jake Yes, did they call you back?

Barbara Yes! They **called me in for a second interview**!

Jake That's a good sign. You must have **made a good impression.** So how did the second interview go?

Barbara I think I really impressed them.

138 They gave me a job right on the spot.

VOCABULARY

job interview 채용면접 **sign** 신호, 징조 **impression** 인상 **right on the spot** 즉석에서

KEY EXPRESSIONS

1 **내가 치렀던 면접 the job interview I had**

면접이 있다는 건 have/has an interview라고 해서, 가르치는 일에 면접을 보러 가면 She has an interview tomorrow for a teaching job.이라고 하고, 면접을 보러 간다는 건 go for an interview라고 해서, '내가 이 회사에 면접을 보러 갔었다.'를 I went for an interview at this company.라고 해요. 면접 기회를 얻은 건 get an interview, 면접 기회를 준다는 건 〈give 누구 an interview〉라고 하죠.

2 **누구에게 2차 면접을 보러 오라고 하다 call 누구 in for a second interview**

〈call 누구 in〉은 누구에게 어떤 것을 하라고 부른다는 뜻이에요. 그리고 전화로 병가를 내는 것은 call in sick라고 해요. 1차 면접은 the first interview, 2차 면접은 a second interview, 후속 면접은 follow-up interview, 대면면접은 face-to-face interview, 그리고 전화면접은 telephone interview라고 해요.

3 **잘 보이다 make a good impression**

make an impression의 직역은 좋은 인상을 심어주다인데요, 의미는 잘 보인다는 겁니다. '누구에게'라는 말은 〈on 누구〉라고 말해요. make 대신에 give를 써도 돼요. impress를 동사로 써서 〈impress 누구〉라고도 말합니다.

핵심 패턴 136
너는 때 되면 꼭 ~하네.
You never forget when to ~.

너는 때 되면 꼬박꼬박 물을 주네.
You never forget when to water them.

너는 때 되면 꼭 어머니께 전화를 드리더라.
You never forget when to call your mother.

너는 때 되면 꼭 가맹점을 방문하더라.
You never forget when to visit our member stores.

상대방이 언제 무엇 할지를 잊지 않는다고 말할 때 이 패턴을 써보세요. 우리말로는 때 되면 꼭, 꼬박꼬박 무엇을 한다는 뜻이에요.

핵심 패턴 137
네 덕에 근사한 ~ 찾았어.
Thanks to you, I've found a great~.

네 덕에 근사한 맛집 하나 찾았어.
Thanks to you, I've found a great new restaurant.

네 덕에 텐트 치기 좋은 자리 찾았다.
Thanks to you, I've found a great spot for a tent.

네 덕에 근사한 앱 하나 찾았다.
Thanks to you, I've found a great app.

우리는 고마울 때나 원망스러울 때나 다 누구 때문이라고 하지만 영어로는 고마울 때는 〈thanks to 누구〉라고 하고 원망스러울 때는 〈because of 누구〉라고 구분해서 말해요. 상대방 덕분에 어떤 것을 알게 되었을 때 이 패턴을 써보세요.

핵심 패턴 138
즉석에서 ~를 했어.
They ~ right on the spot.

즉석에서 일을 줬어.
They gave me a job **right on the spot**.

즉석에서 조연 역할을 줬어.
They offered me a supporting role **right on the spot**.

우리 제안을 즉석에서 받았어.
They accepted our offer **right on the spot**.

right on the spot은 '바로 그 자리에서, 즉석에서'라는 뜻이에요. 누군가가 즉석에서, 바로 어떻게 했다고 할 때 이 패턴을 써보세요. 길게 고민하지 않고 바로 뭘 해줬다는 뜻이죠..

SPEAKING GRAMMAR

Me, neither.

왜 Me, too.가 아니고 Me, neither.라고 하죠?

Q

상대방이 뭐라고 말했을 때 '나도'라고 할 때 **Me, too.**가 아니라 **Me, neither.**라고 한 건 왜죠?

A

네, 상대방이 한 말이 긍정문이냐 부정문이냐에 따라 달라요. 상대방이 **I like learning English.**라고 했을 때 '나도'라고 할 때는 **Me, too.**라고 하고, **I don't like waking up too early in the morning.**이라고 했을 때 '나도'라고 할 때는 **Me, neither.**라고 해야 해요. 왜냐하면 상대방이 **don't**가 들어간 부정문으로 말했으니까요. **Me, neither.** 대신에 **I don't, either.**라고 해도 돼요. 그리고 **I'm happy.**라는 말에는 **Me, too.**라고 하지만, **It's nice and warm today.**라고 한 말에 **Me, too.**라고 하진 않아요. 주어가 **I**가 아닌 문장에 대해서는 **Right. That's right. True. It is! It sure is!** 처럼 말할 수 있어요.

LEVEL UP EXPRESSIONS

네가 뭘 해내도 이젠 놀랍지도 않아.

Nothing you do surprises me anymore.

잘 하는 사람도 때로는 실수하고 내리막길도 걷는 게 인생인데 어떤 사람은 **10**년째 승승장구하기도 합니다. 처음에나 축하해주지 계속 잘하는 사람에게는 뭘 더 해도 이젠 그저 그런가 보다 하죠? 놀라울 게 없으니까요. 이럴 때 이렇게 말합니다.

늘 1등을 하는 친구에게

A 와, 내가 일등이라니!

B 대단하다. 이젠 네가 뭘 해내도 더 이상 놀랍지도 않아!

A Wow, I can't believe I got first place!

B You're amazing. **Nothing you do surprises me anymore.**

앵커가 됐다는 동료에게

A 새 앵커 자리 받았어!

B 축하축하! 네가 하는 일 이젠 놀랍지도 않지만.

A I just got a new job as a news anchor!

B Congrats! Although **nothing you do surprises me anymore**.

CHAPTER 5

UNIT 47 위로하기

참 속 깊은 아이들을 뒀구나 / 좀 탔어도 맛있네 / 넌 스트레스 관리에 능숙하구나

TRY IT IN ENGLISH

일이 많아 퇴근이 늦는 동료에게 속 깊은 아이들을 뒀다며 위로할 때, 음식이 좀 타긴 했지만 맛있다고 위로할 때, 과제가 많은 친구에게 스트레스 관리에 능하다며 위로할 때 영어로 자신 있게 말해보세요.

강의 **47**

친구	요새 애들 볼 시간이 별로 없어.
숀	힘들겠다.
친구	제때 퇴근하기가 힘들어.
숀	그래. 최근에 프로젝트 정말 많지.
친구	많이 못 놀아주는 거 애들이 이해해주면 좋겠는데.
숀	그럼, 뭐가 어떻든 애들은 너를 사랑해.
친구	행운이지, 그렇게 이해해주는 애들이 있다는 건.

SITUATION 1 참 속 깊은 아이들을 뒀구나

음원 47-1

일이 많아 퇴근이 늦는 동료에게 속 깊은 아이들을 뒀다며 위로하는 내용입니다. 우리말 대화에 맞는 영어 문장들을 먼저 만들어서 말해본 다음에 QR코드를 찍어 대화문을 들으며 영어 대화문을 따라 읽어보세요.

Friend 139 I rarely have time to see my kids these days.
Sean It must be difficult.
Friend It's hard to leave work at a reasonable hour.
Sean Yes. We've had so many projects lately.
Friend I hope they understand why I am away so much.
Sean Oh, I'm sure they love you no matter what.
Friend I am lucky to have such understanding kids.

VOCABULARY

rarely 거의 ~하지 않는 **lately** 최근에
understanding 다른 사람의 어려움에 공감하는, 이해심 깊은 **kid** 아이

KEY EXPRESSIONS

1 **제때 퇴근하다**
leave work at a reasonable hour
reasonable은 합리적이고 이성적이라는 말이니까요, 퇴근을 reasonable hour에 한다는 건 조퇴까지는 아니지만 야근은 더더욱 아니고 굳이 칼퇴는 아니어도 정시보다 너무 늦게 퇴근하지는 않는다라는 거겠죠. 그래서 우리말로는 제때 퇴근하다 정도의 표현입니다.

2 **내가 왜 늘 집에 없는지 이해해주다**
understand why I am away so much
away는 회사나 직장, 학교, 집에 없다는 뜻이에요. 독감으로 결근을 했으면 He is away with the flu.라고 하고, 휴가 중이거나 휴무이면 She is away on holiday.라고 하죠. 대화문에서는 엄마의 퇴근이 자주 늦는다는 뜻이고, 왜 그런지 그걸 아이들이 이해해주면 좋겠다는 거죠.

3 **너무나 이해심이 깊은 아이들**
such understanding kids
일 때문에 바빠서 늘 퇴근이 늦은 엄마를 이해해주는 아이들이라면 정말 속 깊은 understanding한 아이들이겠죠? 누군가가 아주 어떠하다고 할 때 〈such a 형용사+명사〉 혹은 〈such 형용사+복수명사〉라고 표현해요.

SITUATION 2 좀 탔어도 맛있네

음원 47-2

음식이 좀 타긴 했지만 맛있다고 위로하는 내용입니다. 우리말 대화에 맞는 영어 문장들을 먼저 만들어서 말해본 다음에 대화문을 들으며 따라 읽어보세요.

마이크 스테이크를 또 너무 구웠어.
샐리 좀 탔네.
마이크 레시피대로 하는 게 늘 힘들어.
샐리 그래도 너무 구운 게 아예 못 먹는 것보단 낫지.
마이크 아이고, 아량도 넓으셔라.
샐리 난 자기가 이렇게 스테이크 해준 것만으로도 행복해.
마이크 난 자기가 늘 그렇게 긍정적인 것만으로도 행복해.

Mike I think I overcooked the steak again.
Sally It is **quite burnt**.
Mike I always **have trouble following directions**.
Sally Well, an overcooked steak is **better than no steak**.
Mike Awww… That's nice of you to say.
Sally I'm just happy that you've made me a steak.
Mike 140 I'm just happy that you're always so positive.

VOCABULARY

overcook 지나치게 굽다, 삶다 **burnt** 탔다 **quite** 꽤 **direction** 사용법, 처방전, 지침
positive 긍정적인

KEY EXPRESSIONS

1 **좀 탄 quite burnt**

피자를 만들다가 태웠으면 I'm afraid I've burnt the pizza.라고 하고, 고기가 바삭해지게 구워 버렸으면 The meat was burned to a crisp.라고 하죠.

2 **레시피대로 하는 게 힘들다, 어렵다**
have trouble following directions

have trouble -ing라는 표현은 무엇을 하는 게 어렵다, 힘들다는 뜻으로 have difficulty -ing와 비슷한 말이에요. direction은 길 묻기에서만 쓰는 단어가 아니라 요리할 때도 쓰고, 가구를 조립하거나 D.I.Y로 물건을 만들 때도 쓰는 단어예요.

3 **스테이크가 아예 없는 것보다는 나은 better than no steak**

better than nothing, better than no ~가 담고 있는 의미는 그 대상이 필요한 수준과 기준에는 못 미치지만 아예 없는 것보다는 낫다는 뜻으로 어떻게 보면 낙관적이기도 하고 자조적이기도 한 뉘앙스를 가지고 있어요. 15분이라도 아예 운동을 안 하는 것보다는 낫다는 말로 15 minutes of exercise is better than nothing.라고 할 수 있어요. 15분간 push-up '팔굽혀 펴기'나 pull-up '턱걸이'라도 하면 좋겠죠.

SITUATION 3 넌 스트레스 관리에 능숙하구나

과제가 많은 친구에게 스트레스 관리에 능하다며 위로하는 내용입니다. 우리말 대화에 맞는 영어 문장들을 먼저 만들어서 말해본 다음에 대화문을 들으며 따라 읽어보세요.

음원 47-3

테일러 벌써 2월이라는 게 믿기지 않아.
존 그래, 시간 참 빨라.
테일러 맞아. 난 아직도 내 숙제 '2020'을 쓰고 있는데.
존 시간 가는 얘기가 나왔으니 말인데, 리포트 언제까지지?
테일러 다음 주 금요일 아닌가?
존 숙제 받고부터는 계속 걱정이야.
테일러 나도 그것 때문에 계속 스트레스야.
존 나보단 네가 스트레스 관리를 훨씬 더 잘 하는 것 같아.

Taylor I can't believe it's already February.
John Yes, time sure flies.
Taylor True. I'm still writing "2020" **on my assignments**.
John Speaking of time flying by, when is the paper due?
Taylor Not till next Friday.
John I've been worried about it ever since it was assigned.
Taylor I've also been **really stressed out over it**.
John **141** You seem to **handle stress** much better than I do.

VOCABULARY

time flies 시간이 빠르다 **assignment** 과제 **assign** 부여하다, 할당하다
due 언제 언제가 마감이다, 언제까지다

KEY EXPRESSIONS

1 **내 과제물에 on my assignments**

학생에게 주어지는 assignment는 과제를 가리키고, 과제를 한다는 말은 work on my assignment라고 해요. 어떤 사람이 특별한 임무를 띄고 그곳에 갔다는 뜻으로 She's gone there on a special assignment.라고 할 수 있고, 항공사 좌석 배정은 seat assignment 라고 해요.

2 **어떤 것 때문에 너무너무 스트레스를 받는 really stressed out over it**

stressed out은 스트레스가 너무 많아서 지쳤다는 의미. 스트레스를 받은 이유는 over 뒤에 써도 되고 학생들이 시험 때문에 스트레스를 받는다는 말로 Students are stressed out from their exams.처럼 from을 쓰기도 해요.

3 **스트레스를 조절하다 handle stress**

handle은 어떤 상황이나 문제를 다루는 것을 말해요. 매니저가 일처리를 잘했다면 The manager handled the situation very well. 고객들이 불만사항의 해결에 만족했다면 Customers were satisfied with the way their complaints were handled.라고 하죠.

CHAPTER 5

SPEAKING PATTERNS

핵심 패턴 139 ~할 시간이 별로 없어. I rarely have time to ~.

요새 애들 볼 시간이 별로 없어.
I rarely have time to see my kids these days.

요샌 드라마 볼 시간도 별로 없어.
I rarely have time to watch soap operas.

요새는 축구할 짬이 안 나네.
I rarely have time to play football.

일 때문에든 공부로든 또 무슨 이유로든, 바빠서 to 이하를 할 시간이 거의 없다고 할 때 이 패턴을 써보세요.

핵심 패턴 140 자기가 늘 그렇게 ~것만으로도 행복해. I'm just happy that you're always so ~.

난 자기가 늘 그렇게 긍정적인 것만으로도 행복해.
I'm just happy that you're always so positive.

난 자기가 늘 그렇게 열려 있다는 것만으로도 행복해.
I'm just happy that you're always so open-minded.

난 자기가 늘 그렇게 진취적이라는 것만으로도 행복해.
I'm just happy that you're always so forward-looking.

상대가 그런 것만으로도 나는 행복하다며 상대를 위로하고 마음을 가볍게 해줄 때 이 패턴을 써보세요. 쉽지만 몸에 배지 않으면 못 쓰는 꼭 필요한 말이죠.

핵심 패턴 141 나보다 ~를 훨씬 더 잘 하는 것 같아. You seem to ~ much better than I do.

나보단 스트레스 관리를 훨씬 더 잘 하는 것 같아.
You seem to handle stress **much better than I do**.

나보단 이름을 훨씬 더 잘 외우는 것 같아.
You seem to remember names **much better than I do**.

나보단 말썽꾸러기들을 훨씬 더 잘 다루는 것 같아.
You seem to manage bad children **much better than I do.**

나보다 상대를 올려주며 격려해주고 싶을 때 이 패턴을 쓰면 좋습니다. better보다 much better를 썼으니 상대방의 기분이 아주 좋아지겠죠.

SPEAKING GRAMMAR

That's nice of you to say.

of you? for you? 언제 어떤 걸 써야 하나요?

Q

상대방이 어떤 말을 한 걸 듣고 상대방을 칭찬하면서 **That's nice of you to say.**라고 했는데요, 왜 **for you**라고 안 하고 **of you**라고 했나요?

A

네, 상대방이 그런 말을 한 걸 보니까 상대방이 착한 것 같아서, 상대상이 **nice**하다고 생각해서 한 말이라서 그래요. **That's nice of you to say.**처럼, **It's sweet of you to tell me that.** '그런 말을 해주다니 참 다정하다, 너.' **It's considerate of you to do that for me.** '나를 위해 그렇게 해주다니 참 배려심이 깊으시네요.'처럼 상대방이 어떤 사람이라고 느껴지는 것에 대해서는 **of you**를 쓰고요, 이게 아니라 상대방이 어떤 행동을 한 걸 가지고 말할 때는 **for you**를 씁니다. 즉, **Is it easy for you to lose weight?** '넌 살 빼는 게 쉽니?' **It must be enjoyable for you to grow plants.** '너는 화초 기르는 게 재미있나보다.'처럼 말합니다.

LEVEL UP EXPRESSIONS

잠깐 있어 봐.

Hang in there.

힘든 것에도 종류가 많죠. 헬스장에서 무거운 바벨을 들고 오래 버티는 것도 버티는 거고, 학교나 회사에서 어려운 상황에서도 포기하지 않고 해내는 것도 버티는 거고요. 그럴 때 힘내라고, 조금만 더 버티라고 말하고 싶을 때 이렇게 말해주세요.

이 달만 잘 버티면 된다고 할 때

A	이 달엔 해야 할 일이 많아.	A	There's just so much I have to do this month.
B	조금만 더 버텨. 다 잘 끝낼 수 있어.	B	**Hang in there.** You'll get through this.

훈련을 조금만 잘 버텨보자고 할 때

A	이 훈련 죽이네. 좀 쉬어야겠어.	A	This exercise is killing me. I have to stop.
B	조금만 더 버텨봐. 30초 남았어.	B	**Hang in there.** Only 30 seconds left!

CHAPTER 5

UNIT 48 격려하기 · 응원하기

실력만으로 뽑는대 / 요리에 천부적이다, 너 / 영광스런 졸업생이구나

TRY IT IN ENGLISH

블라인드 오디션이니까 실력만으로 도전할 만하다고 친구를 격려할 때, 요리에 소질 있는 친구를 격려할 때, 학교에 졸업식 연사로 초청된 친구를 격려할 때 영어로 자신 있게 말해보세요.

강의 48

리키	폴라, '싱어'라는 학교 행사 얘기 들었어? 블라인드 오디션 같은 거야.
폴라	그러니까, 외모는 안 보는 거네?
리키	맞아. 심사위원 세 명이 등을 돌리고 우승자를 고르지. 그리고 우승자를 코칭해줘.
폴라	재미있겠다! 나도 참가 신청할 수 있나?
리키	물론이지, 학교 웹사이트에서 하면 돼.

SITUATION 1 실력만으로 뽑는대

음원 48-1

블라인드 오디션이니까 실력만으로 충분히 도전할 만하다고 친구를 격려하는 내용입니다. 우리말 대화에 맞는 영어 문장들을 먼저 만들어서 말해본 다음에 QR코드를 찍어 대화문을 들으며 영어 대화문을 따라 읽어보세요.

Ricky Paula, 142 **did you hear about** our school event called "The Singer?"
It's like a blind audition.

Paula So, it's **not based on looks**?

Ricky Right. Three judges choose the winner **while their backs are turned to the contestants.**
And then they **coach the winner**.

Paula Oh, I'm interested! Can I sign up for it?

Ricky Sure, just sign up on the school website.

VOCABULARY

blind audition 지원자 외모를 볼 수 없는 상태에서 심사하는 오디션
contestant 콘테스트 참가자 **sign up for ~** ~에 지원하다, 신청하다

KEY EXPRESSIONS

1 **외모를 보는 게 아니라**
not based on looks

〈based on 무엇〉은 '무엇에 근거한다'는 뜻입니다. 영화를 볼 때 원작 소설이 뭐라고 할 때 〈based on 책 이름〉이라는 걸 많이 보셨을 거예요. 이성에 기초를 둔 건 based on reason이고, 성적순으로는 based on grades, 그리고 IQ에 따라서는 based on IQ, 전통에 따라서는 based on tradition이라고 해요.

2 **참가자들에게 등을 보인 채로**
while their backs are turned to the contestants

〈their backs are turned to 누구〉는 등이 누구에게 돌려져 있다, 즉 등이 누구를 향하고 있는 것을 말해요. 참가자들에게 등을 보이고 있는 거니까 이게 바로 blind audition의 정의가 되겠죠. 참가자들의 외모를 보지 않고 소리만 듣고 평가하는 거니까요.

3 **우승자에게 코칭을 해주다**
coach the winner

가르친다는 말은 여러 가지가 있어요. 학교에서 가르치는 건 teach를 쓰고, 오랜 시간 학교에서 가르친다는 건 educate를 써요. 그리고 대학에서 특정 주제에 대해 강의한다는 건 lecture를, 실무적인 기술을 가르치는 건 instruct를 쓰죠. 한 명이나 약간 명을 가르친다고 할 때는 tutor를 쓰고, 개인 교습은 coach도 쓰죠. 마지막으로 직무 수행을 위해서 훈련을 시키는 건 train을 써요.

SITUATION 2 요리에 천부적이다, 너

음원 48-2

요리에 소질 있는 친구를 격려하는 내용입니다. 우리말 대화에 맞는 영어 문장들을 먼저 만들어서 말해본 다음에 대화문을 들으며 따라 읽어보세요.

제니 야, 네 요리는 아무리 먹어도 질리지 않아.
제이크 과찬이야. 정말 마음에 들었어?
제니 그럼, 정말이야. 넌 정말 요리사 재능이 있어.
제이크 네 말 들으니 진짜 자신이 생겨.
제니 요리사 자격증 따는 게 어때?
제이크 좋은 생각이야. 동기부여가 돼. 자, 이제 디저트 먹을까?

Jenny Oh, **143** I can't get enough of your cooking.
Jake I'm flattered. Do you really like it?
Jenny Yes, I do! You're **such a talented chef.**
Jake You make me feel really confident.
Jenny Why don't you try to **get a cooking certificate?**
Jake That's a good idea.
I'm **motivated to do that.**
Now how about dessert?

VOCABULARY

flatter 아첨하다, 비행기 띄우다 **talented** 재능 있는 **confident** 자신 있는
certificate 자격증 **motivated** 동기부여가 된 **dessert** 디저트

KEY EXPRESSIONS

1 **재능이 많은 셰프 such a talented chef**

누군가가 혹은 뭔가가 아주 뛰어나게 어떠할 때 〈such a 형용사+명사〉라고 말해요. 재능이 뛰어난 요리사는 such a talented chef, 아름다운 풍경은 such beautiful scenery라고 해요. 재능 있다는 다른 말들로 skillful은 특별한 능력이나 훈련을 받은 재능을 말하고 skilled는 훈련도 경험도 충분한 재능을 가리켜요. 그리고 talented는 타고난 재능을, gifted는 흔치 않은 타고난 재능을 가리킵니다.

2 **요리사 자격증을 따다 get a cooking certificate**

자격증을 딴다고 할 때는 get을 씁니다. 그리고 certificate에는 요리사 자격증과 같이 어떤 직업을 수행할 수 있는 자격증이라는 뜻 외에 (생로병사에 관한) 증명이라는 뜻도 있어요. 어떤 백신을 맞았는지의 증명은 medical certificate이고, 출생 증명은 birth certificate, 결혼 증명은 marriage certificate, 그리고 사망 증명은 death certificate이라고 해요.

3 **그렇게 하고 싶다는 의욕이 생기는 motivated to do that**

motivated는 그 일이 재미있거나 너무 신나고 좋아서 뭔가를 해내고 싶어 하는 상태를 뜻해요. 학생들이 동기부여가 되어 있는 건 The students are all highly motivated.라고 하죠.

SITUATION 3 영광스런 졸업생이구나

졸업식 연사로 초청된 친구를 격려하는 내용입니다. 우리말 대화에 맞는 영어 문장들을 먼저 만들어서 말해본 다음에 대화문을 들으며 따라 읽어보세요.

음원 48-3

브라이언 졸업한 대학에서 연설 초청을 받다니 행운이야.
마이크 전체 학생을 상대로 연설하다니 영광스럽다. 나를 선택했다고 생각하니 기분이 좋아.
브라이언 너에게는 함께 나눌 지혜가 많잖아.
마이크 웃음거리만 안 되었으면 좋겠다.
브라이언 그런 건 걱정 안 하겠는데. 넌 훌륭한 연사인데 뭐.
마이크 격려해줘서 고마워.

Brian You're **lucky to be invited** to speak tonight at your old college.
Mike 144 **I'm honored to speak to all the students.**
It makes me feel good to think that they **value my opinion**.
Brian You do have a great deal of wisdom to share.
Mike I just hope I don't **make a fool of myself**.
Brian I wouldn't worry about that. You are a great speaker.
Mike Thank you for your encouragement.

VOCABULARY

honored 영광인 **share** 공유하다 **make a fool of oneself** 웃음거리가 되다 **encouragement** 격려

KEY EXPRESSIONS

1 **초대된 게 운이 좋은 lucky to be invited**

lucky to be invited는 초대되어 행운이라는 말인데요, happy to be invited, pleased to be invited라고 바꿔 쓸 수도 있어요. 초대받은 것이 어떻다는 걸 형용사 말고 명사로 쓸 수도 있어요. 기쁜 일이면 a pleasure to be invited, 영광이면 an honor to be invited, 특권이면 a privilege to be invited라고 표현할 수 있죠.

2 **누구를 선택하다 value one's opinion**

value는 어떤 사람이나 사물이 중요하다고 생각하는 것을 말하는데요, 그가 그녀의 사생활을 존중한다면 He values her privacy.라고 하고, 일을 열심히 하는 데 대해 높이 쳐준다면 He values Jenny for her hard work.처럼 말해요. 그 사람을 뽑는다는 선택의 여지 one's opinion에 가치를 두는 거니까 그래서 그 사람을 뽑는 거죠.

3 **웃음거리가 되다 make a fool of oneself**

make a fool of oneself는 누군가의 웃음거리가 된다는 건데, 스스로 바보 같은 행동이나 말을 해서 웃음을 산다는 뜻이에요. 어느 순간 보니까 사람들이 나를 비웃고 있는 걸 알았다면 I suddenly realized that I was being made a fool of.라고 해요.

CHAPTER 5

핵심 패턴 142

~라는 얘기 들었어?
Did you hear about ~?

'싱어'라는 학교 행사 얘기 들었어?
Did you hear about our school event called "The Singer**?**"

'수퍼 리그' 얘기 들었어?
Did you hear about "Super League**?**"

미팅 결과에 대해 들었어?
Did you hear about the meeting results**?**

최근에, 요새 어떤 것에 대해서 얘기를 들어봤냐고 할 때 이 패턴을 써보세요. Have you ever heard ~? 라고 할 수도 있는데요, 이건 무엇에 대해서 들어본 적이 있는지를 묻는 말로 시간의 범위가 다소 넓습니다.

핵심 패턴 143

아무리 ~해도 질리지 않아.
I can't get enough of ~.

네 요리는 아무리 먹어도 질리지 않아.
I can't get enough of your cooking.

네 노래는 아무리 들어도 질리지 않아.
I can't get enough of your singing.

네 글은 암만 봐도 질리지 않아.
I can't get enough of your writing.

먹을 것이나 사람이나 노래나 책 등이 절대 질리지 않는다고 할 때 이 패턴을 써보세요. 직역을 해서 의미를 보면, 아무리 많이 get 얻고 싶어도, 먹고 싶거나 보고 싶어도 충분히 그럴 수가 없으니 질릴 이유가 없겠죠?

핵심 패턴 144

~하게 되다니 영광이에요.
I'm honored to ~.

전체 학생을 상대로 연설하는 건 영광이지.
I'm honored to speak to all the students.

대회에서 우리 학교를 대표하는 건 영광이지.
I'm honored to represent my school at the competition.

행사에서 애국가를 부르는 건 영광이지.
I'm honored to sing the national anthem at the ceremony.

어떤 것을 하게 되어 영광이라고 할 때 이 패턴을 써보세요. 중요한 상을 받거나 자기 조직의 대표로 어떤 일을 하게 될 때 아주 자주 쓰는 말입니다. It's my honor to ~.라고도 해요.

I wouldn't worry about that.
wouldn't의 의미가 뭐죠?

Q

상대방이 걱정을 하자 친구가 **I wouldn't worry about that.**이라고 했는데요. **I won't worry about that.**과는 다른 뜻인가요? **wouldn't**의 의미가 뭔가요?

A

I wouldn't worry about that.에서 **wouldn't**는 가정법의 의미예요. 즉, 네가 왜 그런 걱정을 해? 너 같은 **a great speaker**가 말이야… 하면서, 그렇게 말도 잘하고 연설도 잘하는 네가 왜 그런 걱정을 하지? 내가 너라면, 나 같으면 그런 걱정은 안 하겠다는 의미입니다. **If I were you**가 생략되었다고 보시면 돼요. **I won't worry about that.**은 내 얘기를 하면서, '난 걱정 안 할 거야.'라고 말하는 거고요.

LEVEL UP
EXPRESSIONS

걱정할 거 없어.
You have nothing to worry about.

베테랑 과장님도 입사 초기에는 실수투성이 신입사원이었겠죠. 호랑이 잡는 해병대 병장도 처음엔 어리버리한 논산 훈련병이었듯이 말이에요. 처음이라 걱정하는 누군가에게 걱정하지 말라고 이 말을 해주세요.

실수할 걱정하지 말라고 할 때

A 실수하면 어떡하지? 사람들 많은 데서 말 잘 못하는데.
B 걱정할 거 없어. 사람들이 너 좋아할 거야.

A What if I make a mistake? I'm not good at public speaking.
B **You have nothing to worry about.** They'll love you.

경기에서 질까 봐 걱정 말라고 할 때

A 우리 팀이 질까 봐 걱정돼.
B 걱정할 거 없어. 넌 준비 됐어.

A I'm afraid I might lose the game for our team.
B **You have nothing to worry about.** You're ready for this.

CHAPTER 5

UNIT 49 축하하기

진급 축하드려요 / 넌 합격해서 좋겠다 / 실력에 유머를 겸비한 동료지

TRY IT IN ENGLISH

진급을 축하할 때, 합격한 친구를 축하할 때, 실력에 유머까지 겸비한 동료의 부서 이동을 축하할 때 영어로 자신 있게 말해보세요.

강의 **49**

숀	빌리가 잘 돼서 기분 좋아. 드디어 진급했어.
신디	응, 최근에 정말 일 열심히 했지.
숀	우리도 일 열심히 하면 진급할 가능성이 있어.
신디	그래. 이 회사에서는 기회가 많아.
숀	맞아. 전 직장에서는 아무도 진급을 못 했거든.
신디	그러니 퇴사를 했겠지.
숀	내가 거길 그렇게 오래 다녔다는 게 놀랍다니까.

SITUATION 1 진급 축하드려요

당사자가 없는 상태에서 진급한 동료를 축하하는 내용입니다. 우리말 대화에 맞는 영어 문장들을 먼저 만들어서 말해본 다음에 QR코드를 찍어 대화문을 들으며 영어 대화문을 따라 읽어보세요

음원 49-1

Sean I'm so happy for Billy. He've finally got a promotion.

Cindy Yes, he has been working so hard lately.

Sean 145 Chances are we will get promoted, too, if we work hard.

Cindy Yes, there are many opportunities here at this company.

Sean True. At my last job, no one got promoted.

Cindy I'm not surprised that you quit.

Sean I'm surprised that I stayed there as long as I did.

VOCABULARY

finally 드디어, 마침내 **promotion** 승진 **lately** 요새, 요즘, 최근에 **opportunity** 기회 **at my last job** 전 직장에서 **quit** 그만두다

KEY EXPRESSIONS

1 **누구, 잘 됐다**

be happy for 누구

누구한테 좋은 일이 생겨서 기분이 좋다, 잘됐다고 할 때 〈be happy for 누구〉라고 해요. 고생한 사람이 잘 되면 더 없이 좋죠. 그럴 때, '네가 잘 돼서 다행이다.'라는 말을 Congratulations! I'm happy for you.라고 해요.

2 **승진하다**

get a promotion/get promoted

승진한다는 말을 get a promotion 혹은 get promoted라고 해요. 승진 기회가 많은 회사에 다니고 싶다면 I want a job with good prospects for promotion.이라고 하고, 상대방의 승진이 확정되었다면 Your promotion to Senior Editor is now official.이라고 해요. official해졌다는 건 확정되었다는 말입니다. 유럽 축구리그에서 2부 팀이 1부 팀으로 승격되는 것도 promotion이고 반대로 강등은 relegation이라고 해요.

3 **그렇게 오래 내가 그랬다니**

as long as I did

〈as long as 주어+동사〉는 '누가 무엇을 한 게 엄청 길다, 오래되었다'라는 뜻이에요. as long as I stayed라고 하면 내가 어딘가에 있었던 시간이 무척 길다는 뜻이고, as long as I tried는 내가 노력한 시간이 길다는 뜻이죠.

CHAPTER 5

SITUATION 2 넌 합격해서 좋겠다

취직 시험에 합격한 친구에게 축하하는 내용입니다. 우리말 대화에 맞는 영어 문장들을 먼저 만들어서 말해본 다음에 대화문을 들으며 따라 읽어보세요

음원 **49-2**

주디 네 덕분에, 시험 붙었어.
마이크 도움이 된다는 건 늘 좋은 일이지 뭐.
네가 잘 돼서 너무 너무 기뻐.
주디 다음 학기에 네가 없는 게 참 아쉽다.
마이크 나 졸업한 후에도 연락하자구.
주디 네가 정말 큰 도움됐는데.
마이크 고마워, 그리고 걱정하지 마. 새로운 스터디 멤버를 찾을 수 있을 거야.

Judy Thanks to you, I passed the test.
Mike I'm always happy to help.
146 **I couldn't be any happier for you.**
Judy It's a shame that you **won't be around** next semester.
Mike We can keep in touch after I graduate.
Judy You have been **such a huge help**.
Mike Thanks, and don't worry. I'm sure you'll **find a new study partner**.

VOCABULARY

pass the test 합격하다 **shame** 아쉬운 일, 수치스러운 일 **keep in touch** 연락하며 지내다 **study partner** 스터디 멤버

KEY EXPRESSIONS

1 **이제 여기 없다 won't be around**

사람이나 뭔가가 around라면 그 사람이나 뭔가가 근처에 있다는 말이에요. 경찰이 필요할 때는 왜 한 사람도 안 보이는 거냐고? Why is there never a policeman around when you need one?이라고도 하고, 바에 갔는데 아는 사람이 한 명도 없더라는 말로 He went down to the bar, but there was no one around that he knew.라고도 하죠.

2 **큰 도움이 되는 사람이나 무엇 such a huge help**

help는 명사로 쓰이는 경우도 많아요. 지도가 별로 도움이 안 될 때 The map isn't much help.라고 하고, 도움이 될 게 있으면 아무거나 얘기하라고 할 때 Let me know if I can be of any help to you.라고 해요. 상대방이 큰 도움이 되었으면 You've been such a great help (to me).라고 하고요.

3 **새로운 스터디 멤버를 찾다 find a new study partner**

find는 원하는 것을 찾다, 구한다는 뜻이에요. 차 열쇠가 안 보이면 I can't find the car keys.라고 하고 살 곳을 구하고 있으면 I have to find somewhere to live.라고 해요.

SITUATION 3 실력에 유머를 겸비한 동료지

음원 49-3

실력에 유머까지 겸비한 동료의 부서 이동을 축하하는 내용입니다. 우리말 대화에 맞는 영어 문장들을 먼저 만들어서 말해본 다음에 대화문을 들으며 따라 읽어보세요

켈리 팸한테 무슨 일일까.
릭 생각해보니 최근에 못 봤네.
켈리 다른 부서로 옮겼을지 모르지.
릭 왜 간다는 소리도 안 했을까?
켈리 급하게 가느라고 그랬을 거야.
릭 그럴지도 몰라. 그런데 솔직히 팸이 보고 싶어.
켈리 팸은 유머 감각이 독특하지.

Kelly I wonder what happened to Pam.
Rick Come to think of it, I haven't seen her around lately.
Kelly Maybe she **got transferred to a new department**.
Rick Why do you think that she **didn't at least say goodbye**?
Kelly I guess she was in some sort of hurry.
Rick Perhaps so. 147 I must admit that I miss Pam.
Kelly She does **have a quirky sense of humor**.

VOCABULARY

Come to think of it 생각해보니 **department** 부서 **sort of** 약간 **quirky** 독특한, 별난

KEY EXPRESSIONS

1 **다른 부서로 전근 가다**
get transferred to a new department
전근 간다고 할 때는 get이나 be동사를 써서 수동태로 쓰기도 하고 능동태로 쓰기도 합니다. 상대방이 어떤 부서로 옮기게 되는 걸 알려줄 때 You'll be transferred to the Minister's office.(장관실로 갈 거야.)처럼 말해요. 그 사람이 부서를 마케팅 팀에서 광고 팀으로 옮겼다면 He transferred from marketing planning to advertising.이라고 합니다.

2 **안녕히 계시라는 인사도 안 하고 갔다** **didn't at least say goodbye**
at least은 '최소한, 적어도'란 뜻이니까 didn't at least say goodbye는 간단하게라도 작별인사를 하고 갔으면 좋았겠는데 그냥 가서 아쉽다는 말입니다. '보수까지는 몰라도 최소한 비용 처리는 해줄 수 있을 텐데 모른 척해서 섭섭하다.'라는 말을 I don't expect you to pay me, but you could at least cover my expenses.라고 할 수 있습니다.

3 **별난 유머코드를 가지고 있다** **have a quirky sense of humor**
quirky는 일반적이지는 않은데 부정적인 의미가 아니라 재미있다는 뜻에서 그렇다는 말로 quirky sense of humor라는 문구가 거의 한 단어처럼 쓰여요. I like his sense of humor처럼요. quirky는 우리말로 '별난' 정도에 해당해요.

핵심 패턴 145 ~할 가능성이 있어. Chances are ~.

우리도 진급할 가능성이 있어.
Chances are we will get promoted, too.

첼시가 챔피언스 리그에서 우승할 가능성이 있어.
Chances are Chelsea will win the UCL.

그 사람이 아카데미상 받을 가능성이 있어.
Chances are she will win an Academy Award.

어떤 일이 벌어질 가능성이 있다고 할 때 이 패턴을 써보세요. 그런데 그 일이 일어나는 게 우리의 노력과 꼭 직접적인 관계가 있는 게 아니라 Chances, 우연에 달려 있다고 말하는 겁니다.

핵심 패턴 146 네 일로 더할 수 없이 ~해. I couldn't be any -er for you.

네가 잘 돼서 더 없이 기뻐.
I couldn't be any happi**er for you**.

네 일로 더할 수 없이 슬퍼.
I couldn't be any sadd**er for you**.

네가 잘 돼서 너무너무 감사해.
I couldn't be any more grateful **for you**.

상대방에게 일어난 일로 내 기분이 이 이상 기쁘거나 슬플 수가 없다고 말할 때 이 패턴을 써보세요. 깊이 공감하며 최상급으로 표현하는 문장입니다.

핵심 패턴 147 솔직히 나 ~해. I must admit that ~.

솔직히 그 친구 보고 싶어.
I must admit that I miss that guy.

솔직히 나 좀 떨었어.
I must admit that I was nervous.

솔직히 걔 때문에 리포트에 집중할 수가 없어.
I must admit that I can't focus on the paper because of her.

이렇다는 걸 인정할 때, 속마음이 그렇다고 털어놓을 때 이 패턴을 써보세요. 좀 힘들게, 어렵게 속마음을 털어놓을 때 씁니다.

SPEAKING PRONUNCIATION

I passed the test.

passed the의 발음을 어떻게 하면 자연스럽나요?

Q

I passed the test.의 발음을 여러 번 들어봤는데요, **passed**의 끝소리 /**t**/는 발음이 안 되더라고요. 왜 그런가요?

A

네, **I passed the test.**를 발음할 때 먼저 **passed**를 발음해보세요. **past**처럼 발음이 되잖아요? 그리고 **the**를 발음해보세요. **past the** 두 단어를 둘 다 정확하게 발음하기가 쉽지는 않죠? 이때 **past**의 끝소리 **t**발음은 하지 않고 바로 **the**를 발음하는 거예요. /패쓰더/처럼요. **removed the**처럼 **d**로 끝나는 단어 뒤에 **the**가 올 때도 마찬가지예요. **removed**의 끝소리 **d**는 발음하지 않고 **the**를 소리냅니다. /뤼무브더/라고요.

LEVEL UP EXPRESSIONS

네가 잠재력 있다는 거 알고 있었어.

I knew you had it in you.

상대가 잘 됐을 때 그냥 축하하는 게 아니라, 넌 능력이 있고 잠재력이 있고 그럴 만한 재능이 있는 걸 알고 있었고 그래서 너무나 당연하다고 해주면 기쁨이 몇 배가 되겠죠? 말하는 사람의 진심도 느껴질 거구요. 말 한 마디로 천 냥 빚을 갚는다는 마음으로 이 말을 해보세요.

진급한 동료에게

A 야, 있잖아. 나 진급했어.

B 네가 잠재력이 있다는 거 알고 있었어. 넌 재능이 있어.

A Hey, guess what! I got the promotion.

B **I knew you had it in you.** You're so talented.

박사학위를 받은 친구에게

A 내가 박사학위를 받다니.

B 너 능력 있는 거 알고 있었어. 학위 끝낸 거 축하해.

A I can't believe I finally got my PhD.

B **I knew you had it in you.** Congrats on finishing!

UNIT 50 안심시키기

지금은 쏟아져도 곧 그칠 거야 / 엄마가 돼 가지고 그걸 모르겠니 / 집안일은 내가 할게, 회사 일만 해

TRY IT IN ENGLISH

지금은 비가 쏟아져도 곧 그칠 거라며 안심시킬 때, 음식 성분을 걱정하는 아들에게 엄마가 그런 걸 모르겠냐며 안심시킬 때, 회사 일로 바쁜 파트너에게 집안일은 걱정 말라며 안심시킬 때 영어로 자신 있게 말해보세요.

강의 **50**

지미	와, 비가 퍼붓네.
웬디	응, 번개 무섭다.
지미	우리 워킹 투어 하기 전에는 그쳤으면 좋겠다.
웬디	맞아. 그냥 지나가는 비일 거야.
지미	제발 그랬으면 좋겠다.
웬디	그 동안 맛있는 커피나 한잔할까?
지미	좋지.

SITUATION 1 지금은 쏟아져도 곧 그칠 거야

음원 50-1

지금은 비가 쏟아져도 곧 그칠 거라며 안심시키는 내용입니다. 우리말 대화에 맞는 영어 문장들을 먼저 만들어서 말해본 다음에 QR코드를 찍어 대화문을 들으며 영어 대화문을 따라 읽어보세요

Jimmy Wow, it's pouring outside.

Wendy Yeah, the lightning looks scary.

Jimmy I hope it stops before our walking tour starts.

Wendy Yeah, 148 maybe it's just a passing shower.

Jimmy Knock on wood!

Wendy How about a nice cup of coffee in the meantime?

Jimmy Sounds great.

VOCABULARY

pour 비가 엄청 퍼붓다 **lightning** 번개 **scary** 무서운 **a passing shower** 지나가는 비

KEY EXPRESSIONS

1 **우리 워킹 투어 시작하기 전에**

before our walking tour starts

투어의 종류로는, 가이드를 따라 도시를 둘러보는 walking tour도 있고, 자전거로 하는 bicycle tour, 말 타고 하는 coach tour, 리무진을 타고 하는 limousine tour, 패키지로 하는 package tour 등 종류가 꽤 많아요. 그런데 tour는 관광만이 아니라 가수 공연이나 책 프로모션에도 쓰죠. BTS 미국 콘서트 투어 하러 왔을 때 봤느냐고 Did you see BTS on their US tour?라고 하고, '그분은 책 프로모션차 투어 중이다.' He is on tour promoting his new book.이라고도 해요.

2 **맛있는 커피 한 잔**

a nice cup of coffee

nice는 좋다는 뜻인데요, 비슷한 형용사들로 수준이나 퀄리티가 높으면 good이고, 기분이 좋고 즐길 만하면 nice를, 품질이 고급이거나 구름 한 점 없는 날씨이면 fine을 쓰고, 근사하면 neat, 매력적이고 제안이 구미가 당기면 attractive를 쓸 수 있어요.

3 **그동안, 그동안에**

in the meantime

meantime은 in the meantime이라고 주로 쓰여요. 의사 선생님이 곧 오실 거니까, 그동안 맘 편히 있으라는 말을 The doctor will come soon. In the meantime, try and relax.라고 해요. 그녀를 5년간 못 봤는데 못 본 동안 그녀가 결혼을 했다더라 할 때 I didn't see her for five years, and in the meantime, she had got married.라고 하죠.

CHAPTER 5

SITUATION 2 엄마가 돼 가지고 그걸 모르겠니

음원 50-2

음식 성분을 걱정하는 아들에게 엄마가 그런 걸 모르겠냐며 안심시키는 내용입니다. 우리말 대화에 맞는 영어 문장들을 먼저 만들어서 말해본 다음에 대화문을 들으며 따라 읽어보세요.

헬렌 마이크, 이리 와서 엄마가 만든 빵 맛 좀 봐.
마이크 와, 냄새 정말 좋네요. 어떻게 만드신 거예요?
헬렌 밀가루, 물, 이스트, 그리고 다른 거 조금 더 넣었지.
마이크 방부제는 안 넣고요?
헬렌 응. 신선하고 맛 있을 때 먹어야지.
마이크 하지만 저 글루텐 알레르기 있는데요.
헬렌 나 너 엄마야, 마이크. 알고 있지. 이 빵엔 글루텐 안 들어 있어.

Helen Mike, come here and **try this bread I made**.
Mike Wow, it smells so good. How did you make it?
Helen I baked it with flour, water, yeast, and some other ingredients.
Mike No preservatives at all?
Helen No. **149** We should eat it while it's nice and fresh.
Mike But I'm actually **allergic to gluten**.
Helen I'm your mother, Mike. I already knew that. This bread is **gluten-free**.

VOCABULARY

try 먹어보다, 맛을 보다 **flour** 밀가루 **yeast** 이스트 **ingredient** 재료
preservative 방부제, 보존력 있는 **allergic** 알레르기가 있는

KEY EXPRESSIONS

1 **내가 만든 이 빵을 먹어보다 try this bread I made**

try는 뭔가를 맛보거나 먹어보다의 뜻으로 자주 쓰여요. try this bread는 이 빵 맛이 어떤지 먹어보는 거고, this bread I made는 내가 만든 빵이라는 거죠.

2 **글루텐에 알레르기가 있는 allergic to gluten**

allergic 뒤에는 to 무엇을 써서 몸이나 마음이 그것을 싫어한다, 나쁜 반응이 온다는 거예요. 페니실린에 대해서 그러면 allergic to penicillin, 글루텐에 대해서 그러면 allergic to gluten이라고 하는 것처럼 약품이나 식품에도 쓰이지만 allergic to dust(먼지)처럼도 쓰고, 집안일 같은 어떤 활동에 펄쩍 뛴다는 의미로 allergic to house chores라고도 말해요.

3 **글루텐이 없는 gluten-free**

명사에 free를 붙이면 그것이 없다, 그것이 들어있지 않다는 말이에요. 지방이 안 들어 있으면 fat-free, 설탕이 안 들어 있으면 sugar-free, 글루텐이 없으면 gluten-free라고 해요. 이 말은 free from fat, free from sugar, free from gluten과 같습니다.

SITUATION 3 집안일은 내가 할게, 회사 일만 해

회사 일로 바쁜 파트너에게 집안일은 걱정 말라며 안심시키는 내용입니다. 우리말 대화에 맞는 영어 문장들을 먼저 만들어서 말해본 다음에 대화문을 들으며 따라 읽어보세요.

음원 **50-3**

톰 이번 주엔 할 일이 너무 많아.
캐롤 정말? 지금 진행하는 게 뭔데?
톰 이번 주말에 중요한 발표 두 건 있어.
거기다가, 회의는 또 매일 있고.
캐롤 내가 어떻게 도와주면 되겠어?
톰 이번 주에 집안일 좀 맡아서 해줄래?
캐롤 당근이지. 집안일은 내가 알아서 할 테니, 당신은 일이나 신경 써.

Tom I **have so much on my plate** this week.
Carole Really? What do you have going on?
Tom I have two big presentations **at the end of this week**.
Plus, I have meetings every day!
Carole What can I do to help you out?
Tom **150** Do you mind taking care of the house chores this week?
Carole Sure thing. I'll **take care of the house**, and you take care of your work.

VOCABULARY

presentation 발표 **help out** 거들다, 도와주다 **house chores** 집안일

KEY EXPRESSIONS

1 **할 일이 너무 많다 have so much on one's plate**

내 접시 위에 뭔가가 많다는 것은 주로 업무로 바쁘다는 말이에요. 그분이 지금 너무 바빠서 그것까지는 못 맡는다고 하면 She has too much on her plate right now to take it on.이라고 하고요, 바쁘다는 비슷한 표현으로 〈be swamped with 무엇〉도 있어요. '아무 정신도 없어요, 얼마나 바쁜데.'라는 말은 I'm swamped with work.라고 하고, 전화가 너무 많이 와서 정신이 없으면 We've been swamped with phone calls.라고 해요.

2 **이번 주말에 at the end of this week**

at the end of this week는 이번 주말을 가리켜요. 비슷한 형식으로 아주 자주 쓰는 말로 at the end of the day가 있는데요, 하루의 끝이라는 뜻 말고도, 모든 가능성을 고려한 후에 내린 결정이라는 뜻으로 At the end of the day, it's his decision.이라고도 해요.

3 **집안일을 하다, 맡아서 하다 take care of the house chores**

〈take care of 무엇〉은 무엇을 알아서 하는 것, 돌보든 알아서 해결하든, 책임지고 해내든 모든 것을 가리키죠. 그래서 집안일 the house chores를 알아서 한다는 말을 take care of the house chores라고 해요.

CHAPTER 5

핵심 패턴 148 그냥 ~일지도 몰라. Maybe it's just a/the ~.

그냥 지나가는 비일지 몰라.
Maybe it's just a passing shower.

빙산의 일각인지 몰라.
Maybe it's just the tip of the iceberg.

그저 단순한 감사 표시일지도 몰라.
Maybe it's just an expression of gratitude.

just라는 단어를 써서 지금 겪고 있는 일이 별 거 아니라고 안심시키거나, 반대로 보이는 것보다 더 큰 문제일 수도 있음을 은근히 내비치고자 할 때 이 패턴을 써보세요.

핵심 패턴 149 …할 때 ~해야지. We should ~ while it's …

신선하고 맛 있을 때 먹어야지.
We should eat it **while it's** nice and fresh.

낮 동안에 텐트 칠 데를 찾아야지.
We should find spot for a tent **while it's** still daytime.

자리가 있을 때 신청해야지.
We should apply for a spot **while it's** available.

하고자 하는 것을 제대로 잘 할 수 있을 때 그 기회나 시기를 놓치지 말고 하자고 할 때 이 패턴을 써보세요.

핵심 패턴 150 ~해줄래? ~해도 괜찮겠어? Do you mind -ing?

이번 주에 집안일 좀 해줄래?
Do you mind tak**ing** care of the house chores this week**?**

내 강아지 좀 봐줄래?
Do you mind keep**ing** an eye on my puppy**?**

창문 좀 열어주시겠어요?
Do you mind open**ing** the window for me**?**

어떤 것을 해달라고 부탁하고는 싶은데 상대방이 싫어할 수도 있는 일을 부탁할 때 이 패턴을 써보세요.

SPEAKING GRAMMAR

nice and fresh

nice와 fresh를 바꿔서 써도 되나요?

Q

'신선하고 좋다, 신선해서 좋다'라는 의미의 **nice and fresh**를, **fresh and nice**라고 써도 되나요?

A

아주 틀렸다고 하기는 그렇지만, 영어로는요, 〈**nice and** 형용사〉라고 쓰는 게 더 자연스러워요. **nice and fresh**처럼 따뜻해서 좋은 **nice and warm,** 편안해서 좋은 **nice and comfortable,** 아늑해서 좋은 **nice and cozy,** 편리해서 좋은 **nice and convenient,** 밝아서 좋은 **nice and bright**처럼요. 이렇게 순서가 정해져 있다고 할 수 있는 것들은 그 자체로 외워두시는 게 좋아요. 우리는 **3**박 **4**일이라고 하지만 영어로는 **four nights and three days**라고 하잖아요?

LEVEL UP EXPRESSIONS

내가 해볼게.

Let me handle it.

handle에 **-ing**를 붙인 말은 우리가 늘 쓰죠. 그건 우리가 핸들링하는 거 아냐, 다른 부서에서 핸들링할 거야, 그거 핸들링할 때 뭐뭐를 주의해야 돼, 등등이라고요. 사실, 이 말은 외래어처럼 쓰긴 하지만 **handle**이 가지고 있는 뜻은 정확하게 전달하고 있어요. 내가 뭔가를 알아서 잘 처리하겠다는 말을 이렇게 해요.

세금 관련해서 알아서 해주겠다고 할 때

A	거기다가, 세금 문제도 처리해야 해.	**A**	And on top of that, I have to take care of our taxes.
B	당신 이번 주에 정말 바쁘구나. 내가 할게.	**B**	You're too busy this week. **Let me handle it.**

내가 나서서 해결하겠다고 할 때

A	이웃한테 더 이상 얘기 못할 것 같아. 아주 못 됐어!	**A**	I'm not sure I can talk to our neighbors anymore. They're so mean!
B	내가 해볼게. 오늘 밤에 얘기할게.	**B**	**Let me handle it.** I'll talk to them tonight.

SPEAKING PATTERNS

영어가 툭 튀어나오는 핵심 패턴

150

본문의 핵심 패턴 150개를 모아두었습니다.
한글을 보고 영어로 바로 말하는,
순간 말하기 훈련에 활용해보세요.

UNIT 01 내 취향 말하기

001 ~는 내 취향이 아니야. ~ is/are just not my thing.

연휴는 내 스타일이 아니야.	Holidays **are just not my thing**.
난 홈트는 별로야.	Home workouts **are just not my thing**.
난 군것질은 별로 안 좋아해.	Snacking **is just not my thing**.

002 ~할 때마다, …가 안 되더라고. Whenever S+V ~, S never …

목표를 세워봐도, 잘 안 되더라고요.	**Whenever I** set a goal, **it never** works out.
그 사람한테 아무리 전화를 해봐도, 전화를 안 받아.	**Whenever I** call him, **he never** answers my phone calls.
우리가 피크닉을 갈 때마다, 절대 비가 안 와.	**Whenever we** go on a picnic, **it never** rains.

003 나는 ~는 별로야. I'm not fond of ~.

나는 벌레랑 먼지는 별로야.	**I'm not fond of** the bugs and dirt.
난 단 건 별로야.	**I'm not fond of** sweets.
난 소문 같은 거 별로 관심 없어.	**I'm not fond of** rumors.

UNIT 02 의견 말하기

004 이 사람 덕분에 기분이 ~해져. He/She makes me feel ~.

이 사람 덕분에 부엌에서 자신감이 생긴다니까.	**He makes me feel** confident in the kitchen.
그 사람이 있으면 마음에 위로가 돼.	**She makes me feel** relieved.
그녀가 있으면 늘 기분이 너무 좋아.	**She makes me feel** great all the time.

005 난 ~라고 생각하지 않아. I don't think ~.

난 스몰 토크가 무의미하다고 생각하지 않아.	**I don't think** small talk is meaningless.
난 네가 이번에 실패했다고 생각하지 않아.	**I don't think** you failed this time.
난 우리가 한 일이 헛된 것이었다고 생각하지 않아.	**I don't think** what we did was in vain.

006 ~하지 그래? Why not just ~?

뭔가를 만들어주지 그래?	**Why not just** make him something**?**
그냥 기다려보지 그러니?	**Why not just** wait and see**?**
한번 해보지 그래?	**Why not just** give it a try**?**

UNIT 03 결심, 결정한 것 말하기

007 우선, ~하지 않을 거예요. First, I won't ~.

우선, 미루지 않을 거예요.	**First, I won't** procrastinate.
우선, 너한테 거짓말하지 않을게.	**First, I won't** lie to you.
우선, 널 실망시키지 않을게.	**First, I won't** let you down.

008 나 ~하기로 했어. I decided to ~.

나 다음 주에 며칠 휴가내기로 했어.	**I decided to** take a few days off next week.
매일 아침에 스트레칭이랑 운동을 하기로 했어.	**I decided to** stretch and work out every morning.
하루에 대화문 하나씩 외우기로 했어.	**I decided to** memorize one dialogue a day.

009 ~할까 생각 중이야. I'm thinking of ~.

나 이제 출근 전에 수영을 하러 갈까 해.	**I'm thinking of** going swimming before work.
일자리를 하나 더 구할까 싶어.	**I'm thinking of** getting one more job.
안 쓰는 물건들을 기증할까 해.	**I'm thinking of** donating things I don't use.

UNIT 04 바라는 것, 원하는 것 말하기

010 그랬으면 좋겠는데, ~ I want him/her/them to, but ~.

해줬으면 좋겠는데, 내가 졸업할 때까지 기다리는 것 같아.	**I want him to, but** I think he's waiting until I graduate.
그래줬으면 좋겠는데, 머뭇거리는 것 같아.	**I want her to, but** she seems to be hesitating.
그래줬으면 좋겠어, 근데 내 말을 안 들어.	**I want them to, but** they don't listen to me.

011 ~가 끝내줘. ~ will blow your mind.

여기 나초가 엄청 맛있어.	The nachos here **will blow your mind**.
일몰이 끝내줘.	The sunset **will blow your mind**.
오션 뷰를 보면 기절할 거야.	The ocean view **will blow your mind**.

012 ~넣으실래요? Do you want some ~ in it?

설탕 넣으실래요?	**Do you want some** sugar **in it?**
후추 넣으실래요?	**Do you want some** pepper **in it?**
참기름 넣으실래요?	**Do you want some** sesame oil **in it?**

UNIT 05 권유하기 · 추천하기

013 ~한 것을 먹읍시다. Let's eat something ~.

몸에 좋고 영양가 많은 걸로 하죠.	**Let's eat something** healthy and nutritious.
우리 뭐 특별한 것 좀 먹자.	**Let's eat something** special.
뭐 좀 다른 걸 먹어보자.	**Let's eat something** different.

014 ~하라고 해보세요. Have him/her+동사원형~.

옆으로 누워서 자라고 해보세요.	**Have him sleep** on his side.
하루 일정표를 짜게 해봐.	**Have him make** a daily schedule.
매일 일기를 쓰라고 해봐.	**Have her write** in a journal every day.

015 아니면 ~해도 돼. Or you can ~.

아니면 이 앱으로 팔아도 돼.	**Or you can** sell them on this app.
아니면 문자하든가.	**Or you can** text me.
아니면 나한테 도와달라고 해도 돼.	**Or you can** ask me for help.

UNIT 06 불평하기 · 불만 표현하기

016 너 ~하면 후회할 거야. You'll be sorry if you ~.

너 그 버릇 못 고치면 후회할 거야.	**You'll be sorry if you** don't change that habit.
부모님께 말씀 드리면 후회하게 될 거다.	**You'll be sorry if you** say that to your parents.
이번 기회 놓치면 후회할 걸.	**You'll be sorry if you** miss this opportunity.

017 ~해야겠어. I think I need to ~.

직원을 불러야겠어.	**I think I need to** call the server.
우리 강아지를 하루에 두 번 산책시켜줘야겠어.	**I think I need to** walk my dog twice a day.
물을 많이 마셔야겠어.	**I think I need to** drink lots of water.

018 ~한 게 이상하지 않아? Isn't it surprising that ~?

여기 이렇게 텅 비어 있는 게 이상하지 않아?	**Isn't it surprising that** this place is empty**?**
걔네들이 오늘 안 온 게 이상하지 않니?	**Isn't it surprising that** they didn't show up today**?**
우리 아들이 게임을 별로 많이 안 하는 게 이상하지 않아?	**Isn't it surprising that** our son doesn't play games that much**?**

UNIT 07 부탁하기

019 …인지 ~ 좀 봐줄래? Can you look at ~ to see if …?

내가 뭘 놓친 건 없는지 해놓은 것 좀 봐줄래?	**Can you look at** my work **to see if** I am missing anything**?**
실수한 게 없는지 보고서 좀 봐주실래요?	**Can you look at** this report **to see if** there's a mistake**?**
뭐 바꿀 게 있는지 이 파일 좀 봐줄래?	**Can you look at** this file **to see if** anything should be changed**?**

020 ~ 좀 빌릴 수 있을까? Can I borrow your ~?

스테이플러 좀 빌릴 수 있을까요?	**Can I borrow your** stapler**?**
자전거 좀 빌릴 수 있을까?	**Can I borrow your** bike**?**
네 노트북 좀 빌릴 수 있을까?	**Can I borrow your** laptop**?**

021 저 ~해도 돼요? Is it okay if I ~?

저 며칠 휴가 내도 될까요?	**Is it okay if I** take the next few days off**?**
저 좀 늦게 출근해도 될까요?	**Is it okay if I** come in to work a little later**?**
오늘 좀 일찍 퇴근해도 될까요?	**Is it okay if I** leave a little earlier today**?**

UNIT 08 반대하기

022 ~를 안 하는 게 좋겠어. You might not want to ~.

그 자전거는 사지 마라.	**You might not want to** buy that bike.
이 추운 날, 무슨 수영을 해.	**You might not want to** swim in this cold weather.
그 그림에 손대지 마라.	**You might not want to** touch that painting.

023 좋아, 근데 ~야. Okay, but ~.

그래, 근데 주차비가 비싸잖아.	**Okay, but** the parking fee is high.
그래, 근데 지금은 내가 시간이 별로 없어.	**Okay, but** I'm short on time at the moment.
그래, 근데 늦지는 말고!	**Okay, but** don't be late!

024 그냥 ~하게 두면 안 돼? Can't you just let her/him/me ~?

그냥 하고 싶은 거 하라고 하면 안 돼?	**Can't you just let her** do what she wants to do**?**
나 그냥 내 방에서 아무 것도 안하고 있게 그냥 두면 안 돼?	**Can't you just let me** do nothing in my room**?**
그냥 20분만 게임하라고 하면 안 돼?	**Can't you just let him** play games for 20 minutes**?**

UNIT 09 거절하기

025 내 말은 그냥 ~해보자는 거야. I'm just saying we should ~.

난 그냥, 한 번만 더 생각해보자는 거지.	**I'm just saying we should** give it a second thought.
이번에는 우리가 한번 해봐야 된다는 말이야.	**I'm just saying we should** give it a try this time.
긍정적으로 좀 볼 필요가 있다는 말이야, 난.	**I'm just saying we should** look on the bright side.

026 내가 ~할 수 있을지 모르겠네. I'm not sure I could ~.

난 그거 못 할 것 같은데.	**I'm not sure I could** manage that.
내가 이 역할을 맡을 수 있을지 모르겠어.	**I'm not sure I could** take this position.
3일 동안 금식을 할 수 있을지 모르겠네.	**I'm not sure I could** fast for three days.

027 정말 그러고는 싶은데, ~는 아닌 것 같다. I'd love to, but maybe not ~.

그러고는 싶은데, 테니스는 아닌 것 같다.	**I'd love to, but maybe not** tennis.
그러고는 싶은데, 이 영화는 아닌 것 같네.	**I'd love to, but maybe not** this movie.
그러고 싶긴 한데, 오늘은 아니다.	**I'd love to, but maybe not** today.

UNIT 10 남의 말 전하기

028 아무래도 너 ~해야겠다. I'm afraid you should ~.

아무래도 너 계단으로 걸어 내려가야겠다.	**I'm afraid you should** take the stairs all the way down.
아무래도 너 처음부터 시작해야겠는데.	**I'm afraid you should** start from the beginning.
아무래도 너 내일 첫 비행기 타야겠어.	**I'm afraid you should** take the earliest flight tomorrow.

029 전문가들이 그러는데 ~해야 한데. Experts say that we should ~.

전문가들이 그러는데, 복습을 네 번 하라고 하더라.	**Experts say that we should** review things four times.
나이 들수록 더 적게 먹으라고 전문가들이 말하던데.	**Experts say that we should** eat less as we get older.
전문가들이, 똑바로 앉는 게 허리에 좋대.	**Experts say that we should** sit up straight to keep our back healthy.

030 ~도 …할 수 있다고 그러더라. They say that ~ can also....

카페인도 두통을 유발할 수 있다는데.	**They say that** caffeine **can also** give us headaches.
너무 많이 자도 피곤해질 수 있다더라.	**They say that** too much sleep **can also** make us tired.
빨리 걷기도 도움이 된다고 하던데.	**They say that** walking fast **can also** be helpful.

UNIT 11 의사나 의향 묻기

031 …하게 ~해. It's[누구 is] ~ in a … way.

맛있게 매워.	**It's** spicy **in a** delicious **way**.
좋은 의미로 난이도가 좀 있어.	**It's** challenging **in a** good **way**.
우리 아빠는 긍정적인 쪽으로 나한테 바라는 게 많으셔.	**My father is** demanding **in a** positive **way**.

032 ~해주면 고맙겠는데. I'd appreciate it if you ~.

내가 뭐 좀 가져가게 해주면 고맙겠는데.	**I'd appreciate it if you** let me bring something.
TV 소리 좀 줄여주면 좋겠는데.	**I'd appreciate it if you** turned the TV down.
조금만 일찍 도착해주시면 감사하겠습니다.	**I'd appreciate it if you** arrived a little early.

033 ~하는 제일 좋은 방법이 뭘까? What's the best way to~?

입지를 고르는 제일 좋은 방법이 뭘까?	**What's the best way to** pick a location**?**
글루텐을 삼가는 제일 좋은 방법이 뭘까?	**What's the best way to** stay away from gluten**?**
영향력 있는 에이전시를 찾으려면 어떻게 하는 게 제일 좋을까?	**What's the best way to** find an influential agency**?**

UNIT 12 도움 요청하기

034 저희가 ~하게 도와주세요. Please help us~.

여기서 좀 빼내주세요.	**Please help us** get out of here.
컨퍼런스 콜에 좀 집중하게 해주세요.	**Please help us** focus on the conference call.
해결 방안 좀 찾게 해주세요.	**Please help us** find a solution.

035 ~한 사람 있나요? Is there anyone who ~?

누구 화상 회의에 참석하셨던 분 계세요?	**Is there anyone who** attended the video conference**?**
누구 톰 행방 아는 사람 있습니까?	**Is there anyone who** knows Tom's whereabouts**?**
누구 주말 근무 자원할 사람 있나요?	**Is there anyone who** can volunteer to work on the weekend**?**

036 난 네가 ~한 게 마음에 들어. I like the way you ~.

지난번에 머리 잘랐던 거 마음에 들던데.	**I like the way you** got it cut last time.
난 네가 그런 식으로 남들 얘기를 들어주는 게 좋아.	**I like the way you** listen to others.
네가 네 남편 다루는 방법이 마음에 들어.	**I like the way you** manage your husband.

UNIT 13 확인하기

037 ~하면 어떻게 되나요? What if I ~?

이 티켓을 취소하고 새로 사면 어떻게 되죠?	**What if I** cancel this ticket and get a new one**?**
콜럼비아 대학이 아니라 콜럼비아 레코드에 취직하면 어떻게 될까?	**What if I** join Columbia Records instead of Columbia University**?**
나 내일 회의 빠지면 어떨까?	**What if I** just skip the meeting tomorrow**?**

038 내가 ~할 때는 꼭 이러더라. This always happens when I ~.

내가 너랑 어디만 가려고 하면 꼭 이러더라.	**This always happens when I** go places with you.
그 사람이랑 뭘 하려고만 하면 꼭 이러더라.	**This always happens when I** make plans with him.
한 잔 하려고 하면 꼭 이러네.	**This always happens when I** try to have one drink.

039 정말 ~하려고 그러는 거야? Are you really thinking of -ing?

진짜로 한 대 사려고 그래?	**Are you really thinking of** buy**ing** one**?**
진짜 그 여자랑 결혼하려고 그래?	**Are you really thinking of** marry**ing** her**?**
진짜 회사 관두려고 그래?	**Are you really thinking of** quitt**ing** your company**?**

UNIT 14 도움 청하기

040 내 ~ 좀 봐줄래? Will you keep an eye on my ~?

우리 집 좀 봐줄래?	**Will you keep an eye on my** apartment for me**?**
내 짐 좀 봐줄래?	**Will you keep an eye on my** luggage**?**
나 없을 때 아이 좀 봐줄래?	**Will you keep an eye on her** while I'm gone**?**

041 나, ~해볼까? Do you think I should ~?

투자 강의를 좀 들어볼까?	**Do you think I should** take a class on investment**?**
그 여자, 만나볼까?	**Do you think I should** meet her**?**
남미시장을 좀 들여다볼까?	**Do you think I should** study the South American market**?**

042 ~하는 것에 대해서 조언을 좀 해줄 수 있어? Can you give me some advice on -ing/N?

나, 마케팅에 대한 조언 좀 해줄 수 있어?	**Can you give me some advice on** market**ing?**
나, 정원 가꾸기에 대해 조언 좀 해줄래?	**Can you give me some advice on** garden**ing?**
나, 스쿼트 자세에 관해서 도움 되는 말 좀 해줄래?	**Can you give me some advice on** squat form**?**

UNIT 15 상대방이 내게 원하는 것 확인하기

043 어디에 ~할까요? Where should I ~?

옷하고 수건 갠 거 어디다 놓을까요? **Where should I** put these folded clothes and towels**?**

논문은 어디에 제출하면 되나요? **Where should I** present my paper**?**

수하물 분실 신고는 어디에 하나요? **Where should I** report the lost baggage**?**

044 네가 ~를 해줬으면 좋겠어. I want you to ~.

욕실도 다 청소해주면 좋겠어. **I want you to** clean the bathrooms.

서재 정리 좀 해주면 좋겠어. **I want you to** tidy up the study.

발표에 쓸 포인터도 준비해주면 좋겠네요. **I want you to** get pointer for the presentation, too.

045 ~할 때 말해줘. Tell me when you ~.

하고 싶을 때 말해줘. **Tell me when you** want to do it.

배 고플 때 말해. **Tell me when you** are hungry.

도착하면 말해줘. **Tell me when you** arrive.

UNIT 16 허락 받기

046 저 ~해도 돼요? Can I ~?

아빠, 저, 밖에 나가서 눈사람 만들어도 돼요? **Can I** make a snowman outside**?**

FIFA 21 한 시간만 해도 돼요? **Can I** play FIFA 21 for just an hour**?**

친구들이랑 운전 연습해도 돼요? **Can I** practice driving with my friends**?**

047 이건 그냥 ~하는 게/~이 아니에요. It's more than just -ing/N.

이건 단순한 게임이 아니라고요. **It's more than just** play**ing** games.

이건 단순한 스캔들이 아니에요. **It's more than just** a scandal.

이건 늘 하는 단순한 시범경기가 아니야. **It's more than just** a pre-season match.

048 ~할 줄 아니? Do you know how to ~?

그거 할 줄 알아? **Do you know how to** do that**?**

자전거 탈 줄 알아? **Do you know how to** ride a bike**?**

기타 칠 줄 알아? **Do you know how to** play the guitar**?**

UNIT 17 양해 구하기

049 ~하려던 게 아니었어요. I didn't mean to ~.

새치기하려던 건 아니었어요.	**I didn't mean to** cut in front of you.
기분 상하게 하려던 건 아니었어.	**I didn't mean to** offend you.
분위기를 망치려던 건 아니었어.	**I didn't mean to** ruin the mood.

050 거기, ~가 있나? Do they have ~?

글루텐 프리로도 해주나?	**Do they have** gluten-free options**?**
할부로도 해주나?	**Do they have** an installment plan**?**
무상 점검해주는 상품도 있나?	**Do they have** a free service check package**?**

051 우리 ~하기로 한 거 아니었어? Didn't we want to ~?

우리 식당 가서 먹기로 하지 않았어?	**Didn't we want to** eat at a restaurant**?**
우리 영화 보러 가기로 하지 않았어?	**Didn't we want to** go to a movie**?**
우리 변호사 만나보기로 하지 않았어?	**Didn't we want to** see a lawyer**?**

UNIT 18 취향 묻기

052 넌 어떤 ~를 -하는 걸 좋아하니? What kind of ~ do you like -ing?

어떤 종류의 책 읽는 걸 좋아해?	**What kind of** books **do you like** reading**?**
어떤 종류의 음악 듣는 걸 좋아해?	**What kind of** music **do you like** listening to**?**
어떤 종류의 카드 게임하는 걸 좋아하니?	**What kind of** card games **do you like** playing**?**

053 네가 ~할 줄은 몰랐어. I never thought you would ~.

네가 야구를 좋아할 줄은 몰랐다.	**I never thought you would** enjoy baseball.
네가 그렇게 공부를 열심히 할 줄은 몰랐어.	**I never thought you would** study so hard.
네가 그 남자와 사랑에 빠질 줄은 몰랐지.	**I never thought you would** fall in love with that guy.

054 난 ~를 아주 좋아해. I'm really into ~.

나 옛날 영화 정말 좋아하거든.	**I'm really into** old movies.
나 정말 한국 드라마 좋아해.	**I'm really into** K-drama.
나 정말 체스 좋아해. 방금 다 끝냈어.	**I'm really into** chess. I've just finished it.

UNIT 19 조언 구하기

055 나는 ~가 의미 있다고 생각했어. I thought ~ was meaningful.

선물을 고르는 게 의미 있다고 생각했는데.	**I thought** picking out gifts for someone **was meaningful**.
유로파 리그 우승이 의미 있다고 생각했는데.	**I thought** winning the Europa League **was meaningful**.
제사 지내는 게 의미 있다고 생각했는데.	**I thought** holding ancestral rites **was meaningful**.

056 난 ~하는 게 어려워/힘들어. I have a hard time -ing.

이름을 잘 못 외우겠어.	**I have a hard time** remember**ing** names.
색깔 구분을 잘 못 하겠어.	**I have a hard time** tell**ing** the color.
스쿼트 자세를 잘 못 잡겠어.	**I have a hard time** squatt**ing** properly.

057 ~하는 데 집중을 잘 하게 될 거야. You can really focus on -ing/N.

이메일 처리하는 데 제대로 집중할 수 있을 거야.	**You can really focus on** deal**ing** with those emails.
목표로 삼고 있는 근육에 집중할 수 있을 거야.	**You can really focus on** your target muscle.
핵심 전략에 집중할 수 있을 거야.	**You can really focus on** core strategies.

UNIT 20 항의하기

058 그게 내가 ~한 거잖아! That's what I ~!

차 타자마자 내가 그러자고 했잖아!	**That's what I** told you when we got in the car**!**
이게 내가 회의 때 제안한 거잖아.	**That's what I** suggested at the meeting**!**
바로 이게 내가 평생 꿈꾸던 거야.	**That's what I** have dreamed of all my life**!**

059 난 ~하는 거 참 싫어. I hate it when ~.

이런 거 정말 싫다.	**I hate it when** that happens.
술 강요하는 문화 정말 싫어.	**I hate it when** they force each other to drink.
아부하는 거 정말 꼴 보기 싫어.	**I hate it when** I see people use flattery.

060 ~하지 말라고 좀 얘기해주세요. Please tell them not to ~.

밤에는 쿵쾅거리지 말라고 좀 해주세요.	**Please tell them not to** stomp around at night.
남들 탓하지 말라고 하세요.	**Please tell them not to** blame others.
고객의 의견을 외면하지 말라고 하세요.	**Please tell them not to** ignore customers' opinions.

UNIT 21 지시하기

061 저 아직 ~할 게 남아서요. I've still got something to ~.

아직 끝낼 게 남아서요.	**I've still got something to** get done.
주말 전에 끝낼 게 남아서요.	**I've still got something to** finalize before the weekend.
손님들 오시기 전에 아직 준비할 게 남아서요.	**I've still got something to** prepare before the guests arrive.

062 내가 ~할 좋은 곳을 찾아볼게. I'll find a good place for ~.

내가 근처에 썰매 타러 갈 좋은 데를 찾아보마.	**I'll find a good place for** sledding around here.
내가 텐트 치기 적당한 데 찾아볼게.	**I'll find a good place for** a tent.
내가 바비큐 하기 좋은 데 찾아볼게.	**I'll find a good place for** a barbecue.

063 ~를 …안에 넣어주세요. Please put the ~ in …

비닐 봉지에 넣어서 밖에 내놔주세요.	**Please put the** garbage **in** a plastic bag.
계약서를 이 포트폴리오에 넣어주세요.	**Please put the** contract **in** this portfolio.
유니폼을 전부 이 스포츠백에 넣어주세요.	**Please put the** uniforms **in** this sports bag.

UNIT 22 금지하기 · 경고하기

064 ~하기도 좋은 방법이잖아. It's also a good way to ~.

마일리지 쌓기도 좋고,	**It's also a good way to** get air miles.
살 빼기도 좋아.	**It's also a good way to** lose weight.
글 쓰는 데 집중하기도 좋아.	**It's also a good way to** focus on writing.

065 ~해도 될까요? Would it be okay to ~?

네 오토바이 뒷자리에 타도 괜찮아?	**Would it be okay to** ride on the back of your motorcycle**?**
내가 볼륨 좀 높여도 돼?	**Would it be okay to** turn the volume up**?**
리포트 내일 제출해도 되나요?	**Would it be okay to** turn in the paper tomorrow**?**

066 난 ~하는 게 불편해. I'm not comfortable with -ing.

난 속도 내는 게 안 편하더라.	**I'm not comfortable with** speed**ing**.
난 밤중에 세탁기 돌리는 거 안 편하더라.	**I'm not comfortable with** using the wash**ing** machine at night.
그 사람이랑 같은 팀에서 뛰는 거 불편해.	**I'm not comfortable with** play**ing** on the same team as him.

UNIT 23 전달하기

067 우선, ~에 대해 얘기를 나눠야 해요. First, we need to talk about ~.

우선, 보류하고 있던 프로젝트에 대해 얘기해야 해요.	**First, we need to talk about** our pending projects.
우선, 우리 일년 간의 예산에 대해 논의를 해야 해요.	**First, we need to talk about** our yearly budget.
우선, 우리 어디로 이사를 갈지 얘기를 해봐야죠.	**First, we need to talk about** where to move.

068 ~가 있다고 하던데. I heard that there are ~.

여기 자전거 대여소가 50군데가 넘는대.	**I heard that there are** over 50 bike rental stations here.
유괴된 아이들이 참 많대.	**I heard that there are** a lot of kids who have been kidnapped.
여기 맛집이 엄청 많이 있다더라.	**I heard that there are** lots of great restaurants here.

069 ~라고 하더라. Some say ~.

먹거리를 만들기 위해 가축을 기르는 게 지구온난화를 촉진한다고 하더라고.	**Some say** raising animals for food contributes to global warming.
1970년 브라질 국가대표팀이 역대 최강이었다며.	**Some say** the 1970 Brazil national team was the strongest.
명상을 하면 건강한 정신상태를 만들 수 있다고들 하더라.	**Some say** meditation is the key to a healthy mind.

UNIT 24 조언하기

070 네가 ~한 게 언제니. It's been ages since you ~.

방에서 나온 게 언제니.	**It's been ages since you** left your room.
엄마 찾아뵌 게 언제니.	**It's been ages since you** last visited Mom.
너, 신곡 낸 지가 언제니.	**It's been ages since you** last released a song.

071 내가 보니까, ~하더구나. I noticed ~.

성적이 뚝 떨어지고 있더구나.	**I noticed** your grades are slipping.
매출이 줄고 있더군.	**I noticed** revenue is decreasing.
트렌드가 변하고 있더군요.	**I noticed** the trend is changing.

072 난 ~할 땐 어떻게 해야 할지 모르겠어. I feel frustrated that ~.

이제 라이언을 도와줄 수가 없어서 답답해.	**I feel frustrated that** I can't help Ryan more.
도대체가 우린 비슷한 구석이 하나도 없어서 답답해.	**I feel frustrated that** we have nothing in common.
우리에게 달리 선택의 여지가 없어서 어떻게 해야 할지 모르겠어.	**I feel frustrated that** there's no other way for us.

UNIT 25 문제 지적하기

073 문제는 제가 ~라는 거예요. The problem is I ~.

문제가 있는데요, 제가 성을 잘못 입력했어요.	**The problem is I** entered the wrong last name.
문제가 있는데요, 제가 파일을 다른 걸 보냈어요.	**The problem is I** sent you the wrong file.
문제가 있는데요, 제가 예를 잘못 말씀드렸네요.	**The problem is I** gave the wrong example.

074 내가 ~했나 보다. I must have p.p.

내가 그 안에 떨어뜨렸나 보네.	**I must have dropped** it in there.
B가 아니라 A에 마크했나 보네.	**I must have marked** A instead of B.
내가 관사를 잘못 썼나 보네.	**I must have used** the wrong article.

075 넌 항상 ~하더라. You're always -ing.

넌 항상 스스로 너무 몰아붙여.	**You're always** push**ing** yourself too hard.
넌 항상 까칠해.	**You're always** be**ing** difficult.
넌 항상 디테일에 너무 신경 써.	**You're always** pay**ing** too much attention to detail.

UNIT 26 설득하기

076 혹시 ~에 관심 있으세요? Do you happen to be interested in ~?

혹시 밴드에 들어오실 생각 있으세요?	**Do you happen to be interested in** joining a band**?**
혹시 다큐 영화에 관심 있니?	**Do you happen to be interested in** documentary films**?**
혹시 공모주 청약에 관심 있어?	**Do you happen to be interested in** bidding for IPO shares**?**

077 ~도 하기 싫다는 거야? You don't even want to ~?

야구 경기도 안 본다고?	**You don't even want to** watch baseball games**?**
주식 투자도 안 한다고?	**You don't even want to** invest in stocks**?**
지원도 안 해본다고?	**You don't even want to** apply**?**

078 적어도 ~하기는 하죠. The bottom line is ~.

이게 매출을 올려줄 게 확실하거든요.	**The bottom line is** this will improve sales.
이게 우리 브랜드를 노출시킬 게 확실하거든요.	**The bottom line is** this will give our brand exposure.
이게 시장 트렌드를 알려줄 게 확실하거든요.	**The bottom line is** this will show us market trends.

UNIT 27 정보주기

079 그때까지 언제든 ~하실 수 있어요. You can ~ any time until then.

그 전에 언제든 기간 연장하실 수 있어요.	**You can** renew them **any time until then.**
그 전에 언제든 환불 신청하실 수 있어요.	**You can** request a refund **any time until then.**
그 전에 언제든 지원하실 수 있어요.	**You can** apply **any time until then.**

080 실례지만, ~가 안 되는데요. Excuse me, ~ doesn't work.

저기요, 여기 화면이 안 나와요.	**Excuse me,** my screen **doesn't work.**
저기요, 이 프린터가 안 되는데요.	**Excuse me,** this printer **doesn't work.**
저, 이 리모컨이 안 되네요.	**Excuse me,** this remote **doesn't work.**

081 ~하는 사람을 찾을 수가 없더라고요. I couldn't find anyone who ~.

영어를 하시는 분을 찾을 수가 없더라고요.	**I couldn't find anyone who** speaks English.
항공사 경험 있는 사람을 찾을 수가 없더군.	**I couldn't find anyone who** has any airline experience.
땅주인과 싸우는데 도와줄 사람을 찾을 수가 없더군요.	**I couldn't find anyone who** can help me fight with the landlord.

UNIT 28 도와주기

082 마지막으로 언제 ~했는지 기억 나? Can you remember when you last ~?

마지막으로 어디서 봤는지 기억 나니?	**Can you remember when you last** saw it**?**
마지막으로 언제 노래방 갔는지 기억 나니?	**Can you remember when you last** went to karaoke**?**
마지막으로 언제 너네 삼촌 만났는지 기억 나니?	**Can you remember when you last** saw your uncle**?**

083 정말 ~야? Are you sure ~?

벤이랑 캐시 커플, 오늘 정말 오는 거야?	**Are you sure** Ben and Cathy are coming today**?**
차 정말 여기 댔어?	**Are you sure** you parked the car here**?**
그 선수 정말 아스날과 계약했어?	**Are you sure** he signed with Arsenal**?**

084 ~하는 게 너무 어려워요. It's so challenging to ~.

길 건너는 게 너무 어려워요.	**It's so challenging to** cross the street.
더운 여름 날 달리기 하는 거 너무 힘들어요.	**It's so challenging to** run on hot summer days.
바벨 스쿼트는 너무 어려워요.	**It's so challenging to** squat with a barbell.

UNIT 29 주의 주기

085 ~할 때 조심해야 해. You should be careful when ~.

이용할 땐 조심해야 해.	**You should be careful when** using them.
밤길 걸을 땐 조심해야 돼.	**You should be careful when** you walk the street at night.
비가 쏟아부을 땐 조심해야지.	**You should be careful when** it's pouring rain.

086 ~를 다룰 때는 더 조심해야 해. You should be more careful with ~.

칼을 쓸 때는 더 조심해야지.	**You should be more careful with** knives.
명품 접시 쓸 때는 더 조심해야지.	**You should be more careful with** luxury plates.
레코드판을 만질 때는 더 조심해야지.	**You should be more careful with** vinyl records.

087 ~를 찾아보자. Let's look for a ~.

좋은 걸로 찾아보자.	**Let's look for a** good one.
더 가벼운 걸 찾아보자.	**Let's look for a** lighter one.
튼튼한 걸 좀 찾아보자.	**Let's look for a** strong one.

UNIT 30 이유 알려주기

088 그럼, ~해야 한다는 거야? So, you mean we have to ~?

그럼 거기까지 가서 기차로 갈아타야 한다는 거지?	**So, you mean we have to** go there to transfer to another train**?**
그럼 여기서 늦은 밤까지 기다려야 한다는 거지?	**So, you mean we have to** wait here until late at night**?**
그럼 신제품을 전부 리콜해야 한다는 거지?	**So, you mean we have to** recall all our new products**?**

089 ~하면 안 되잖아, 그치? You don't want to ~, do you?

여동생 결혼식 못 보면 안 되잖아, 그치?	**You don't want to** miss your sister's wedding, **do you?**
챔피언스 리그 결승을 놓치면 안 되잖아, 그치?	**You don't want to** miss the UCL final, **do you?**
일생에 한 번 올까 말까 한 기회를 놓칠 수는 없잖아, 그치?	**You don't want to** miss this once-in-a-lifetime opportunity, **do you?**

090 ~에 가볼 만한 이유가 뭐죠? Why is ~ worth the visit?

이 도시가 갈 만하다는 이유가 뭐죠?	**Why is** this city **worth the visit?**
자연사박물관이 갈 만하다는 이유가 뭐죠?	**Why is** the natural history museum **worth the visit?**
런던타워가 갈 만하다는 이유가 뭐죠?	**Why is** London Tower **worth the visit?**

UNIT 31 제안하기

091 ~에 갈래? Do you want to go to the ~?

도서관 갈래?	**Do you want to go to the** library**?**
장례식 갈래?	**Do you want to go to the** funeral**?**
신발 가게에 갈래?	**Do you want to go to the** shoe store**?**

092 게다가, 너는 나이에 비해서 꽤 ~하잖아. Besides, you're quite ~ for your age.

게다가, 너는 나이에 비해 운동 잘 하잖아.	**Besides, you're quite** athletic **for your age.**
게다가, 너는 나이에 비해 돈에 대한 감각이 있잖아.	**Besides, you're quite** money savvy **for your age.**
게다가, 너는 나이에 비해 다리가 꽤 길잖아.	**Besides, you're quite** tall **for your age.**

093 나랑 ~하러 갈 시간 있어? Do you have time to go -ing with me?

나랑 신발 사러 갈 시간 돼?	**Do you have time to go** shoe shopp**ing with me?**
나랑 수영하러 갈 시간 돼?	**Do you have time to go** swimm**ing with me?**
주말에 나랑 스키 타러 갈 시간 돼?	**Do you have time to go** ski**ing with me** on the weekend**?**

UNIT 32 의논하기

094 이게 제일 ~한 것 같아. This one seems to be the most ~/the -est.

이게 조건이 제일 좋은 것 같아.	**This one seems to be the most** competitive.
이게 제일 신축성이 좋은 것 같아.	**This one seems to be the most** elastic.
이게 제일 최신 상품인 것 같은데.	**This one seems to be the latest** product.

095 너희는 돌아가면서 ~를 하니? Do you guys take turns -ing?

집안일은 교대로 하나?	**Do you guys take turns** do**ing** the chores**?**
너네 운전은 교대로 해?	**Do you guys take turns** driv**ing?**
개 밥 주는 거 돌아가면서 하니?	**Do you guys take turns** feed**ing** the dog**?**

096 ~가 언제까지 다 마무리돼야 하나? When does ~ need to be done by?

언제까지 이게 배송되어야 하지?	**When does** this **need to be done by?**
언제까지 분석을 마쳐야 하지?	**When does** the analysis **need to be done by?**
언제까지 선수 선발을 마무리해야 하지?	**When does** the player selection **need to be done by?**

UNIT 33 동의 구하기

097 난 ~하는 게 더 좋아. I prefer -ing.

난 들고 다니기 가벼운 게 더 좋더라.	**I prefer** carry**ing** light ones.
난 혼자 집에서 쉬는 게 더 좋던데.	**I prefer** rest**ing** at home alone.
난 로코영화 보는 게 더 좋더라.	**I prefer** watch**ing** romantic movies.

098 A나 B같은 거 말이지? (You mean) ~ like A or B?

시원한 국수, 냉면이나 쫄면 같은 거 어때?	**(You mean)** Cold noodles **like** naengmyeon **or** jjolmyeon**?**
좀 격렬한 거, 스쿼시나 탁구 같은 거 어때?	**(You mean)** Something intense **like** squash **or** table tennis**?**
아웃도어, 등산이나 자전거 같은 거 어때?	**(You mean)** Outdoor sports **like** hiking **or** cycling**?**

099 어머, 하나같이 다 ~하다. Oh, they're all so ~.

어머, 정말 하나같이 다 귀엽다.	**Oh, they're all so** cute.
어머, 정말 죄다 눈에 확 띄네.	**Oh, they're all so** eye-catching.
와우, 정말 전부 다 환상적이야.	**Oh, they're all so** fantastic.

UNIT 34 공감하기

100 정말이지 ~를 너무 …하게 받아들이면 안 돼. We certainly shouldn't take ~ too ...

정말이지 인생을 너무 심각하게 받아들이면 안 돼.	**We certainly shouldn't take** life **too** seriously.
이 시험은 정말 가볍게 여기면 안 돼.	**We certainly shouldn't take** this test **too** lightly.
어렸을 때는 데이트하는 걸 너무 진지하게 생각하지 않아도 돼.	**We certainly shouldn't take** casual dating **too** seriously when we're young.

101 ~하는 게 정말 필수적이야. I think it's truly essential to ~.

내 생각에, 성공하려면 일을 열심히 해야 돼.	**I think it's truly essential to** work hard to succeed.
내 생각에, 회사를 우선 순위에 둬야 할 것 같아.	**I think it's truly essential to** put the company first.
내 생각에, 하루 두 시간은 운동을 해야 할 것 같아.	**I think it's truly essential to** exercise 2 hours a day.

102 ~를 최대한 잘 즐겨보자, 이용하자, 활용하자. Let's make the most of the time ~.

아이가 우리 곁에 있는 시간을 최대한 즐기자구.	**Let's make the most of the time** we have with him.
남은 시간을 최대한 잘 활용해보자.	**Let's make the most of the time** we have left.
여기서 어차피 꼼짝도 못하니까 이 시간을 잘 이용해보자.	**Let's make the most of the time** that we're stuck here.

UNIT 35 상의하기

103 ~인지 아닌지 어떻게 확인할 건데? How will you check if ~?

제대로 작동하는지 어떻게 확인할 거야?	**How will you check if** it's working properly**?**
걔가 혼자 열심히 공부하는지 어떻게 확인할 건데?	**How will you check if** he studies hard on his own**?**
그 사람들이 일을 제대로 하는지 어떻게 확인할 건데?	**How will you check if** they're doing their job correctly**?**

104 네가 ~하는 걸 해야지. You should do what you ~.

젊어서는 좋아하는 걸 해야지.	**You should do what you** love when you're young.
평생 꿈 꾸던 걸 해야지.	**You should do what you** have dreamed about all your life.
내면의 네가 이야기하는 걸 해야지.	**You should do what you** hear from inside of you.

105 언제 ~할 수 있는지 알아볼게. I'll find out when I can ~.

언제쯤 휴가 낼 수 있는지 알아볼게.	**I'll find out when I can** take some days off.
언제쯤 후속 미팅을 할 수 있을지 알아볼게.	**I'll find out when I can** have a follow-up meeting.
언제쯤 건강 검진받을 수 있을지 알아볼게.	**I'll find out when I can** have a medical check-up.

UNIT 36 초대하기

106 분명히 네가 ~할 것 같아. I'm sure you ~.

분명히 집밥이 그리울 거야.	**I'm sure you** miss homemade food.
분명히 너는 사람을 많이 만날 수 있는 일을 찾는 거잖아.	**I'm sure you** are looking for a job with lots of chances to meet many people.
분명히 너 아스날 팬이잖아.	**I'm sure you** are an Arsenal fan.

107 ~할 때 너무너무 좋다. I love it when ~.

한 주가 끝나가면 기분이 좋아.	**I love it when** the week winds down.
리포트 하나 끝날 때마다 기분이 너무 좋아.	**I love it when** every time I complete a paper.
새 파트너와 계약할 때 기분이 좋아.	**I love it when** we sign an agreement with a new partner.

108 내가 꼭 ~할게. I promise I'll ~.

조만간 꼭 부를게.	**I promise I'll** invite you sometime soon.
이번 주말에 꼭 술 살게.	**I promise I'll** buy you a drink this weekend.
이번에는 꼭 담배 끊을게.	**I promise I'll** quit smoking this time.

UNIT 37 질문하기

109 어떻게 하면 ~할 수 있을까? How do you think we can ~?

어떻게 해야 더 나은 삶을 살 수 있지?	**How do you think we can** live a better life**?**
어떻게 해야 완벽한 직업을 구할 수 있지?	**How do you think we can** find a perfect job**?**
어떻게 해야 새로운 시장에 접근할 수 있지?	**How do you think we can** approach new markets**?**

110 ~가 …할 수 있게 해줄 거야. It'll help ~ …

그렇게 하면 모발 건강을 유지하는 데 좋을 거야.	**It'll help** your hair stay healthy.
그렇게 하면 네 언어 실력이 유지될 거야.	**It'll help** you maintain your language ability.
그렇게 하면 회사가 흑자를 유지하는 데 좋을 거야.	**It'll help** the company stay in the black.

111 ~가 …하게 두어도 될까? Is it okay to let ~ …?

바이어한테 가격을 제시하라고 할까?	**Is it okay to let** our buyers suggest prices**?**
그 사람한테 미팅 장소를 고르라고 할까?	**Is it okay to let** him choose where to meet**?**
그 댁에 날짜를 정하라고 할까요?	**Is it okay to let** them select the date**?**

UNIT 38 같이 하기

112 우리가 ~할 게 많아. There's a lot we should ~.

이야기할 게 많아.	**There's a lot we should** talk about.
손님 맞이하는 데 준비할 게 많아요.	**There's a lot we should** prepare for the guest's visit.
오늘 파티 전에 끝내야 할 일이 많아요.	**There's a lot we should** finalize before the party today.

113 ~를 부를 거야? Are you going to hire a ~?

이삿짐 센터 부를 거야?	**Are you going to hire a** mover**?**
가사도우미 쓸 거야?	**Are you going to hire a** maid**?**
아르바이트생 쓸 거야?	**Are you going to hire a** part-timer**?**

114 언제 ~하는 게 제일 좋니? When is the best time to ~?

내일 만나는 거 언제가 제일 좋아?	**When is the best time to** meet tomorrow**?**
너희 부모님 찾아 뵙는 거 언제가 제일 좋을까?	**When is the best time to** visit your parents**?**
가격 제시하는 거 언제가 제일 좋을까?	**When is the best time to** suggest our price**?**

UNIT 39 한턱내기 · 선물 주기

115 내 …에 ~가 있을 것 같아. I think I have ~ in …

내 가방에 하나 있을 거야.	**I think I have** one **in** my bag.
가방에 충전기가 하나 더 있을 거야.	**I think I have** an extra charger **in** my bag.
서랍에 귀마개가 있을 거야.	**I think I have** earplugs **in** the drawer.

116 얼마나 ~할 거야? How long are you -ing?

여기서 얼마나 공부할 계획이야?	**How long are you** plann**ing** to study here**?**
한국에는 얼마나 있을 건데?	**How long are you** stay**ing** here in Korea**?**
여기서 얼마나 일하려고?	**How long are you** work**ing** here**?**

117 당장 퍼뜩 떠오르는 ~. ~ off the top of my head.

당장 생각나는 사람은 없어.	No one **off the top of my head**.
당장 떠오르는 답이 없네.	I can't think of the answer **off the top of my head.**
그 사람 이름이 딱 떠오르지 않네.	I can't think of his name **off the top of my head**.

UNIT 40 위안해주기

118 ~하는 걸 그냥 …라고 생각해. Just think of -ing/N as (a) …

그저 여기서 일하는 건 잠정적인 거라고 생각해.	**Just think of** work**ing** here **as a** temporary thing.
챔피언십 리그에서 뛰는 건 그저 워밍업이라고 생각해.	**Just think of** play**ing** in the championship league **as a** warm-up.
사장님이 죽겠다고 하시는 건 그저 자기 비판이겠거니 생각해.	**Just think of** the boss's gloomy words **as** self-criticism.

119 ~를 살(할) 여유가 좀 있었으면 좋겠다. I wish I could afford ~.

안 망가지는 걸 살 만큼 여유가 있으면 좋으련만.	**I wish I could afford** things that didn't always break.
자기한테 고급 주택을 사줄 여유가 있으면 좋으련만.	**I wish I could afford** to buy you a mansion.
세계일주 유람선 여행할 여유가 있으면 좋으련만.	**I wish I could afford** an around-the-world cruise for us.

120 어떻게 넌 그렇게 ~할 수가 있니. It's unbelievable that you ~.

그렇게 날씬한 건 믿기지 않아.	**It's unbelievable that you** stay so slim.
그 사람들 이름을 전부 기억하고 있다니 믿기지 않아.	**It's unbelievable that you** still remember all their names.
이 짧은 시간에 그 모든 디테일을 익히다니 믿을 수 없어.	**It's unbelievable that you** mastered all the details in such a short time.

UNIT 41 계획 짜기

121 특별히 ~하고 싶은 데 있어? Do you have any special place you ~?

어디 특별히 여행가고 싶은 데 있니?	**Do you have any special place you** want to travel to**?**
어디 특별히 프로포즈하고 싶은 장소 있니?	**Do you have any special place you** want to propose at**?**
어디 특별히 결혼식 올리고 싶은 데 있니?	**Do you have any special place you** want to hold your wedding ceremony at**?**

122 ~는 어디서 찾으면 되지? Where should I look to ~?

어디서 더 좋은 아파트를 찾지?	**Where should I look to** find a better apartment**?**
어디서 지난 시즌 어웨이 키트를 구하지?	**Where should I look to** find the last season's away kit**?**
어디서 바벨 스쿼트 하는 요령을 찾아 볼 수 있지?	**Where should I look to** get some tips for barbell squats**?**

123 기꺼이 ~를 해줄게. I'd be happy to ~.

내가 가르쳐줄게.	**I'd be happy to** teach you.
내가 캐치볼 받아줄게.	**I'd be happy to** be your partner for a game of catch.
너 없는 동안 강아지 내가 봐줄게.	**I'd be happy to** keep an eye on your puppy while you're away.

UNIT 42 화해하기 · 화해시키기

124 ~하고 싶지 않아 I don't feel like -ing.

그 이야긴 하고 싶지 않아.	**I don't feel like** talk**ing** about it.
배부르게 먹고 싶지 않아.	**I don't feel like** eat**ing** heavily.
오늘은 헬스장 가고 싶지 않아.	**I don't feel like** go**ing** to the gym today.

125 ~하고 싶었어 I was hoping we could ~.

어떻게 된 건지 같이 이야기하고 싶었어.	**I was hoping we could** talk about what happened.
다시 같이 일할 수 있게 되기를 바랬어.	**I was hoping we could** work together again.
오해를 풀 수 있지 않을까 했어.	**I was hoping we could** clear the air.

126 ~가 지겨워. I'm tired of ~.

당신 핑계 대는 거 지겨워.	**I'm tired of** your excuses.
너 거짓말하는 거 지겨워.	**I'm tired of** your lying.
너 바쁜 척하는 거 지겨워.	**I'm tired of** your pretending to be busy.

UNIT 43 사과하기

127 ~하는 데 얼마나 걸릴 것 같아? How long do you think it is going to take for you to ~?

거기까지 가는 데 얼마나 걸릴 것 같아?	**How long do you think it is going to take for you to** get here**?**
파일 다시 올리는 데 얼마나 걸릴 것 같아?	**How long do you think it is going to take for you to** reupload the file**?**
보고서 마치는 데 얼마나 걸릴 것 같아?	**How long do you think it is going to take for you to** complete the report**?**

128 ~이신 것 같은데요. I guess you're ~.

오늘 미팅 나오신 거죠.	**I guess you're** my blind date today.
여기 책임자 맞으시죠.	**I guess you're** the person in charge here.
이 일에 적격이신 것 같아요.	**I guess you're** the right person for this position.

129 내가 ~한 것에 대해 사과하고 싶어. I want to apologize for (what I) ~.

회의 때 내가 말한 것에 대해 사과하고 싶어.	**I want to apologize for what I** said in the meeting.
네 여친한테 한 행동에 대해 사과하고 싶어.	**I want to apologize for what I** did to your girlfriend.
내가 가로챈 것에 대해 사과하고 싶어.	**I want to apologize for** stealing.

UNIT 44 정정하기

130 ~하기 위한 다른 방법이 있을까? Is there another way I can ~?

내가 너한테 메일을 보낼 다른 방법이 있나?	**Is there another way I can** send it to you**?**
지주한테 연락할 다른 길이 있을까?	**Is there another way I can** contact the landowner**?**
그 일 맡을 사람들을 충분히 확보할 다른 방법이 있을까?	**Is there another way I can** secure enough resources for the project**?**

131 몇 개나 ~하려고? How many ~ are you going to ...?

접시를 몇 개나 사시려고요?	**How many** coasters **are you going to** buy**?**
몇 나라나 여행할 거야?	**How many** countries **are you going to** travel to**?**
이번 시즌에 사이트를 몇 개나 오픈하려고?	**How many** sites **are you going to** launch this season**?**

132 ~하고 싶지 않은데 I'd hate to ~.

걔 결혼식은 놓치고 싶지 않은데.	**I'd hate to** miss her wedding.
죽치고 앉아 TV나 보면서 시간 보내긴 싫어.	**I'd hate to** spend time just watching TV.
아스날이 챔피언십으로 강등되는 건 끔찍해.	**I'd hate to** see Arsenal relegated to the Championship league.

UNIT 45 감사하기

133 이 ~ 네 거 아냐? Isn't this ~ yours?

이 우산 아저씨 거 아니에요?	**Isn't this** umbrella **yours?**
이 무릎보호대 네 거 아냐?	**Isn't this** shin guard **yours?**
이 지갑 네 거 아냐?	**Isn't this** wallet **yours?**

134 잠시 ~해도 돼? Can I ~ for a while?

네 헤드폰 잠깐 써도 돼?	**Can I** use your headphones **for a while?**
잠시 쉬어도 될까요?	**Can I** take a break **for a while?**
잠깐만 통화 좀 해도 될까요?	**Can I** make a phone call **for a while?**

135 ~인지 아닌지 분간을 못 하겠어. I can't tell if ~ or not.

사실대로 이야기하는지 아닌지 분간할 수가 없어.	**I can't tell if** you're telling me the truth **or not.**
그 사람이 나랑 맞는 사람인지 아닌지 분간을 못 하겠어.	**I can't tell if** he is the right person for me **or not.**
이 색깔이 네가 원하던 건지 아닌지 알 수가 없네.	**I can't tell if** this is your color **or not.**

UNIT 46 칭찬하기

136 너는 때 되면 꼭 ~하네. You never forget when to ~.

너는 때 되면 꼬박꼬박 물을 주네.	**You never forget when to** water them.
너는 때 되면 꼭 어머니께 전화를 드리더라.	**You never forget when to** call your mother.
너는 때 되면 꼭 가맹점을 방문하더라.	**You never forget when to** visit our member stores.

137 네 덕에 근사한 ~ 찾았어. Thanks to you, I've found a great~.

네 덕에 근사한 맛집 하나 찾았어.	**Thanks to you, I've found a great** new restaurant.
네 덕에 텐트 치기 좋은 자리 찾았다.	**Thanks to you, I've found a great** spot for a tent.
네 덕에 근사한 앱 하나 찾았다.	**Thanks to you, I've found a great** app.

138 즉석에서 ~를 했어. They ~ right on the spot.

즉석에서 일을 줬어.	**They** gave me a job **right on the spot.**
즉석에서 조연 역할을 줬어.	**They** offered me a supporting role **right on the spot.**
우리 제안을 즉석에서 받았어.	**They** accepted our offer **right on the spot.**

UNIT 47 위로하기

139 ~할 시간이 별로 없어. I rarely have time to ~.

요새 애들 볼 시간이 별로 없어.	**I rarely have time to** see my kids these days.
요샌 드라마 볼 시간도 별로 없어.	**I rarely have time to** watch soap operas.
요새는 축구할 짬이 안 나네.	**I rarely have time to** play football.

140 자기가 늘 그렇게 ~것만으로도 행복해. I'm just happy that you're always so ~.

난 자기가 늘 그렇게 긍정적인 것만으로도 행복해.	**I'm just happy that you're always so** positive.
난 자기가 늘 그렇게 열려 있다는 것만으로도 행복해.	**I'm just happy that you're always so** open-minded.
난 자기가 늘 그렇게 진취적이라는 것만으로도 행복해.	**I'm just happy that you're always so** forward-looking.

141 나보다 ~를 훨씬 더 잘 하는 것 같아. You seem to ~ much better than I do.

나보단 스트레스 관리를 훨씬 더 잘 하는 것 같아.	**You seem to** handle stress **much better than I do.**
나보단 이름을 훨씬 더 잘 외우는 것 같아.	**You seem to** remember names **much better than I do.**
나보단 말썽꾸러기들을 훨씬 더 잘 다루는 것 같아.	**You seem to** manage bad children **much better than I do.**

UNIT 48 격려하기 · 응원하기

142 ~라는 얘기 들었어? Did you hear about ~?

'싱어'라는 학교 행사 얘기 들었어?	**Did you hear about** our school event called "The Singer**?**"
'수퍼 리그' 얘기 들었어?	**Did you hear about** "Super League**?**"
미팅 결과에 대해 들었어?	**Did you hear about** the meeting results**?**

143 아무리 ~해도 질리지 않아. I can't get enough of ~.

네 요리는 아무리 먹어도 질리지 않아.	**I can't get enough of** your cooking.
네 노래는 아무리 들어도 질리지 않아.	**I can't get enough of** your singing.
네 글은 암만 봐도 질리지 않아.	**I can't get enough of** your writing.

144 ~하게 되다니 영광이에요. I'm honored to ~.

전체 학생을 상대로 연설하는 건 영광이지.	**I'm honored to** speak to all the students.
대회에서 우리 학교를 대표하는 건 영광이지.	**I'm honored to** represent my school at the competition.
행사에서 애국가를 부르는 건 영광이지.	**I'm honored to** sing the national anthem at the ceremony.

UNIT 49 축하하기

145 ~할 가능성이 있어. Chances are ~.

우리도 진급할 가능성이 있어.	**Chances are** we will get promoted, too.
첼시가 챔피언스 리그에서 우승할 가능성이 있어.	**Chances are** Chelsea will win the UCL.
그 사람이 아카데미상 받을 가능성이 있어.	**Chances are** she will win an Academy Award.

146 네 일로 더할 수 없이 ~해. I couldn't be any -er for you.

네가 잘 돼서 더 없이 기뻐.	**I couldn't be any** happier **for you**.
네 일로 더할 수 없이 슬퍼.	**I couldn't be any** sadder f**or you**.
네가 잘 돼서 너무너무 감사해.	**I couldn't be any more** grateful **for you**.

147 솔직히 나 ~해. I must admit that ~.

솔직히 그 친구 보고 싶어.	**I must admit that** I miss that guy.
솔직히 나 좀 떨었어.	**I must admit that** I was nervous.
솔직히 걔 때문에 리포트에 집중할 수가 없어.	**I must admit that** I can't focus on the paper because of her.

UNIT 50 안심시키기

148 그냥 ~일지도 몰라. Maybe it's just a/the ~.

그냥 지나가는 비일지 몰라.	**Maybe it's just a** passing shower.
빙산의 일각인지 몰라.	**Maybe it's just the** tip of the iceberg.
그저 단순한 감사 표시일지도 몰라.	**Maybe it's just an** expression of gratitude.

149 …할 때 ~해야지. We should ~ while it's …

신선하고 맛 있을 때 먹어야지.	**We should** eat it **while it's** nice and fresh.
낮 동안에 텐트 칠 데를 찾아야지.	**We should** find spot for a tent **while it's** still daytime.
자리가 있을 때 신청해야지.	**We should** apply for a spot **while it's** available.

150 ~해줄래? ~해도 괜찮겠어? Do you mind -ing?

이번 주에 집안일 좀 해줄래?	**Do you mind** tak**ing** care of the house chores this week**?**
내 강아지 좀 봐줄래?	**Do you mind** keep**ing** an eye on my puppy**?**
창문 좀 열어주시겠어요?	**Do you mind** open**ing** the window for me**?**

EBS
영어 학습
시 리 즈